古典文獻研究輯刊

三四編

潘美月・杜潔祥 主編

第 35 冊

杜詩闡
（第四冊）

陳開林 校證

國家圖書館出版品預行編目資料

杜詩闡（第四冊）／陳開林 校證 -- 初版 -- 新北市：花木蘭
文化事業有限公司，2022〔民111〕
目 10+188 面；19×26 公分
（古典文獻研究輯刊 三四編；第 35 冊）
ISBN 978-986-518-890-0（精裝）
1.CST：杜詩闡 2.CST：校勘
011.08   110022686

ISBN-978-986-518-890-0

9 789865 188900

古典文獻研究輯刊
三四編　第三五冊　　　　　　　　　ISBN：978-986-518-890-0

杜詩闡（第四冊）

作　　　者　陳開林 校證
主　　　編　潘美月、杜潔祥
總 編 輯　杜潔祥
副總編輯　楊嘉樂
編輯主任　許郁翎
編　　　輯　張雅淋、潘玟靜、劉子瑄　美術編輯　陳逸婷
出　　　版　花木蘭文化事業有限公司
發 行 人　高小娟
聯絡地址　235 新北市中和區中安街七二號十三樓
　　　　　　電話：02-2923-1455／傳真：02-2923-1452
網　　　址　http://www.huamulan.tw 信箱 service@huamulans.com
印　　　刷　普羅文化出版廣告事業
初　　　版　2022 年 3 月
定　　　價　三四編 51 冊（精裝）台幣 130,000 元

杜詩闡

（第四冊）

陳開林　校證

卷二十八

夔州詩_{大曆二年}

暮歸

　　題曰「暮歸」，實歎故園不得歸。

霜黃碧梧白鶴棲，城上擊柝復烏啼。客子入門月皎皎，誰家搗練風淒淒。四句「暮歸」景物。**南渡桂水闕舟楫，北歸秦川多鼓鞞。年過半百不稱意，明日看雲還杖藜。**四句「暮歸」情事。

　　梧葉經霜而黃，白鶴亦次第而棲。此時白帝城頭，更聲早發；乃擊柝之際，夜烏復啼。「白鶴棲」，客子亦入門，雖則入門，依然客子也，月徒皎皎耳。夜烏啼，搗練之聲亦急，雖則搗練，不知為誰授衣也。風誠淒淒矣，我暮歸時聞見如此。然我心所期者，將欲下江陵，南渡桂水，由桂水北歸秦川，始稱我意。必舟楫具，然後可南渡；必鼓鞞息，然後可北歸。舟楫闕，鼓鞞多，將南渡北歸之意終何日稱？我本客子，暮入門，朝出門，何日不杖藜也？明日杖藜，還復看雲。我雖不得南渡，且看雲之南行；我雖不得北歸，且看雲之北往。年過半百，稱意果何日哉？

送孟十二倉曹赴東京選

　　東京之選，昔年朝廷以歲旱穀貴，選人路費不給，通其法於洛川。大曆猶循其例。倉曹貧者，宜赴此選。

君行別老親，此去苦家貧。藻鏡留連客，江山憔悴人。四句「送赴東京選」。

秋風楚竹冷，夜雪鄴梅春。朝夕高堂念，應宜綵服新。四句望其早旋。

　　倉曹親老，何有此行？誠苦家貧，冀祿養耳。此去赴選，有待於選司者之藻鏡，他日留連，固不免也。此行別親，遠涉夫陝岵者之江山，今日憔悴，亦可知也。去日秋風，親舍之地，楚竹已冷；到時夜雪，東京之處，鄴梅已春。秋而忽冬，冬而又春，歲月屢更，門閭應倚。屈指此際，亦宜釋褐就選，衣綵服，歸省老親也。

憑孟倉曹將書覓土婁舊莊

平居喪亂後，不到洛陽岑。為歷雲山問，無辭荊棘深。四句「憑倉曹覓舊莊」。北風黃葉下，南浦白頭吟。十載江湖客，茫茫遲暮心。四句述「將書覓莊」意。

　　我舊莊在洛陽土婁，喪亂以來，久不復到；雲山深處，荊榛可知。幸倉曹有赴選之役，得乘便將我書也。彼舊莊有人主守，倉曹為我歷雲山而訪問，縱使舊徑難尋，無辭披荊涉棘，深入其地。在彼廬墓之處，北風蕭蕭，黃葉應滿地也；在此留滯之人，南浦悠悠，白頭空自吟耳。正因十載漂泊，歸計茫茫。豈曰江湖之客，終遠土婁；遲暮之心，竟置荊棘勿問哉？○柳子厚謫永州，致書許京兆，拳拳於善和里。〔註1〕杜少陵客夔州，寄書孟倉曹，殷殷於土婁舊莊。其情一也。

耳聾

生年鶡冠子，歎世鹿皮翁。二句「耳聾」之由。眼復幾時暗，耳從前月聾。二句「耳聾」。猿鳴秋淚缺，雀噪晚愁空。黃葉驚山樹，嘷兒問朔風。四句「耳聾」情景。

　　彼鶡冠子老而忘年，我之生年已如此子。彼鹿皮翁隱居菑川，免於陷溺，我之歎世亦如此翁。生年如此，不已老乎！歎世如此，有何樂乎？宜眼先暗，不幸未暗，尚見天下人也；宜耳亦聾，幸而早聾，不聞天下事也。即如聽猿鳴則下淚，聞雀噪則添愁，耳之累人者，多如此類。今猿自鳴，雀自噪，我之秋淚晚愁則已缺已空。所恨目未暗，睹落葉，忽驚且喜；耳先聾，並朔風不覺也。○鳥雀噪，行人至，何以曰愁？有時不驗則愁。問朔風，正為不聞落葉聲。

〔註1〕《詁訓柳先生文集》卷三十《寄許京兆孟容書》：
　　城西有數頃田，樹果數百株，多先人手自封植，今已荒穢，恐便斬伐，無復愛惜。家有賜書三千卷，尚在善和里舊宅。宅今已三易主，書存亡不可知，皆付受所重，常繫心腑，然無可為者。

小園

由來巫峽水，本是楚人家。二句「小園」之處。客病留因藥，春深買為花。
二句「小園」之故。秋庭風落果，瀼岸雨頹沙。問俗營寒事，將詩待物華。
四句「小園」之事。

　　巫峽楚地，其為楚人家舊矣。我非楚人，留此小園者，客病因可蒔藥耳；買此小
園者，春深為可種花耳。今日果落隨風，樹宜培也；沙頹因雨，隄宜防也。此皆寒事，
既為楚人，則有楚俗。及今問俗而營，將來物華，竟可吟詩以待矣。

夜

絕岸風威動，寒房燭影微。二句「夜」。嶺猿霜外宿，江鳥夜深飛。二句
「夜」景。獨坐親雄劍，哀歌歎短衣。煙塵繞閬閬，白首壯心違。四句
「夜」感。

　　風來絕岸，燭影在有無間。如何嶺上哀猿，霜天獨宿；江邊孤鳥，靜夜還飛也？
我其似之。此時張華雄劍，顧影獨親；寧戚短衣，哀歌誰和？而況閬閬之間，煙塵未
靖。庶幾撫雄劍，著短衣，為天子掃煙塵，清閬閬。「烈士暮年，壯心不已。」無奈
平生意氣，白首坐消也。

奉酬薛十二丈判官見贈

忽忽峽中睡，悲風方一醒。西來有好鳥，為我下青冥。羽毛淨白雪，
慘澹飛雲汀。既蒙主人顧，舉翮唳孤亭。持以比佳士，及此慰揚舲。
以上借好鳥以敘居官之來。清文動哀玉，見道發新硎。欲學鴟夷子，待勒
燕山銘。誰重斬郊劍，致君君未聽。以上敘「判官見贈」之詩，以見欲有為
而未遇。志在麒麟閣，無心雲母屏。卓氏近新寡，豪家朱門扃。相如才
調逸，銀漢會雙星。客來洗粉黛，日暮拾流螢。不是無膏火，勸郎勤
六經。以上敘判官得新娶之賢。老夫自汲澗，野水日泠泠。我歎黑頭白，
君看銀印青。臥病識山鬼，為農知地形。誰矜錦帳坐，苦厭食魚腥。
以上自敘，應上「志在麒麟閣」一段。東南兩岸坼，橫水注滄溟。碧色忽惆
悵，風雷搜百靈。空中右白虎，赤節引娉婷。自云帝里女，噀雨鳳凰
翎。襄王薄行跡，莫學令威丁。一作「冷如丁」。千秋一拭淚，夢覺有微
馨。人生相感動，金石兩青熒。以上借鳳凰遼鶴以比新婚之女，應還「忽忽
峽中睡」一段。丈人但安坐，休辨渭與涇。龍蛇尚格鬥，灑血暗郊坰。

我聞聰明主，治國用輕刑。銷兵鑄農器，今古歲方寧。文王日儉德，俊乂始盈庭。榮華貴少壯，豈食楚江萍。以上勉判官出而致君，應還「清文動哀玉」一段。

我今忽忽然，峽中方睡，風來忽醒，蓋有為也。因見西來好鳥，乘風鼓翠，為我而下青冥耳。此鳥羽毛如雪，其情慘澹。當其飛來，欲邀顧盼；及其既顧，舉翮不留。鳥真好矣。持比判官，亦足慰其揚舲之心，為我少住否？判官所贈詩，清文朗朗，如扣哀玉；見道鑿鑿，如發新硎。正當摩屬以須，何為忽發鷗夷之想？雖欲揚舲而去，其如正待燕然之銘！所可惜者，有斬郅支之劍，即燕然不難勒，乃欲致之君，君未肯用也。今方新娶，在判官雖學鷗夷之泛五湖，其志原在麒麟閣上，雖慕五湖之載西施，其心豈在雲母屏風？琴心之挑，必無之也。止因卓氏新寡，朱門乏耦，慕長卿才，赴牛女期耳。而況甘貧洗孟光之脂粉，勸讀拾車胤之流螢，其賢如此。臨卬之事，何必諱言。若老夫者，躬汲澗泉，親操井臼，自歡白頭，豈有雙星之慕；羨爾銀印，正諧雲母之綠。臥病而山鬼為鄰，學農而地形徒識。郎官錦帳，曾坐誰憐；楚澤魚腥，非魴奚慕。老夫已矣。判官遇合，更有甚奇者。我見兩岸坼而橫水注，碧雲動而風雷起。始焉峽中睡，悲風來，正其時也。遙見空中白虎引節，遂有神女來自帝鄉。蓋判官為好鳥之來，則此女自作鳳凰之配。夫豈襄王陽臺，徒然雲雨；令威仙鶴，得比鳳凰。彼襄王、令威，不過夢幻悅惚之事，傳之猶為佳話。今日臨卬遇合，猶是人間嘉耦。且夫人生感動，金石青熒，判官固無心於雲母屏，亦有志於麒麟閣矣。判官但坐，且漫揚舲。處今之世，清濁無分，龍蛇正鬭。側聞聖天子聰哲仁慈，省刑息戰，天下務本，乂安有日，儉德章，師濟集。判官乘此少壯，出而致君，榮華曷有極耶？豈若老夫，魚腥雖厭，還食楚江之萍也。○「雲母屏」，切新婚。趙飛燕亦遺女弟昭儀雲母屏風。註家必引鄭弘事，殊迂。○儉德為中興之本。伊尹訓太甲曰：「慎乃儉德。」公於代宗，《有感》章曰「不過行儉德」〔註2〕，《提封》章曰「何如儉德臨」〔註3〕，《往在》章曰「君臣節儉足」〔註4〕，至是始曰「文王日儉德」，每飯不忘君父，於此等處見之。

送李八秘書赴杜相公幕

青簾白舫益州來，巫峽秋濤天地廻。石出倒聽楓葉下，櫓搖背指菊花

〔註2〕 《杜詩闡》卷十七《有感五首》之三。
〔註3〕 《杜詩闡》卷二十三。
〔註4〕 《杜詩闡》卷二十。

—576—

開。四句敘「秘書」之來。**貪趨相府今晨發，恐失佳期後命催。南極一星朝北斗，五雲多處是三臺。**四句「赴相公幕」。

秘書彩鷁自成都來，一時巫峽崢嶸，秋濤雄壯，天地為旋轉矣。舟行巫峽中，石出嵯峨，楓葉在上者，倒聽其落。舟行秋濤中，櫓搖迅速，菊花在後者，背指其開。此行何汲汲哉！良由貪趨相府，恐失佳期也。相公於六月自成都入朝，是南極一星，方朝北斗。今日想見五雲深處，相公已作三台星。秘書入幕，正在五雲三臺處矣。○鴻漸平蜀，資秘書謀，入朝辟用，故有此行。灧澦堆，冬水落則石出。

贈李秘書別三十韻

往時中補右，扈蹕上元初。反氣陵行在，妖星下直廬。六龍瞻漢闕，萬騎略姚墟。玄朔回天步，神都憶帝車。一戎纏汗馬，百姓免為魚。通籍蟠螭印，差肩列鳳輿。事殊迎代邸，喜異賞朱虛。寇盜方歸順，乾坤欲晏如。以上敘秘書扈蹕之功。不才同補袞，奉詔許牽裾。鵷鷺叨雲閣，麒麟滯玉除。文園多病後，中散舊交疏。飄泊哀相見，平生意有餘。風煙巫峽遠，臺榭楚宮虛。觸目非論故，新文尚起予。以上敘與李相見之由。清秋凋碧柳，別浦落紅蕖。消息多旗幟，經過歎里閭。戰連唇齒國，軍急羽毛書。四句蜀事。幕府籌頻問，山家藥正鋤。公自注：「秘書比臥青城山中。」臺星入朝謁，使節有吹噓。西蜀災長弭，南翁憤始攄。對敭抗士卒，乾沒費倉儲。勢藉兵須用，功無禮忽諸。御鞍金騕褭，宮研玉蟾蜍。拜舞銀鉤落，恩波錦帕舒。以上敘秘書入朝。此行非不濟，良友昔相於。去掉依顏色，沿流想疾徐。沉綿疲井臼，倚薄似樵蘇。乞米煩佳客，鈔詩聽小胥。杜陵斜晚照，潏水帶寒淤。莫話清溪髮，蕭蕭白映梳。以上自序兼送李。

猶憶往時，秘書官中書省之右補闕，扈上蹕於建元初也。先是祿山反氣，直陵行在；彗孛妖星，竟下直廬。上皇出奔，瞻漢闕而已遠；肅宗駐蹕，略姚墟而未平。已而大駕還，帝車返，戎衣一著，民免其魚。秘書此時，通籍承明，差肩侍御。在秘書佐肅宗，原殊周勃之迎代邸；即肅宗眷秘書，亦異文帝之賞朱虛。寇盜息，乾坤平，秘書扈蹕之功如此。我時同官，亦叨扈從。乃牽裾攖怒，竟出司功。鵷鷺不終，麒麟亦滯，遂使文園病久，中散交疏。幸而漂泊餘生，重來相見，平生意氣，尚未消磨。惟是巫峽關山，風煙浩渺；楚宮臺榭，雲雨荒涼。故舊久矣，無人起予，幸而有作。當此碧柳凋，紅蕖落，蜀中多故，草堂再墟，夔當唇齒之交，尤屬羽書之急，幸而相公出鎮，秘書効

謀。既輸前席之籌，遂種青城之藥，而忽蒙薦辟，今日復有此行也。臺星入謁，使節吹噓，意在長弭蜀災，方使南翁快意。在秘書揣摩有素，練達多年。此行以地方情形入告，必將論蜀中之師已老，何以使其不挫；蜀中之財已匱，何以使其不竭。勢之所藉，非兵不克；功之所無，在禮宜除。則不誑而兵情實，不濫而費省矣。似此入對，必膺帝寵，有何不濟哉？所難為情者，良友如予，昔亦同言耳。自歎井臼親操，漁樵為伍，向人指困，更僕鈔書，困乏甚矣。遙想秘書到時，杜陵故丘，正低晚照；潏水舊岸，已結寒冰。倘遇長安故人，幸勿道清溪野老白髮蕭疎，已無意國家大事也。○「事殊迎代邸」，見得玄、肅為父子，父統傳子，一定不易。諸臣以代邸視肅宗為謬。「潏水」，為公所居處。杜牧《期遊樊川》詩有「杜村連潏水」〔註5〕句。

奉送韋中丞之晉赴湖南

寵渥徵黃漸，權宜借寇頻。湖南安背水，峽內憶行春。以上「送韋赴湖南」。王室仍多故，蒼生倚大臣。還將徐孺榻，處處待高人。四句勉之。

　　漢穎川太守黃霸徵入為京兆尹。中丞前刺峽州，朝廷之寵渥矣，是為徵黃之漸。今日借寇量移湖南，亦權宜耳。所以借寇者，只因湖南之地形背水，地屬險要，界接夷獠，非中丞不足安之。況峽內行春，政聲素著。今日湖南之役，舍中丞其誰哉！若論王室如此多故，中丞亟宜內召。惟是蒼生，全賴大臣。今日且為岳牧，尤望此行得人其理。如徐孺子者，何處無之？中丞能為陳蕃，則王室蒼生胥賴徵黃之漸，真不遠也。

聞惠子過東溪

惠子白驢瘦，歸溪惟病身。皇天無老眼，空谷滯斯人。四句傷之。崖蜜松花熟，山杯竹葉春。柴門了生事，黃綺未稱臣。四句慰之。

　　惠子病矣，白驢亦瘦。今歸東溪，惟一病身。彼明明在上，監亦有光，豈無老眼，分別賢否？斯人何人，困於空谷，謂無老眼可也。今歸東溪，遙想崖上松花，蜂蜜已熟；山間竹葉，杯酒生春。柴門生事，不過如此。黃綺事業，竟何如哉！乃終困空谷，以「未稱臣」老。傷哉惠子！

大覺高僧蘭若 公自注：「和南去冬往湖南。」

巫山不見廬山遠，松林蘭若秋風晚。二句總提。一老猶鳴日暮鐘，諸僧

〔註5〕（唐）杜牧《樊川集》卷二《秋晚與沈十七舍人期遊樊川不至》。

尚乞齋時飯。香爐峰色隱晴湖，種杏仙家近白榆。飛錫去年啼邑子，獻花何日許門徒。六句分應首二句。

　　巫山為和尚所居，今往廬山，為廬山遠公矣。和尚已遊廬山，此巫山松林、蘭若猶在也。所留門徒，其一老暮鐘猶鳴，其諸僧齋飯還乞。和尚不在蘭若，清嚴如此。遙想廬山此遊，和尚踏爐峰，過杏林，洄足樂矣。豈知去冬飛錫出門時，邑子已歔噓不禁。今秋風已晚，為門徒者方獻花以待也。○廬山有香爐峰，董奉杏林亦在其處。白榆，星名。此地有落星湖，故曰「近白榆」。《漢書》：「于定國薦邑子於尹翁歸。」〔註6〕

奉賀陽城郡王太夫人恩命加鄧國夫人公自注：「陽城王衛伯玉也。」

衛幕銜員實，藩輿送喜頻。濟時瞻上將，錫號戴慈親。富貴當如此，恩榮邁等倫。郡依封土舊，國與大名新。紫誥鸞回紙，清朝燕賀人。以上敘「恩命」。遠傳冬筍味，更覺綵衣新。奕葉班姑史，芬芳孟母鄰。義方兼有訓，詞翰兩如神。委曲承顏體，騫飛報主身。可憐忠與孝，雙美畫麒麟。以上述其慈孝。

　　衛將軍之幕，銜恩已重；潘安仁之輿，送喜又頻。蓋由郡王有濟時之才，成功衛幕；所以太夫人有錫號之典，頻御潘輿。在郡王，富貴不過尋常。然似此尊榮，已超夷等。其封陽城也，土地依舊；其加鄧國也，大名已新。字繞回鸞，驚看紫誥；人趨燕賀，群頌清朝。恩命如此，夫豈倖致。蓋由母慈子孝，子尤移孝作忠也。惟王孝母，已供冬筍，復舞綵衣；惟母教子，已似班姑，更如孟母。母之義方嚴矣，詞翰尤美；子之承顏至矣，報主復殷。是孝且兼忠，麒麟雙美，古今以來，可多得哉？

可歎

天上浮雲如白衣，斯須改變如蒼狗。古往今來共一時，人生萬事無不有。四句泛起。近者抉眼去其夫，河東女兒身姓柳。丈夫正色動引經，酆城客子王季友。四句敘「可歎」之事。群書萬卷常暗誦，孝經一通看在手。貧窮老瘦家賣屐，好事就之為攜酒。四句敘季友之貧。豫章太守高帝孫，引為賓客敬頗久。聞道三年未曾語，小心恐懼閉其口。太守得之更不疑，人生反覆看已醜。明月無瑕豈容易，紫氣鬱鬱猶衝斗。八句言李勉識季友。時危可仗真豪傑，二人得置君側否。二句為一篇之主。太守頃

者領山南，邦人思之比父母。王生早曾拜顏色，高山之外皆嶔崟。用為羲和天為成，用平水土地為厚。主也論道阻江湖，李也凝丞曠前後。死為星辰終不滅，致君堯舜焉肯朽。我輩碌碌飽飯行，風后力牧長回首。以上正言兩人可置君側。

　　天地間事，變幻多矣，如浮云然，忽白衣，忽蒼狗，何常之有。古往今來，大率如此。未有如河東女兒之去其夫者，然不足以累丈夫。蓋丈夫正色，動引經典，雖變不失其常耳。鄖城王季友是矣。季友默識群籍，尤熟《孝經》。惟是家貧賣屨，人頗忽之。止有一二好事者，攜酒相就。敬信之者，惟豫章太守李勉，引為賓客耳。季友作客三年，不鳴不躍，疑其無能為也，太守信之益篤。由此觀之，丈夫苟正色引經，如王季友者，雖人間多反覆之事，有似乎醜，而於明月之光，未嘗有玷。鄖城劍氣，自沖牛斗。合而言之，二子皆豪俊。今日時危，可置君側者。太守頃領山南，其邦人比諸父母。王生早曾相識，覺餘子總屬卑卑。以置君側為羲和，天不難成；以置君側平水土，地應增厚。以置君側而論道，王也何愧，惜乎猶阻江湖；以置君側而為凝丞，李也何忝，惜乎猶曠前後。夫申呂嶽降，傅說列星，上為星辰，下為公輔。二子皆星辰，有致君堯舜之志者，縱使不置君側，亦當在霄漢間，與星辰終不滅焉。肯沒沒以老，與草木同腐者？況二子不獨羲和，乃黃帝時之風后、力牧。若我輩碌碌無為，徒飽飯行。其風后、力牧如二子者，我能不長回首望其置君側耶？○按：王季友詩有「自耕自刈食為天，如鹿如麛飲野泉。亦知世上公卿貴，且養山中草木年」〔註7〕等句。其為人食貧勵志可知。此詩「貧窮老瘦家賣屨」，亦實錄也。公《雜述》謂孔巢父「嘗不得飽飯喫」〔註8〕，《秋述》謂子魏子「必見用則風后力牧是也」〔註9〕。末二句引用。

自瀼西荊扉且移居東屯茅屋四首

　　著眼「且移」二字。「且」者，不定之辭。先是公種稻東屯，故有此移。

白鹽危嶠北，赤甲古城東。平地一川穩，高山四面同。四句地利。煙霜淒野日，秔稻熟天風。二句天時。人事傷蓬轉，吾將守桂叢。二句人事。

〔註7〕王季友《酬李十六岐》。
〔註8〕《杜詩詳注》卷二十五《雜述》：
　　進賢為賢，則魯之張叔卿、孔巢父二才士者，聰明深察，博辯閎大，固必能伸於知己。今問不已，任重致遠，速於風飈也。是何面目黧黑，常不得飽飯喫，曾未如富家奴，茲敢望縞衣乘軒乎？
〔註9〕《杜詩詳注》卷二十五。

東屯界白鹽、赤甲間，其地平坦，百頃若案，而一川甚隱。繞此平地者，四面皆山也。地利若此，天時何如？日本暄者，交以煙霜而淒冷。至於萬物，風以散之，散則物具成形，漸進於熟也。地利天時無可傷者，可傷惟人事耳。就一歲中，春赤甲，夏瀼西，秋又東屯，如蓬之轉，靡有定根。今將卜桂叢而守，未卜東屯，果桂叢否？○東屯前帶清溪，後枕崇崗，樹林蔥蒨，故稱「桂叢」。

東屯復瀼西，一種住青溪。來往兼茅屋，淹留為稻畦。四句「自瀼西移東屯」。**市喧宜近利，**公自注：「西居近市。」巽為近利市三倍。《左氏傳》晏子對景公語。**林僻此無蹊。若訪衰翁語，須令臕客迷。**四句言東屯之僻。

我移居東屯，猶瀼西耳。蓋一種青溪，東西若分。青溪原一，況兩處茅屋，來往可兼。惟此地稻畦，淹留有故，其曰桂叢者，蓋瀼西市喧，利則近矣。我非近利者，若東屯林僻，並亦無蹊，無蹊並無客。倘有來訪老翁者，如問津人迷蹤而去，真桂叢哉！

道北馮都使，高齋見一川。子能渠細石，頂「都使」句。**我亦沼清泉。**頂「高齋」句。**枕帶還相似，柴荊即有焉。**又分承上二句。**斫畬應費日，解纜不知年。**二句見未能出峽。

臕客迷矣，道北止有馮都使耳。我於高齋，見其踞一川之勝。然都使自都使，我自我。一川可共則共之，都使甃石為渠，若一川之勝，都使專之；不知清泉之水，我亦自然能沼也。惟此一川，在我枕帶，故此柴荊，即有清泉。蓋亦隨人位置耳。今秋秔稻雖熟，來歲斫畬正煩。我之解纜，果何日也？

牢落西江外，參差北戶間。久遊巴子國，臥病楚人山。四句「移居東屯」。**幽獨移佳境，清深隔遠關。**二句美東屯之居。**寒空見鴛鷺，回首想朝班。**二句思歸朝。

我意在解纜耳，今猶未能，故且住西江，開北戶而望也。但我非巴人楚客，乃久遊而臥病茲土者，或者林僻無蹊，路迷少客，為幽獨之故；或者高齋對川，清泉可沼，為清深之故。豈知巴國楚山，終難投老；長安杜曲，是我思存。彼寒空上泛泛者是鴛鷺。夫鴛鷺為朝臣班列，觸目寒空，不禁回首。何日解纜，復我朝班耶？

簡吳郎司法

吳郎是公姻眷，時假居瀼西。司法，其官。

有客乘舸自忠州，遣騎安置瀼西頭。古堂本買藉疎豁，借汝遷居停宴遊。四句安置吳郎。**雲石熒熒高葉曉，風江颯颯亂帆秋。**二句承「疎豁」。

卻為姻婭過逢地，許坐層軒數散愁。二句承「借汝」。

　　吳郎自忠州來，我已遣騎往迎，安頓其人於瀼西。追維春間，買此古堂，本為巫峽擁塞之故。此地疏豁，藉以自遣，非謂不可居而棄之。今日假汝，誠念汝自忠州來，道途勞頓，於此休息耳。不見古堂前，高葉當曉，雲石熒熒；古堂外，亂帆當秋，風江颯颯？似此疏豁，極不忘之。今汝遷此，我忝姻婭。有時過從，肯許坐我層軒、挹疏豁、散愁懷否也？

又呈吳郎

堂前撲棗任西鄰，無食無兒一婦人。不為困窮寧有此，祇緣恐懼轉須親。即防遠客雖多事，便插疏籬卻甚真。六句總是「撲棗任西鄰」意。已訴徵求貧到骨，更思戎馬淚沾巾。二句是「呈吳郎」意。

　　我瀼西堂前，向植棗樹，有西鄰婦嘗來樸撲棗。彼王吉婦取棗啖吉，吉去之。西鄰婦任其撲棗者，誠憐其「無食無兒一婦人」耳。無食則困，無兒則窮。困可言，窮不可言。無子曰獨，無夫曰寡。寡獨為窮民。西鄰婦既無食，又無兒，又是一婦人，不為困窮，寧有撲棗之事？緣其恐懼，轉須親之，使得安心撲棗耳。但吳郎遠客，西鄰婦得毋以遠客為嫌，不來撲棗？是西鄰婦能以禮自守。然以此防遠客，亦屬多事。雖則多事，在吳郎以其防遠客，故插疏籬以分別之。假使如此，西鄰婦竟不得復來撲棗。似此分別，過於真矣。當撲棗時，此婦已訴困窮之苦，多因縣官徵求，一貧到骨。我思徵求之故，又因戎馬未息。吳郎他日出為困窮請命，當思天下如此西鄰婦者不少，尚留心民瘼哉！○前章曰「許坐層軒」，此章曰「便插疏籬」，想吳郎褊衷者。

題栢大兄弟山居屋壁　二首

叔父朱門貴，郎君玉樹高。二句領至末。山居精典籍，文雅涉風騷。江漢終吾老，雲林得爾曹。哀絃繞白雪，未與俗人操。

　　從來朱門不足累子弟，患子弟不為玉樹耳。今朱門自貴，玉樹自高。朱門玉樹，何嘗兩妨。乃栢氏兄弟去朱門、即山居者，為讀書故。山居內，裘馬既遠，所精典籍。典籍內，文雅既嫻，兼涉風騷。我於江漢上，終老誰依，乃於雲林間，得爾後進。栢氏兄弟，地望為玉樹，文章亦白雪。夫白雪豈俗人之調，即俗人亦安得而操此耶？

野屋流寒水，山籬帶白雲。靜應連虎穴，喧已去人群。四句「山居屋壁」。筆架霑窗雨，書籤映夕曛。二句山居讀書。蕭蕭千里馬，箇箇五花文。二句「栢氏兄弟」。

　　山居則非朱門而為野屋，野屋則稱山居，宜有山籬。此間寒水往來，白雲起伏，

幾與虎穴為鄰，已覺人群都絕。虎穴可畏，人群可依。與其入人群，毋寧鄰虎穴，靜喧不同也。既精典籍，又涉風騷，則筆架書籤皆山居有事。栢氏兄弟工苦如此，豈真老於野屋、疎籬、白雲寒水？為山居人物者，皆千里馬、五花文。今日玉樹，生於朱門；他年朱門，即此玉樹。郎君勉哉！○「霑窗雨」暗用漂麩事，「映夕曛」暗用映雪事。

覃山人隱居

南極老人自有星，北山移文空勒銘。二句正言。徵君已去獨松菊，哀壑無光留戶庭。二句即北山移文意。予見亂離不得已，子知出處必須經。高車駟馬帶傾覆，悵望秋天虛翠屏。四句諷辭。

南極有老人星，見則主治安。今日亂離，尚未可見。不見而隱，仍不失為老人星。假使南極老人果能自有其星，彼北山移文又誰勒銘而誚耶？無奈南極老人如覃山人者，已就徵而去。此隱居之地所存者，獨松菊耳、戶庭耳，幾令哀壑笑人矣。夫治亂在世，出處在人。予見亂離，豈不欲出？亦無可奈何，不得已棲遲於此。子年已老，閱歷應多，夫豈不知出處之道，必須經歷后動？乃漫然就徵，北山移文周顒后，又將在子矣。夫「福兮禍所倚」。朱丹其轂，適以赤我之族。校書未已而高閣投，入洛幾時而鶴唳慟。此時囘首玄亭問字之處、崑陰讀書之臺，雖欲從之，何可復得？此神武門前，弘景之冠早掛；秋風江上，張翰之舟遂歸。非惡高車駟馬，非戀秋天翠屏。誠知今日高車駟馬，與傾覆接踵；他年秋天翠屏，雖悵望靡從耳。覃山人既為老人，何其昧於出處如此？○「自有星」三字，何等身份。自有不至傾覆，傾覆不復自有。

栢學士茅屋

碧山學士焚銀魚，白馬卻走身巖居。二句「栢學士茅屋」。古人已用三冬足，年少今開萬卷餘。晴雲滿戶團傾蓋，秋水浮堦溜決渠。富貴必從勤苦得，男兒須讀五車書。六句言其讀書茅屋。

學士佩銀魚，乘白馬，今焚者焚，卻者卻，身隱巖居，何為哉？東方朔曰：「三冬文史足用。」古人用三冬而已足，今學士方年少耳，開萬卷而有餘，古今人何多讓焉？讀書時想見茅屋內，晴雲滿戶，若傾蓋之團；茅屋下，秋水浮堦，為決渠之溜。學士為此，雖不貪富貴。若論富貴，必從勤苦。世亦有不必五車書而富貴者，命為男兒，當不如是。

東屯月夜

抱疾漂萍老，防邊舊穀屯。春農親異俗，歲月在衡門。四句「東屯」。青女霜楓重，黃牛峽水喧。泥留虎鬭跡，月掛客愁村。喬木澄稀影，輕雲倚細根。數驚聞雀噪，暫睡想猿蹲。八句「東屯月夜」。日轉東方白，風來北斗昏。天寒不成寐，無夢寄歸魂。四句感懷。

老病漂萍，移居東屯者，為春日務農，淹留歲月耳。仰見霜飛，秋深楓老；俯聽峽轉，石觸聲喧。況虎跡留泥，客村掛月。蒼蒼喬木，霜葉稀疎；裊裊輕雲，石根微細。數驚有故，為憐棲雀無枝；假寐何從，但想蹲猿穩睡。未幾舉頭見日，東方漸轉，長安不見，北斗旋昏。天寒則不寐，不寐則無夢，無夢則歸魂誰寄哉？○石為雲根。「細根」，小石也。

東屯北崦

盜賊浮生困，誅求異俗貧。二句總。空村惟見鳥，落日未逢人。二句正見「異俗貧」。步壑風吹面，看松露滴身。遠山回白首，戰地有黃塵。四句正見「浮生困」。

生逢盜賊，浮生已困。乃朝廷以盜賊故，干戈未息，至誅求之迫。雖異俗如東屯，而亦不免。所以北崦空村，止見鳥耳。庶幾日暮有歸人，而落日未逢，真空村哉！我行而步壑，時來吹面之風；立而看松，止有滴身之露。由北崦回首，豈無樂土？無奈茫茫戰地，到處黃塵，浮生至此，誠為困矣！

夜　二首

向夜月休弦，燈花半委眠。二句「夜」。號山無定鹿，落樹有驚蟬。二句自況。暫憶江東鱠，兼懷雪下船。二句「夜」懷。蠻歌犯星起，重覺在天邊。應首二句。

月何必弦？我所見者，燈花耳。燈花亦半委落而成眠矣。人則雖眠，乃號山之鹿，棲而不定；落樹之蟬，忽焉有驚。是人亦未可高枕也。眠時所憶者，江東鱈，如季鷹思家；所懷者，雪下船，如子猷念友。忽聞蠻歌，已眠復起。當其憶江東鱠，如身在江東；懷雪下船，如身在山陰。聽蠻歌而起，重覺此身原在天邊。天邊何地，而堪久處，亦何異於號山鹿、落樹蟬也已。○不宜然而然曰犯。公用「犯」字都有謂。《將曉》詩曰「飄飄犯百蠻」〔註10〕，言老不可入蠻也。對雪詩曰「北雪犯長

〔註10〕《杜詩闡》卷二十《將曉二首》之一。

沙」〔註11〕，言北不可侵南也。此曰「蠻歌犯星起」，言夜不可冒曉也。

城郭悲笳暮，村墟過翼稀。甲兵年數久，承「悲笳」句。**賦斂夜深歸。**承「村墟」句。**暗樹依巖落，明河繞塞微。**二句「夜」景。**斗斜人更望，月細鵲休飛。**挽首章起二句。

此時犯星而起，不但聞蠻歌，且聞悲笳；不但聞悲笳，且見過翼。聽悲笳，知甲兵之年數為已久；見過翼，歎賦斂至夜深而方歸。況暗樹之影，依巖已落；明河之光，繞塞亦微。凡以月細故也。前此憶江東，懷雪下，幾欲捨此而去。今斗斜更望，而見月光既細，鵲且休飛，我其終對燈花而眠哉！號山鹿、驚樹蟬亦為休飛鵲可矣。○二章以月起，以月收。「委眠」、「休飛」，總是杜門高臥，行路難意。

茅堂檢校收稻　二首

此於東屯，檢校收稻之事。

香稻三秋末，平田百頃間。二句「收稻」之由。**喜無多屋宇，幸不礙雲山。**二句茅屋。**御裌侵寒氣，嘗新破旅顏。紅鮮終日有，玉粒未吾慳。**四句「檢校收稻」。

東屯米冠蜀中，稻為香稻；其地百頃若案，田為平田。百頃之外，屋宇無多；平田之間，雲水不礙。惟是寒氣已侵，御裌猶苦不免；然而嘗新可得，旅顏從此可破矣。今日紅鮮之稻，已保必有；將來如玉之粒，亮亦不慳。凡此皆檢校可預必者。

稻米炊能白，秋葵煮復新。誰云滑易飽，老藉軟俱勻。四句稻為主，葵為客。**種幸房州熟，苗同伊闕新。**二句東屯之稻。**無勞映渠盌，自有色如銀。**二句玉粒之白。

玉粒何如？炊能白矣。與稻同白者，又有秋葵。秋葵雖滑，誰曰易飽？亦藉玉粒軟勻，宜於老人耳。此玉粒之種，自房州來者，非如伊闕為我故鄉。幸也房州之種，無異伊闕。莫白於車渠盌。凡物未白者，或借映於渠盌。玉粒之色，已自如銀；渠盌之映，真不必也。

歸

此從東屯歸瀼西。

束帶還騎馬，東西卻渡船。二句從東屯「歸」。**林中纔有地，峽外絕無天。**二句「歸」瀼西。**虛白高人靜，喧卑俗累牽。他鄉閱遲暮，不敢廢詩篇。**

〔註11〕《杜詩闡》卷三十三。

四句「歸」後之情。

　　自東徂西，大江中隔，故始焉騎馬，繼須渡船；既已渡船，還須騎馬。遂束帶上馬，卻去渡船也。還瀼西，入林中，林外皆山，林中纔見其有地。由林中，望峽外，峽中貫江，峽外若疑其無天。夫虛室生白，高人自靜，西居近市，俗累宜牽。猶賴詩篇，足慰遲暮而已。

秋野　五首

秋野日疏蕪，寒江動碧虛。繫舟蠻井絡，卜宅楚村墟。四句「秋野」。棗熟從人打，葵荒欲自鋤。盤餐老夫食，分減及溪魚。四句「秋野」之事。

　　秋深一望，野色疏蕪；極目寒江，碧虛搖動。我繫舟於此，夫豈得已？即卜宅亦偶然耳。所以棗熟矣，從人自打，何必為我物；葵荒矣，且復自鋤，何必不如老圃。夫卜宅在野，既有葵棗；乃繫舟臨江，更有溪魚。盤餐所餘，何不惠及溪魚也？○井絡，夔之分野。

易識浮生理，難教一物違。二句總。水深魚極樂，林茂鳥知歸。二句承「難教一物違」。我老甘貧病，榮華有是非。秋風吹几杖，不厭北山薇。四句承「易識浮生理」。

　　承上章。　我繫舟卜宅，苟安於此者，識浮生之理，無容強求耳。我於葵棗溪魚，使各得所者，知一物之生，難違其性也。蓋人生本浮茫，無住著，昧者不察，多所營求。須知物情猶我性也，順之則喜，違之則怨。苟順其性，雖拳石盎水，欣欣自得。倘或違之，則雖天地之寬、江湖之大，愁慘滿目。所以水不期於魚，林無心於鳥，而樂者樂，歸者歸，惟深惟茂，誠不違其性耳。況於浮生，豈樂貧病，我老則甘之；豈厭榮華，是非則審之。秋風几杖，任其所如。北山蕨薇，久而不厭。誠識浮生之理也。

禮樂攻吾短，山林引興長。二句總。掉頭紗帽側，曝背竹書光。二句承「禮樂攻吾短」。風落收松子，天寒割蜜房。稀疏小紅翠，步屧近微香。四句承「山林引興長」。

　　以下三章隱承「吾老甘貧病，榮華有是非」二句意。　彼名教中有禮樂，我雖老病，豈敢自外。但禮樂之攻，我偏覺其短。所以然者，絕意榮華，山林之興，引我偏長也。於此長則於彼短，有不能相兼者。彼紗帽竹書，禮樂所寓，今掉頭不顧，曝背自如，禮樂之攻我誠短矣。若松，若蜜，山林所需，今風落而收，天寒而割，山林之引興信長也。至若秋花秋葉，生意蕭疏，駐屧近之，微香可襲。既以掉頭曝背，何妨

駐屐花間。既已割蜜收松，並此微香，亦足戀云爾。○禮樂山林，原非兩局。掉頭曝背，無非禮樂，無非山林。割蜜收松，山林經濟，即禮樂經濟，豈真禮樂短、山林長？

遠岸秋沙白，連山晚照紅。潛鱗輸駭浪，歸翼會高風。砧響家家急，樵聲箇箇同。六句秋野。**飛霜任青女，賜被隔南宮。**二句秋感。

承上章。　秋沙遠岸，一片皆白；晚照連山，萬里胥紅。秋沙處有潛鱗，駭浪不及；晚照時有歸翼，從風自如。而況節屆授衣，家家刀尺；時當落木，箇箇樵聲。鱗潛而鳥歸，砧發而樵唱，天寒矣，霜飛矣。我曾為郎，南宮之被，亦應叨賜。自維貧病，已卻榮華。南宮之直宿無期，樂崧之賜被敢望哉？

身許麒麟畫，年衰鴛鷺群。接上「南宮賜被」句。**大江秋易盛，空峽夜多聞。逕隱千重石，帆留一片雲。**四句秋野。**兒童解蠻語，不必作參軍。**挽合首二句。

承上章。　南宮之被，雖云隔也。麒麟畫閣，身曾許之。往者身廁鴛群，朝班忝竊。自傷衰老，功名不終。不亦辭榮華，甘貧病與？彼大江之上，秋偏易盛，不但駭浪高風也；空峽之內，夜獨多聞，不但砧響樵聲也。峽中有逕，逕所隱者，惟千重石耳；江上有帆，帆所留者，如一片云然。至若參軍可作也，乃兒童居南，久習蠻語，亦何必如晉時郝隆，作蠻府參軍而始然哉？○細按五章，當以「易識浮生理，難教一物違」兩句為主。夫浮生有老少，有貧病，有榮華，有是非。或入世，有禮樂，或出世，有山林。或早歲登麒麟，或暮年列鴛鷺。揆之於理，作平等觀，物理亦不一矣。總欲俾其得所，棗之熟，葵之鋤，成功者退；魚之樂，鳥之歸，任天而行。收松割蜜，其候自然；樵響砧聲，及時自至。稀疏紅翠，亦有性情；兒童蠻語，無非天趣。所謂一物難違者如此。皇甫冉「童稚解方言」〔註12〕句本杜公「兒童解蠻語」。

傷秋

林僻來人少，山長去鳥微。二句虛籠全首。**高秋收畫扇，久客掩柴扉。嬾慢頭時櫛，艱難帶解圍。**四句「傷秋」。**將軍思汗馬，天子尚戎衣。**二句「傷秋」時事。**白蔣風颭脆，殷檉曉夜稀。何年減豺虎，似有故園歸。**四句「傷秋」情緒。

林僻則人蹤稀少，山長則鳥影微茫，秋意堪傷哉！況高秋卻扇，似我道之過時；久客杜門，亮人情之見棄。所以嬾慢而少逢迎，頭亦偶櫛；艱難而多優恤，帶亦減圍。夫吾也收畫扇，掩柴扉，科頭卻帶於長林。蓋將自安頹老，不復有為。豈知將軍捍圉，

〔註12〕（唐）皇甫冉《皇甫冉詩集》卷六《同諸公有懷》。

汗馬方戰，天子戎服，宵旰未寧。興言及此，雖結髮束帶，為將軍僇力，天子分憂，有不辭者。其如白蔣風摧，殷檉曉落，秋又暮矣，而豺虎未息，故園難歸何！○時吐蕃寇靈州，朝廷詔郭子儀帥甲士鎮涇陽，京師戒嚴。是「將軍汗馬，天子戎衣」。

雨

山雨不作泥，江雲薄為霧。二句「雨」。晴飛半嶺鶴，風亂平沙樹。明滅洲景微，隱見巖姿露。四句「雨」景。拘悶出門遊，曠絕經目趣。消中日伏枕，臥久塵及屨。豈無平肩輿，莫辨望鄉路。兵戈浩未息，蛇虺反相顧。悠悠邊塞破，鬱鬱流年度。針灸阻朋曹，糠粃對童孺。一命須屈色，新知漸成故。窮荒益自卑，飄泊欲誰訴。尫羸愁應接，俄頃恐違迕。以上感懷。浮俗何萬端，幽人有高步。二句結上起下。龐公竟獨往，尚子終罕遇。宿留洞庭秋，天寒瀟湘素。杖策可入舟，送此齒髮暮。四句出峽。

　　山間之雨，滑不作泥；江上之雲，薄則成霧。雲散而雨晴，飛於半嶺者有鶴；雨止而風生，亂於平沙者有樹。此時洲景猶微，半明半滅；巖姿已露，若隱若見。因而出門有礙，野趣都疎；老病頻侵，屨塵徒滿。肩輿自在，望鄉茫然。而況兵革未銷，蛇虺載道。邊月屢破，作客依然；年歲如流，奮飛無日。非叔夜之絕交，苦緣二豎；類陳平之噎粃，慚向諸兒。一命之吏，欲擬折腰；流落之人，久無傾蓋。屈身彌甚，開口誰憐。自顧尫羸，應酬已倦；況於色笑，頃刻恐違。蓋由浮俗紛紜，為態不一；豈知幽人遠舉，原有高蹤。如龐公，如尚子乎？少待洞庭秋深，瀟湘風發，便當杖策入舟，送此暮齒。安能鬱鬱久居此也？○等待為宿留。

秋清

高秋蘇肺氣，白髮自能梳。藥餌憎加減，門庭悶掃除。杖藜還客拜，愛竹遣兒書。六句都寫「秋清」病起。十月江平穩，輕舟進所如。二句預期出峽。

　　肺病得秋氣而平，白髮稀疎不須櫛，亦自能理矣。於時藥餌堪憎，病後猶煩加減；門庭諸悶，病起可以掃除。未幾客至，還客拜，無杖藜之禮。病餘，故杖藜而答。我性愛竹，則必題詩。病餘不能自作，故遣兒以書。十月瞿唐，冬水漸淺，正當灩澦石出，峽水如象之時。夫「如馬莫下，如象莫上」。出峽，下也，此時輕舟順流，聽其所如哉！○後公寄弟觀詩云：「禹鑿寒江正穩流」〔註13〕，正合「十月江平穩，輕

[註13]《杜詩闡》卷二十九《舍弟觀赴藍田取妻子到江陵喜寄三首》之一。

舟進所如」意。

瞿唐兩崖

三峽傳何處，雙崖壯此門。點「瞿唐兩崖」。入天猶石色，穿水忽雲根。猱玃髯鬚古，蛟龍窟宅尊。四句言其壯。羲和冬馭近，愁貫日車翻。二句托感。

　　瞿唐為三峽門，自昔相傳。惟此兩崖中貫一江，最為壯觀，此其門也。其高入天，猶然石色；其深穿水，疑為雲根。惟入天，故猱玃之憑高處者，髯鬚俱古；惟穿水，故蛟龍之阻深居者，窟宅以尊。「雙崖壯此門」如是。不獨入天穿水，而且礙日。今者秋駕辭，冬馭近，冬日短弱。恐到此雙崖，日車不免於翻也，亦奈之何？○由「入天」、「穿水」，說到「翻日」，時元載、魚朝恩用事專權，太陽翻覆之象。「愁畏日車翻」，語意有謂。

暝

日下四山陰，山庭嵐氣侵。「暝」候。牛羊歸險徑，鳥雀聚深枝。「暝」時景物。正枕當星劍，收書動玉琴。「暝」時事。半扉開燭影，欲掩見清砧。「暝」時所見。

　　峽中四面皆山，故當日下時，嵐氣直侵戶庭也。於是牛羊歸徑，以暝愈險；鳥雀聚枝，以暝更深。正枕而當星劍，因暝劍光獨明；收書而動玉琴，因暝琴響忽觸。暝則燃燭，將燃之際，半扉尚開；既燃之後，半扉欲掩。因掩扉，覺燭光所及，適照清砧。清砧不曰聞，曰見，暝時所急者，見耳。

雲

龍以瞿唐會，江依白帝深。二句出「雲」之地。終年常起峽，每夜必通林。二句行「雲」之時。收穫辭霜渚，分明在夕岑。高齋非一處，秀氣豁煩襟。四句承上虛寫「雲」。

　　雲之為物，從龍而起，依山川而出，天地之至奇也。亦惟瞿唐龍會，白帝江深，故云之生也，無時不然。未見瞿唐峽口，終年常起；白帝林間，每夜必通。終年起，至收穫之候，霜渚暫辭；每夜通，故分明之景，夕岑猶戀。不獨瞿唐白帝，就我高齋，亦非一處。每披秀氣，可豁煩襟，雲不在我襟袖耶？○「收穫辭霜渚」，功成身退之象。「分明在夕岑」，年高德邵之象。

晨雨

小雨晨光內，一句題面。初來葉上聞。霧交纏灑地，風折旋隨雲。暫起柴荊色，輕霑鳥獸群。以上寫「晨雨」之景。麝香山一半，亭午未全分。結將亭午挽「晨雨」。

小雨在晨光內，當其初來，聞葉上耳。未見其形，先聞其聲，是為晨雨。其聲初傳，但於葉上，是晨雨之小者。惟其小，故借霧而後灑地，因風而便隨雲。此時晨光內，柴荊之色暫起，不獨葉上聞，鳥獸之群亦霑。夔有麝香山，遙望山色，但得一半。直至亭午，尚未全分，蓋小雨迷濛難辨也。

天池

天池馬不到，嵐壁鳥纏通。百頃青雲杪，層波白石中。四句言「池」在山上。鬱紆騰秀氣，蕭瑟浸寒空。直對巫山峽，兼疑夏禹功。魚龍開闢有，菱芡古今同。以上寫「池」。聞道奔雷黑，初看浴日紅。飄零神女雨，斷續楚王風。欲問支機石，如臨獻寶宮。六句切「天池」。九秋驚雁序，萬里狎漁翁。更是無人處，誅茅任薄躬。四句自寫。

夔有天池，宜有天馬渥窪之異，乃殊不然。其嵐壁上，惟鳥纏通耳。池在山巔，故百頃凌雲，層波漾石。其為雲，秀氣干霄；其為水，寒光見底。夫惟巫峽，曾經開鑿，想此池亦係禹功與？魚龍出沒，開闢已然；菱芡滋生，古今不異。謂之天池者，蓋以此池，時奔雷，奔雷黑；時浴日，浴日紅；時而雨，為神女雨；時而風，為楚王風。夫雷雨風日，皆天上物，今奔於池，浴於池，飄零於池，斷續於池，不謂之天池而何？且織女支機之石、河伯獻寶之宮，皆非人間物色，一一為天池所有，則愈見其為天池。顧此天池，九秋之餘，雁序驚起；萬里之外，漁翁可狎。所驚者雁序，所狎者漁翁，是無人處也。誅茅而居，一任我躬，何不可哉？

即事

天畔群山孤草亭，江中風浪雨冥冥。一雙白魚不受釣，三寸黃甘猶自青。四句「即事」之景。多病馬卿無日起，窮途阮籍幾時醒。未聞細柳散金甲，腸斷秦川流濁涇。四句「即事」之感。

天畔群山，山本不孤。只一草亭，亭何孤也。似此孤亭，庶免為風雨漂搖。乃風雨冥冥，若偏為孤亭而作。處此風雨，江中白魚，應受釣矣。乃一雙白魚，不屑受釣。魚也遭風雨而不貪餌如此。處此風雨，亭前黃甘，應損青矣。乃三寸黃甘，猶然自青。

甘也遭風雨而不改節如此。況多病馬卿，何日能起？窮途阮籍，幾時得醒？多病窮途之故，都因身遠秦川耳。秦川未得歸者，只因細柳甲兵未散耳。然則與天畔孤亭終始，故鄉茫茫，終不得歸與？

獨坐　二首

竟日雨冥冥，雙崖洗更青。水花寒更落，山鳥暮過庭。四句「獨坐」雨景。暖老須燕玉，充飢憶楚萍。胡笳樓上發，哀怨不堪聽。四句「獨坐」感懷。

我獨坐對雨，只有雙崖，經雨彌青耳。若水花則因寒落岸，山鳥則向暮過庭，皆有不堪於雨者。況人而堪此飢寒哉！煖老無具，計惟燕玉。夫煖老必須燕玉，老終無時煖也。充饑無物，計惟楚萍。夫充饑至憶楚萍，饑終何日充耶？況世亂未平，笳聲頻奏，獨坐聽之，難為情矣。○「燕玉」，舊引「燕趙多佳人，美者顏如玉」〔註14〕，以燕玉為婦人，即《禮記》「七十非人不煖」〔註15〕意。白樂天詩云：「君是孤眠七十人。莫道非人身不煖」〔註16〕，又反言之也。《輟耕錄》載四明黃玠贈趙碧瀾妾詩，有「少陵尚愛燕玉煖」句〔註17〕，則燕玉指婦人無疑。但予又考唐寧王有煖玉鞍，又有煖玉杯。玉自有煖者，何不可以煖老？燕玉，或煖玉出燕，未可知。〔註18〕

白狗斜臨北，黃牛更在東。峽雲常照夜，江日會兼風。四句峽雨。曬藥安垂老，應門試小童。亦知行不逮，苦恨耳多聾。四句「獨坐」情事。

〔註14〕《文選》卷二十九《古詩一十九首》。

〔註15〕《禮記‧王制第五》、《內則第十二》：「七十非帛不煖，八十非人不煖。」

〔註16〕《白氏長慶集》卷五十七《戲答皇甫監》：「寒宵勸酒君須飲，君是孤眠七十身。莫道非人身不煖，十分一盞煖於人。」

〔註17〕（元）陶宗儀《南村輟耕錄》卷二十。

〔註18〕《分門集注杜工部詩》卷十三《獨坐二首》：
玉洙曰：「唐寧王有煖玉鞍，又有煖玉盃，以為飲器，不煖而自熱。」○趙曰：「燕玉，婦人也。《古詩》云：『燕趙多佳人，美者顏如玉。』待燕玉而煖，則《孟子》所謂『七十非人不煖』也。」
《杜工部草堂詩箋》卷三十二《獨坐二首》：
燕玉，謂婦人也。《古詩》：「燕趙多佳人，美者顏如玉。」待燕玉而煖，則《孟子》所謂「七十非帛不煖」也。或謂唐寧王有煖玉盃，以為飲器。
《九家集注杜詩》卷三十二《獨坐二首》：
唐寧王有煖玉鞍，又有煖玉盃，以為飲器，不煖而自熱。
按：《開元天寶遺事》卷下《暖玉鞍》：
岐王有玉鞍一面，每至冬月則用之，雖天氣嚴寒，而此鞍在上，坐如溫火之氣。

雙崖者，白狗峽、黃牛峽。一臨北，一在東。雲能致雨，峽雲照夜，夜雨可知。風能散雲，江日兼風，雨晴可知。於焉曬藥。夫此煖老充饑之物，既不可得，庶幾曬藥以安老人。於焉客至。夫我有柴門，雖設恒關。應門何為者，聊試小童耳。至若德不加修，年日逾邁，亦知所欲行者，百無一逮。豈是安心獨坐時？無奈耳已先聾，不能有為，因此苦恨而獨坐云爾。

雨　四首

微雨不滑道，斷雲疎復行。雨雲對起。**紫崖奔處黑，白鳥去邊明。**二句承「斷雲」。**秋日新霑影，寒江舊落聲。**二句承「微雨」。**柴扉臨野碓，半濕搗香秔。**二句單結而意。

雨微雲斷，其景何如？但見雲奔之處，紫崖都黑；雲去之邊，白鳥暫明。或奔紫崖之處，或去白鳥之邊，所謂「斷雲」也。秋日之影，忽似新霑，偶然日影，若因雨而洗。寒江之聲，依然舊落，習熟江聲，不因雨而添，故為「微雨」。當此秋饑，香秔濕搗，雨困人哉！

江雨舊無時，天晴忽散絲。暮秋霑物冷，今日過雲遲。四句「雨」。**上馬回休出，看鷗坐不辭。高軒當灔澦，潤色靜書帷。**四句「雨」時情景。

江雨不常，陰晴難必。其「舊無時」者，已然之雨，當暮秋而「霑物冷」；其「忽散絲」者，將來之雨，於今日而「過雲遲」。晴雨無常如此。此時欲出，上馬還休；此時既回，看鷗且坐。高軒無事，潤色悠然；灔澦雖喧，書帷自靜。豈非行路難，不如杜門逸與？

物色歲將晚，天隅人未歸。二句總。**朔風鳴淅淅，寒雨下霏霏。**一句承「物色歲將晚」。**多病久加飯，衰容新授衣。時危覺凋喪，故舊短書稀。**四句承「天隅人未歸」。

眼前物色，歲將晏矣；天隅羈客，何日歸與？而況朔風淅淅，時來入耳；寒雨霏霏，輒復侵人。歲真晚矣。此時天隅之人，安得飽飯？只因多病久加耳。此時天隅之人，安得暖衣？只因衰容新授耳。艱難如此，亟望故舊，其如時危凋喪，短書亦絕何！

楚雨石苔滋，京華消息遲。承「短書來」。**山寒青兕叫，江晚白鷗饑。神女花鈿落，鮫人織杼悲。**四句都寫苦「雨」。**繁憂不自整，終日灑如絲。**總結四首。

雨潤石苔，行蹤都斷，猶望京華消息耳。短書稀則消息遲矣。彼青兕耐寒者，當

此山寒，不免於叫；白鷗忍饑者，到此江晚，亦覺其饑。不獨「青兕叫」，神女本行雨者，久雨花鈿亦落；不獨「白鷗饑」，鮫人本喜雨者，久雨織杼亦悲。我能免飢寒之感哉？憂緒多端，不能復理。雨絲終灑，亦奈之何！○首章曰「半濕搗香秫」，秋饑可想。次章曰「暮秋霑物冷」，秋寒可想。三章曰「多病久加飯，衰容新授衣」，四章曰「山寒青兕叫，江晚白鷗饑」，無非飢寒之感。

返照

返照開巫峽，寒空半有無。以下都寫此句。已低魚復浦，不盡白鹽孤。荻岸如秋水，松門似畫圖。牛羊識童僕，向夕應傳呼。

「日之夕矣」〔註19〕，巫峽已暗。忽得返照，峽景復開。所見群動淒清，寒矣；萬象搖落，空矣。寒空中，其為物色，半有半無耳。魚復浦在下，返照與之俱低，魚復半無也；白鹽山最高，返照與之不盡，白鹽半有也。荻岸非秋水，返照所映，荻岸與秋水一色，荻岸在有無間也。松門非畫圖，返照所及，松門與畫圖無異，松門在有無間也。牛羊本識童僕，至返照將斂。牛羊所應，但聽傳呼。此時牛羊童僕皆在有無間，「寒空半有無」如此。

向夕

畝畝孤城外，江村亂水中。深山催短景，喬木易高風。鶴下雲汀近，雞棲草屋同。六句「向夕」景物。琴書散明燭，長夜始堪終。二句「向夕」之事。

田距孤城，村圍亂水，景已短矣。日薄西山，而短更催。風已高矣，聲在樹間，而高尤易。於時雲汀近水，有鶴翩然；草屋荒墟，群雞亂入。旅人何事？惟有散琴書於明燭下。不然，如此長夜何！

大曆二年九月三十日

此題，《春秋》紀時體。公《雨》詩：「留滯一老翁，書時記朝夕。」〔註20〕

為客何時了，喚至末句。悲秋向夕終。點「九月三十日」。瘴餘夔子國，霜薄楚王宮。草敵虛嵐翠，花禁冷蘂紅。四句氣候之異。年年小搖落，不與故園同。挽首句結。

〔註19〕《詩經‧王風‧君子于役》。
〔註20〕《杜詩闡》卷二十二《雨三首》之三。

作客至大曆二年，何時可了？乃四時之序，成功者退。秋至九月三十日，則已向夕終矣。無奈瘴猶未去，因此地是夔子國，霜猶未濃；因此地是楚王宮，所以秋為搖落之辰。而草還翠，花猶紅，搖落為小也。雖然，與其見草翠花紅於異地，不如見草黃花落於故園。今既不然，為客真何時了耶？

十月一日

有瘴非全歇，為冬亦不難。二句「十月一日」。夜郎溪日暖，白帝峽風寒。二句正見「為冬不難」。蒸裹如千室，燋糖幸一柈。茲辰南國重，舊俗自相歡。四句寫夔俗。

南方十月，瘴未全歇。雖名為冬，不甚苦寒。旅人無衣，處此亦無難事。瘴還有，所以夜郎溪日，至冬猶暖。冬已為，所以白帝峽風，此日微寒。若論天時，旅人何妨久處。人情則有不然者。十月一日，夔為佳節，其俗以蒸裹燋糖，爭相餽遣，蓋比戶皆然，千室如一室也。以滿器為重，一物必一柈也。二物雖薄，南人為重，亦各相往來，各自娛樂耳。旅人何與哉？○公在夔，於立春則思青絲細菜〔註21〕，於寒食則思邙山松栢〔註22〕，於九日則思樊川菊花〔註23〕，於冬日則思銅駝金谷〔註24〕，茲於十月一日則有蒸裹燋糖之感。旅客窮愁，千載在目。

戲作徘諧體遣悶二首

異俗籲可怪，斯人難並居。家家養烏鬼，頓頓食黃魚。二句「異俗」。舊識難為態，新知已暗疏。二句「斯人」。治生且耕鑿，只有不關渠。二句「遣悶」。

夔接烏蠻、夜郎、牂牁、六詔，信為異俗。俗異，人情亦異。有難與並居者，有蠻神，夔人奉為烏鬼。養烏鬼已可怪，家家養則以怪為常，尤可怪也。有黃魚。夔人日夜所需者。食黃魚無可怪，頓頓食則雖常亦異，故可怪也。至於斯人，其在舊識，為態無常；其在新知，外貌徒厚。難並居如此。然治生之道，耕鑿為常；自守之道，不關渠而已得。俗雖異，我自不異。斯人難，吾自不難。遣悶如此。○「籲可畏乎，其怪人也」，出《靈光殿賦》〔註25〕。

〔註21〕《杜詩闡》卷二十《立春》：「春日春盤細生菜，忽憶兩京梅發時。」
〔註22〕《杜詩闡》卷二十六《熟食日示宗文宗武》：「松栢邙山路，風花白帝城。」
〔註23〕《杜詩闡》卷二十七《九日五首》之四。
〔註24〕《杜詩闡》卷十八《至後》：「青袍白馬有何意，金谷銅駝非故鄉。」
〔註25〕《文選》卷十一王延壽《魯靈光殿賦》：「籲可畏乎，其駭人也。」

西歷青羌阪，南留白帝城。公自注：「頃歲自秦涉隴，從同谷縣出遊蜀，留滯於巫山也。」**於菟侵客恨，粗粝作人情。**二句物類之異。**瓦卜傳神語，畬田費火聲。**二句風俗之異。**是非何處定，高枕笑浮生。**二句「遣悶」。

　　我非夔人，只由往日自秦涉隴，歷阪而來，不得已，遂留白帝城耳。不料此方異甚，物類謂虎為於菟，風俗有招魂之粗粝。且尚鬼，將瓦代龜，妄傳神語；且燒田，焚山斫畬，多費火聲。虎名於菟，妄矣。饌惟粗粝，陋矣。占瓦為卜，詎矣。撓榛種田，迂矣。斯人自以為是，我安得指之為非？計惟高枕，過此浮生，悶亦遣矣。

卷二十九

夔州詩_{大曆二年至三年}

從驛次草堂復至東屯二首

前至東屯檢校，此至東屯收穫。

峽裏歸田客，江邊借馬騎。二句「從驛次」。非尋戴安道，似向習家池。
二句「復至東屯」。山險風煙合，天寒橘柚垂。二句在道之景。築場看斂積，
一學楚人為。二句「復至東屯」之事。

我往來東屯，都為農事，是歸田客也。東西有水陸之隔，故船渡之後，又須騎
馬。幸江邊有驛次，馬可借耳。我渡江而來，非子猷之訪戴安道；我騎馬而去，似山
公之向習家池。蓋將望東屯而往也，山險故風煙早合，非馬不行；天寒見橘柚已垂，
穫何容晚。夫築場斂積，納稼之常。楚人何獨不然。楚人所為，無一可學。學楚人，
不過此斂積之常耳。理生之道，聊從俗云。

短景難高臥，衰年強此身。從「復至」說入。山家蒸栗暖，野飯射麋新。
二句到東屯之事。世路知交薄，門庭畏客頻。牧童斯在眼，田父實為鄰。
四句「復至東屯」之感。

衰年宜高臥矣，今僕僕東屯者，迫於短景。農事難緩，勉強為此耳。惟是山有嘉
栗，餉客嘗蒸；澤有介麋，佐饌不乏。而況世路早知，交態甚薄。若論門庭，何煩上
客頻來。不如與牧童田父輩，共為蒸栗射麋之樂，不亦可乎！

暫往白帝復還東屯

復作歸田去，點「復還」。猶殘穫稻功。「復還」之故。築場憐蟻穴，拾穗許村童。落杵光輝白，除芒子粒紅。加餐可扶老，倉庾慰飄蓬。六句總承「穫稻」句。

我暫歸瀼西，復還東屯者，由前日檢校尚有餘功也。九月蟄蟲咸俯我築場，恐於穴處者有傷。所餘寡婦伊利，此狼戾一聽無食者拾取。蓋穴蟻堪憐，村童尤可念也。有玉粒一落杵，光輝燦然；有紅鮮纔除芒，子粒可數。於以炊之，可扶老病。所云「老藉軟俱勻」〔註1〕者，信不誣也。於以貯之，足慰飄蓬。所云「嘗新破旅顏」〔註2〕者，今果然也。復還東屯，為此故耳。○按：公種稻皆在東屯。讀《補稻畦水》〔註3〕及《督促耗稻》〔註4〕兩詩，皆東屯也。雖卜居瀼西，有「春耕破瀼西」句，其實瀼西未嘗種稻，蔬果居多。蓋瀼西石田，不可耕。東屯水平土沃，米冠蜀中，故兩次還東屯，皆曰歸田。黃鶴以「茅堂檢校收稻」為收瀼西之稻，「復還東屯」刈稻為刈東屯之稻。微論公非老農，不若是之貪得。即客居旅食，臧獲寥落，亦無僕僕東西，兩處耕種之理。瀼西蔬果，責成豎子；東屯稻禾，責成行官。公詩了然。

刈稻了詠懷

稻穫空雲水，川平對石門。寒風疎草木，旭日散雞豚。四句「刈稻了」。野哭初聞戰，樵歌稍出村。無家問消息，作客信乾坤。四句「詠懷」。

此收拾歸田諸作。稻刈矣，一望田畦，雲水皆空。但見一川如舊，對石門而若案耳。稻既刈，草木疎矣，寒風拂之；稻既刈，雞豚散矣，旭日照之。其如農務雖息，戰伐未休何！聽野哭，知其「初聞戰」也。「初聞戰」，哭聲如是，戰後可知。聞樵歌，不過「稍出村」也。「稍出村」，十家九哭，歌者偶耳。亂離如此。我無家之人，一任乾坤，聊以詠懷而已。

柳司馬至

柳司馬必，柳宗元父柳鎮也。按《宗元傳》，父鎮於肅宗平賊時上書言事，擢兵

〔註1〕《杜詩闡》卷二十八《茅堂檢校收稻二首》之二。
〔註2〕《杜詩闡》卷二十八《茅堂檢校收稻二首》之一。
〔註3〕《杜詩闡》卷二十六《行官張望補稻畦水歸》。
〔註4〕《杜詩闡》卷二十七《秋行官張望督促東渚耗稻向畢清晨遣女奴阿稽豎子阿段往問》。

曹參軍，佐郭子儀朔方府，三遷殿中侍御史。以事觸竇參，貶夔州司馬。〔註5〕時公在夔，柳司馬更無他人。

有客歸三峽，相過問兩京。二句「柳司馬至」。**函關猶出將，渭水更屯兵。設備邯鄲道，和親邏逤城。幽燕惟鳥道，商洛少行人。**六句承「問」字，述司馬答辭。**衰謝身何補，蕭條病轉嬰。霜天到宮闕，戀主寸心明。**四句自言。

吐蕃寇靈州，兩京消息斷矣。幸司馬歸峽，我得憑之問信。司馬答曰：「吐蕃入寇，逼近京師。東都函關為扼要地，朝廷於此出將。涇陽一帶，地屬密邇，郭子儀率甲士鎮其地，渭水亦復屯兵焉。不但京師，邯鄲亦設備矣。邯鄲雖屬晉，恐有河東乘機起者。至邏逤為吐蕃城，於此設備，於彼和親也。若幽燕則路已斷，惟鳥可通；商洛則兵已滿，行人亦少。由兩京及河東北備吐蕃如此。」我聽司馬言，冀一奮身，為朝廷僇力。無奈老病相尋，一身無補。仰見霜天烱烱，直到宮闕。我戀主寸心，亦與俱耽。豈曰老病，竟置國難度外耶？

自平

自平宮中呂太一，收珠南海千餘日。二句前日。**近供生犀翡翠稀，復恐征戍干戈密。**二句今日。**蠻溪豪族小動搖，世封刺史非時朝。蓬萊殿裏諸主將，才如伏波不得驕。**四句見不當征戍。

猶憶廣德年間，中官呂太一作亂廣州。自平太一之亂，南海貢珠，三年不絕。近者所供犀翠，又復稀疏。夫豈南海不來享，復恐征戍者干戈密之故也。若此，呂太一之禍必復見於今日。夫蠻族動搖，當置不問。況其酋長歸顯者，雖世授刺史，而道里遼闊，異於中原，不必更責以時朝之禮。今日蓬萊殿前，掌神策軍者，是亦呂太一之流，未必是馬伏波。縱使才如伏波，亦不必勤兵於遠，況非伏波，焉得驕哉？○蓬萊殿裏將，指魚朝恩。

久雨期王將軍不至

天雨蕭蕭滯茅屋，空山無以慰幽獨。銳頭將軍來何遲，令我心中苦不足。數看黃霧亂玄雲，時聽嚴風折喬木。泉源泠泠雜猿狖，泥濘漠漠饑鴻鵠。歲暮窮陰耿未已，人生會面難再得。以上「久雨不至」。**憶爾腰**

〔註5〕《新唐書》卷一百六十八《柳宗元傳》：「父鎮，天寶末遇亂，奉母隱王屋山。常間行求養，後徙於吳。肅宗平賊，鎮上書言事，擢左衛率府兵曹參軍，佐郭子儀朔方府，三遷殿中侍御史。以事觸竇參，貶夔州司馬，還終侍御史。」

－599－

下鐵絲箭，射殺林中雪色鹿。前者坐皮因問毛，知子歷險人馬勞。異獸如飛星宿落，應弦不礙蒼山高。安得突騎只五千，崒然眉骨皆爾曹。走平亂世相催促，一豁明主正鬱陶。以上惜其有才不見用。憶昔范增碎玉斗，來使吳兵著白袍。昏昏闇闒閉氛祲，十月荊南雷怒號。四句述時事，結挽「久雨」。

空山茅屋，天雨蕭蕭。冀得銳頭將軍似武安君者，一來慰我。將軍來何暮耶？惟有黃霧亂雲，嚴風折木，狄猿雜處，鴻鵠啼饑。似此歲暮窮陰，人生幾何，會面之難如此。猶憶前者，將軍抽鐵絲，射白鹿。我因坐皮，知子歷險之績；就格獸，服子應弦之能。以為安得突騎五千，眉骨崒然，皆如銳頭將軍者，走平亂世，一豁主憂。乃將軍曾有范增老謀，恨不見用，徒碎玉斗。所以諸將叛亂如侯景者，皆擁白袍，竟使闇闒間氛祲不散，至孟冬雷未收聲也。夫十月怒雷，世亂所感，蕭蕭久雨，能不懷我將軍耶？○時杜鴻漸薦崔旰，崔旰入朝，故有「闇闒氛祲」句。王將軍在成都，鴻漸不用以平崔旰亂，詩言如此。篇中「黃霧亂雲」，殺氣蔽天之象；「嚴風折木」，大將失律之象；猿狄雜處，小人竄竊之象；鴻鵠苦饑，民生失所之象。都借雨傍時事說。

虎牙行公自注：「虎牙，灘名。蕭銑僭江陵，自屯兵於此，後常為屯戍之處。」

秋風欻吸吹南國，天地慘慘無顏色。洞庭揚波江漢迥，虎牙銅柱皆傾側。四句出虎牙灘。巫峽陰岑朔漠氣，峰巒窅窈溪谷黑。杜鵑不來猿狖寒，山鬼幽憂霜雪逼。四句寫虎牙灘之景象。楚老長嗟失炎瘴，三尺角弓兩斛力。壁立石城橫塞起，金錯旌竿滿雲直。四句屯戍。漁陽突騎獵青丘，犬戎鎖甲聞丹極。八荒十年防盜賊，三句屯戍之故。征戍誅求寡婦哭，遠客中宵淚霑臆。三句感時作結。

秋風一吹，天地之氣慘無色矣。直至風撼波濤，銅柱傾側。甚者巫峽峰巒，皆為黯澹；鳥獸山鬼，莫不苦寒。於時楚老因凜冽，憶炎瘴，即角弓之愈勁，知秋氣之彌高。當此虎牙灘上，屯戍未休；遙見石城之間，旌竿如樹。所以然者，昔年安、史突騎，曾獵青丘；此後吐蕃鎖甲，再圍丹極。十年以來，盜賊未息。此虎牙灘上屯兵難撤耳。征戍未休，誅求彌急，能免寡婦苛政之哭，遠客窮途之涕哉？

寫懷二首

勞生共乾坤，何處異風俗。冉冉自趨競，行行見羈束。無貴賤不悲，無富貧亦足。萬古一骸骨，鄰家遞歌哭。以上泛說。鄙夫到巫峽，三歲

如轉燭。全命甘留滯，忘情任榮辱。朝班及暮齒，日給還脫粟。編蓬石城東，採藥山谷北。用心霜雪間，不必條蔓綠。非關故安排，曾是順幽獨。達士如弦直，小人似鉤曲。曲直我不知，負暄候樵牧。一段寫懷。

　　萬物勞生，共處天地，風俗有何足異？自趨競者起，天地之大，遂苦羈束。因有貴者形賤者而賤者悲，有富者形貧者而貧者戚。究之富貴貧賤，及其既盡，同一骸骨，生而謳，死而哭，何常之有？鄙夫自到巫峽，倏忽三載，苟全性命，留滯他鄉，已忘物情，榮辱不計。以言仕宦，老絕朝班；以言養生，日供脫粟。棲身則編蓬郭外，多病故採藥山間。用心霜雪之餘，不過勞其筋骨；豈必條蔓之綠，以為他日參苓？無安排也，順幽獨耳。何貴何賤、何貧何富、何榮何辱之有？語云：「直如弦，死道邊。曲如鉤，封公侯。」〔註6〕願為達士則何利，願為小人又不可。庶幾曲直兩忘，如樵如牧，我負暄候之矣。

夜深坐南軒，明月照我膝。驚風翻河漢，梁棟已出日。四句起興。群生各一宿，飛動自儔匹。我亦驅其兒，營營為私實。天寒行旅稀，歲暮日月疾。四句自寫。榮名忽中人，世亂如蟣蝨。古者三皇前，滿腹志願畢。胡為有結繩，陷此膠與漆。禍首燧人氏，厲階董狐筆。君看燈燭張，轉使飛蛾密。以上諷世。放神八極外，俛仰俱蕭瑟。終契如往還，得非合仙術。四句寫懷之指。

　　方夜坐對月，忽焉驚風翻，白日出，明月安在？當其夜深，群生皆有一宿；及乎日出，飛動各有所為。凡以營其私耳。我豈無私？其如天寒旅稀、日月又迫何！夫人多營者，皆為榮名故。因而賤者思貴，貴不得則起而攘；貧者思富，富不得則起而爭。大者竊侯，小者竊鉤。世亂紛然，奚啻蟣蝨。古者三皇之世，淳淳悶悶，鼓腹而遊，志願已畢。結繩起而機巧生，機巧生而膠漆之固者，從此搆矕。作俑於燧人多事、董狐之筆，又繼結繩而起。推燧人、董狐之意，本以防奸記惡耳。豈知奸以防而益奸，惡以記而彌惡。譬彼燈燭，本驅飛蛾，乃燈燭既張，飛蛾轉密。彼仙人者，不但無曲直是非、貴賤貧富，並死生而盡空，誠放神八極，齊一死生，有如往還而已。何仙術之不合哉？○孫楚詩：「齊契在今朝。」〔註7〕《註》引《說文》：「契，大約也。言齊死生，大約在於今朝。」「終契」，即齊契意。「如往還」，即生往死還也。

〔註6〕《後漢書》卷一百三《五行志》：「順帝之末，京都童謠曰：『直如弦，死道邊。曲如鉤，反封侯。』」
〔註7〕《文選》卷二十《征西官屬送於陟陽候作詩》。

觀公孫大娘弟子舞劍器行 並序

　　大曆二年十月十九日，夔州別駕元特宅，見臨潁李十二娘舞劍器，壯其蔚跂。問其所師，曰：「余公孫大娘弟子也。」開元三載，余尚童穉，記於郾城觀公孫氏，舞劍器渾脫，瀏灕頓挫，獨出冠時。自高頭、宜春梨園二伎坊內人泊外供奉，曉是舞者，聖神文武皇帝初，公孫一人而已。玉貌繡衣，況余白首，今茲弟子，亦匪盛顏。既辨其由來，知波瀾莫二，撫事忼慨，聊為《劍器行》。昔者張旭善草書書帖，數常於鄴縣見公孫大娘舞西河劍器，自此草書長進，豪蕩感激，即公孫可知矣。

昔有佳人公孫氏，一舞劍器動四方。觀者如山色沮喪，天地為之久低昂。燿如羿射九日落，矯如群帝驂龍翔。來如雷霆收震怒，罷若江海凝清光。以上敘公孫之舞。絳脣珠袖兩寂寞，晚有弟子傳芬芳。臨潁美人在白帝，妙舞此曲神揚揚。與予問答既有以，感時撫事增惋傷。以上臨潁美人之舞。先帝侍女八千人，公孫劍器初第一。五十年來似反掌，風塵澒洞昏王室。梨園弟子散如煙，女樂餘姿映寒日。以上追敘先帝。金粟堆前木已拱，瞿唐石城草蕭瑟。玳筵急管曲復終，樂極哀來月東出。老夫不知其所往，足繭荒山愁轉疾。六句自傷。

　　昔有佳人為公孫大娘者，每舞劍器，震動四方。不但觀者沮喪，即天地亦為低昂焉。抑而下，如后羿射日落，而昂者低；舉而上，如群帝驂龍翔，而低者昂。忽然來如雷霆，震於上而昂者還其昂；忽然收如江海，凝於下而低者還其低。一低一昂，頓挫獨出如此。今絳脣珠袖不復在矣，獨有弟子傳其芬芳耳。弟子何人？臨潁美人，今在白帝城者是。妙舞此曲，神彩飛揚，所謂如羿射、如龍翔、如雷震、如江海者，公孫已盡授之美人，故妙舞揚揚，波瀾莫二如此。顧予何知美人之伎出自公孫，偶於問答，知其有本。感時撫事，不覺惋傷。蓋由公孫氏於先帝侍女中，為八千人之冠。當年玉貌繡衣，絳脣珠袖，以妙舞侍先帝。高頭、宜春二伎坊內，人皆推公孫為第一。自開元五年至大曆二年，為五十年，時移事往，樂盡哀來。當時梨園弟子，流落四方，無一在者。獨此臨潁美人李十二娘，尚傳西河妙舞。其女樂餘姿，猶映寒日，使人想見先帝高頭、宜春之盛。所可歎者，美人猶是，劍器宛然，龍馭不還，茂陵寂寞耳。當此瞿唐石城，秋草蕭蕭；珠筵急管，曲終黯黯。雖欲再至郾城，問童穉戲遊之所；重謁金粟，弔先帝弓劍之鄉；有足繭荒山，自傷頹老，轉加愁疾，不可復得也已。

有歎 公自注：「蜀官軍自圍普遂。」

壯心久零落，白首寄人間。天下兵常鬥，江東客未還。窮猿號雨雪，老

馬望關山。二句應「客未還」。**武德開元際，蒼生豈重攀。**二句應「兵常鬪」。

我壯志消磨，不堪自問。今日衰老，亦聊寄人間耳。何為至此？蓋因天下紛紜，兵戈常鬪，故江東流落，人客未還也。窮猿失木，老馬迷途，回首太平，恍如隔世。深思武德、開元之盛，蒼生豈能再攀哉？我之有歎，誠此故耳。○按《水經》，江水東逕赤甲，又東逕魚復，又東逕巫峽，又東逕夔城。故曰「江東客」。非弟豐在江左之謂。武德為高祖年號，開元是明皇年號。不及貞觀、永徽諸朝者，武德為唐治之始，開元為唐治之終，舉武德、開元，列宗皆在其中。想到武德、開元，即《國風》終《豳風》，亂極思治之微意。

寒雨朝行視園樹

柴門擁樹向千株，丹橘黃甘此地無。江上今朝雲雨歇，籬甲秀色畫屏紆。桃蹊李徑年雖故，梔子紅椒豔復殊。鑱石藤梢元自落，倚天松骨見來枯。以上「園樹」。林香出實垂將盡，葉蒂辭枝不重蘇。愛日恩光蒙借貸，清霜殺氣得憂虞。四句「寒朝」。衰顏動覓藜牀坐，緩步仍須竹杖扶。散騎未知雲閣處，啼猿僻在楚山隅。四句「朝行」感懷。

園樹多矣，其中時果，雖無甘橘，然而今朝江上，雲雨既歇，籬中秀色，若畫屏然。而況若桃若李，蹊徑尚存；若椒若梔，豔色殊眾；若藤，鑱石有勁姿；若松，倚天有傲骨。蹊者蹊，徑者徑，紅者紅，豔者豔，鑱石者鑱石，倚天者倚天，循籬一望，真畫屏哉！乃其間林香出實者，垂垂將盡；葉蒂辭枝者，亦不重蘇。豈非成功者退，物有難強者，所望愛日恩光，蒙其一照。猶恐清霜殺氣，不免頓侵；籬中秀色，安能長保也。我朝來行視，自顧衰顏，常須緩步。既不能如散騎，入雲閣中，乃倚徙園樹，與啼猿共處。雖有千株，亦復何心也已。○此即果園四十畝，去夔時贈南卿兄者。〔註8〕

白鳧行

君不見黃鵠高於五尺童，化為白鳧似老翁。故畦遺穗蕩已盡，天寒歲暮波濤中。鱗介腥膻素不食，終日忍飢西復東。六句「白鳧」。魯國鶏鴟亦蹭蹬，聞道如今猶避風。借客結。

黃鵠本摩天之羽，高於五尺童，已度越儔等。今化為白鳧，有類老翁，為五尺童所竊笑。白鳧非香稻不食，今故畦穗盡，勢必天寒歲暮，泛泛波濤。此時波濤中，豈

───────────────

〔註8〕此卷後有《將別巫峽贈南卿兄瀼西果園四十畝》。

無鱗介？白鳧鄙而不屑食，故仍終日忍饑，東西流落也。故畦穗盡，一至於此。即如鷸鷗，偶因避災，止魯東門，今久而不去，豈鷸鷗之得已耶？○黃鵠、鷸鷗，皆公自況。公留滯於夔，正如鷸鷗蹭蹬，宜乎不食嗟來；為黃鵠之飢寒失所也。

冬至

年年日至長為客，忽忽窮愁泥殺人。二句綱。江上形容吾獨老。天涯風俗自相親。杖藜雪後臨丹壑，鳴玉朝來散紫宸。心折此時無一寸，路迷何處見三秦。六句分應首二句。

年年日至，年年為客，未有不窮愁者。獨此窮愁，泥人不去，一似窮愁於我獨親然。在此則江上形容，偏我獨老；在彼則天涯風俗，自為相親。身居夔地，親疏不入。我日至長為客，可傷如此。而況在殊方者，杖藜踏雪；在長安者，鳴玉來朝。身遠闕廷，雲泥異路，我「窮愁泥殺人」，可傷又如此。寸心折盡，故國終迷，亦何日免於為客窮愁也！

舍弟觀赴藍田取妻子到江陵喜寄　三首

汝迎妻子到荊州，消息真傳解我憂。鴻雁影來連峽內，鷸鷗飛急到沙頭。嶢關險路今虛遠，五句「弟到江陵」。禹鑿寒江正穩流。朱紱即當隨彩鷁，青春不假報黃牛。三句自言出峽。

自汝往藍田迎妻子，秋來消息杳然。今日荊州信到，憂方解耳。鴻雁之影，未來峽內，尚未為真；已連峽內，是「消息真傳」也。鷸鷗之飛，未向沙頭，到未到，尚未可知。已到沙頭，是妻子果達荊州矣。前此嶢關之險，誠畏其遠。今回首嶢關，已為虛遠，我憂所以解耳。前此峽江之流，苦其不穩。今十月寒江，正當平穩，我亦乘此出峽矣。及此穩流，我懷朱紱，隨彩鷁，下江陵。汝黃牛峽之來信，不必至青春又傳矣，喜可知也。○「朱紱隨彩鷁」，亦寓急於趨朝意。公由雲安至夔，兩年來，此心日在朝廷。一曰「歸朝日簪笏」〔註9〕，一曰「肺病幾時朝日邊」〔註10〕。於《九日》曰「茱萸賜朝士，難得一枝來」〔註11〕；於《夜雨》曰「同舍晨趨侍，胡為淹此留」〔註12〕。至弟到江陵，尅期出峽，從前神往，並在此時，故不覺喜極。

〔註9〕《杜詩闡》卷二十《將曉二首》之二。
〔註10〕《杜詩闡》卷二十《十二月一日三首》之一。
〔註11〕《杜詩闡》卷二十七《九日五首》之二。
〔註12〕《杜詩闡》卷二十七《更題》。《更題》前一首為《夜雨》，《杜詩闡》曰：「此足前章未盡意，故曰『更題』。」

曰「朱紱即當隨彩鷁」，蓋公歸溪上，未嘗罷官；出峽趨朝，分所當然。「朱紱」二字定非漫下。

馬度秦山雪正深，北來肌骨苦寒侵。他鄉就我生春色，故國移居見客心。四句「弟到江陵」。**歡劇提攜如意舞，喜多行坐白頭吟。巡簷索共梅花笑，冷蘂疎枝半不禁。**四句自述「喜」意。

想汝由藍田下秦山，雪正深也，苦寒如此。弟攜妻子至此者，不過為就我之故。雖他鄉而春色生焉，但長安是故國。弟從故國移居，雖為就我之故，亦見客心之不得已也。我則喜甚。喜形於手，提攜如意舞矣；喜形於口，行坐《白頭吟》矣。此時尚自舞，尚自吟，索誰共笑？巡簷之際，忽見梅花，如見我弟。因而共梅花笑，如其弟笑。夫梅花本無情之物，今若揣知人意，冷蘂疎枝，不禁舒放，我其為冷蘂疎枝哉？

庾信羅含皆有宅，春來秋去作誰家。二句總。**短牆若在從殘草，喬木如存可假花。**此聯承首句。**卜築應同蔣詡徑，為園須似邵平瓜。**此聯應次句。**比年病酒開涓滴，弟勸兄酬何怨嗟。**結還「喜」字。

弟移居江陵，所居何處？昔者庾信避歸江陵，居宋玉宅；羅含於江陵，築茅舍而居。兩賢俱有宅也。但為時已久，今不知作誰氏居耳。「庾信羅含俱有宅」何如？客裏移居，但免暴露，使二宅之短牆尚在，無須更易，且從殘草。客裏移居，但取庇蔭，倘二宅之喬木尚存，無用斬伐，亦可假花。夫庾信、羅含，遺跡固可求也；若蔣詡、邵平，我長安故鄉人，亦可師也。當年蔣詡掛冠歸里，蓬蒿滿門。弟今卜築於二宅，願同蔣詡之徑。當年邵平為秦故侯，種瓜青門。弟今為園於二宅，願如邵平之瓜。「春來秋去作誰家」，今直作蔣詡、邵平家耳。前弟往藍田，曾與約曰：「此時同一醉，應在仲宣樓。」〔註13〕今正其時，我雖病酒，且為弟開。勸酬之餘，真有樂不可支者，尚何怨嗟之有！

別李義

按：李義係道國之裔李鍊子也。鍊在玄宗朝，曾遣祭沂山東安公。鍊，宗室之賢。義能繼美。公係舒國後裔外孫，別詩情見乎詞。

神堯十八子，十七王其門。道國泊舒國，實惟親弟昆。中外貴賤殊，余亦忝諸昆。六句敘淵源。**丈人嗣王業，**丈人義父鍊。**之子白玉溫。**之子指義。**道國繼德業，請從丈人論。丈人領宗卿，肅穆古制敦。先朝納諫諍，直氣橫乾坤。**六句義父。**子建文章壯，河間經術存。溫克富詩禮，骨清**

〔註13〕《杜詩闡》卷二十六《舍弟觀歸藍田迎新婦送示二首》之二。

慮不喧。洗然遇知己，談論淮河奔。六句李義。憶昔初見時，小襦繡芳
蓀。長成忽會面，慰我久疾魂。三峽春冬交，江山雲霧昏。正宜且聚
集，恨此當離尊。莫怪執盃遲，我衰涕唾煩。以上敘別。重問子何之，
西上岷江源。願子少干謁，蜀都足戎軒。懼失將帥意，不如親故恩。
少年早歸來，梅花已飛翻。努力慎風水，豈惟數盤飧。猛虎臥在岸，
蛟螭出無痕。王子自愛惜，老夫困石根。生別古所嗟，發聲為爾吞。
以上規戒。

　　高祖二十三子，除早薨、以事誅，存十八子。太宗有天下，封王者十七人。道
國、舒國，十七王中之賢者。夫本宗為重，外族則輕。中表之貴賤雖殊，子為廷國裔
孫，我為舒國後裔之外孫，親親之誼，則誠忝竊。昔者爾父鍊為丈人行，能繼道國先
王業。今日子亦溫然如玉也，然則子能繼道國之業。子父丈人實先之。丈人在玄宗朝，
已蒙任使，職領宗卿，為國典刑，無忝司直。丈人嗣王業如此。所以子有曹植文章，
河間經術。其溫克則富於詩禮，其清骨則慮亦不喧。今日洗然相遇，談論快心也。憶
昔相逢，子方襁褓。曾幾何時，便成丈夫。顧我心方慰，忽值離筵。當此三峽冬春，
江山晦冥，而況所往者又岷江源也。今日崔旰雖已入朝，楊子琳又復跋扈，岷江為戎
馬場、荊棘地，非賢者所宜干謁。與其往而失將帥意，不如來而敘親舊思。子少年者，
若見梅花，便圖歸計；慎此風水，莫戀盤飧。誠以猛虎蛟螭，如崔旰、子琳之輩可虞
也。王子幸自愛哉！老夫困頓石根，自分不復有為。惟是生離死別，古人所嗟。今日
發聲，哭而又咽，亦謂子係神堯子孫、道國賢王之後，與予有中表之誼云爾。〇公《祭
外祖母文》云：「紀國則夫人之門，舒國則府君之外父。」〔註14〕錢《箋》曰：「府
君之外父者，為府君外王父也。」〔註15〕據此則公為舒國外孫之孫。

送高司直尋封閬州

　　「尋封閬州」，謂司直往謁封閬州也。封為閬州守。後公送封主簿，即封閬州之
子，公亦曰「主簿，前閬州賢子」〔註16〕。

丹雀銜書來，暮棲何鄉樹。驊騮事天子，辛苦在道路。司直非冗官，
荒山甚無趣。借問汎舟人，胡為入雲霧。八句惜司直。與子姻婭間，既
親亦有故。萬里長江邊，邂逅一相遇。長卿消渴再，公幹沉綿屢。清

〔註14〕《杜詩詳注》卷二十五《祭外祖祖母文》。
〔註15〕《錢注杜詩》卷二十。
〔註16〕此卷後《送大理封主簿五郎親事不合卻赴通州主簿前閬州賢子余與主簿平章
　　　　鄭氏女子垂欲納采鄭氏伯父京書至女子已許他族親事遂停》。

談慰老夫，開卷得佳句。時見文章士，欣然淡情素。伏枕聞別離，疇能忍漂寓。良會苦短促，溪行水奔注。熊羆咆空林，遊子慎馳鶩。以上敘別。西謁巴中侯，艱險如踮步。主人不世才，先帝常特顧。拔為天軍佐，崇大王法度。淮海生清風，南翁尚思慕。公宮造廣廈，木石乃無數。初聞伐松栢，猶臥天一柱。我病書不成，成字讀亦誤。為我問主人，勞心練征戍。以上「尋封閬州」。

　　周時赤雀銜書入豐，止於昌門，昌拜受之，此赤雀之遇也。今銜書而來，暮棲何樹，赤雀失所矣。所以然者，服驊騮，事天子，倭遲周道，臣子之職耳。但司直系理官，原非冗末；三巴本絕塞，豈為壯遊？泛舟入此，咄咄異哉！所幸者，姻婭相逢，邂逅敘闊。長卿消渴，一見而瘳；公幹沉綿，一見而起。清談入勝，懷抱得舒。其如伏枕方慰、終成漂寓何！況行路艱難，熊羆載道，遊子此行，我心所為介介耳。閬州為巴中，封閬州為巴中侯，司直此去西謁，直踮步間。況巴中主人具不世才，舊為先帝所眷顧，於行伍中拔為天軍佐。封能崇大本朝法度，不負先帝特顧之寵，往年出鎮淮海，清風到今。是封本王國楨幹，大廈所需者。今徒老其才於天柱峰頭，亦獨何哉？近日蜀中多故，所在屯戍。閬為梓、益都會，封且勞苦戎旃，庶今日閬州猶昔年淮海，昔佐天軍，今練戍卒。司直幸將此語達之封侯也。

錦樹行

今日苦短昨日休，歲云暮矣增離憂。霜凋碧樹作錦樹，萬壑東逝無停流。四句歎時。荒戍之城石色古，東郭老人住青丘。飛書白帝營斗粟，琴瑟几杖柴門幽。四句羈旅之感。青草萋萋盡枯死，天驥跋足隨犛牛。自古聖賢多薄命，奸雄惡少封公侯。四句流落之感。故國三年一消息，終南渭水寒悠悠。二句應「東郭老人」一段。五陵豪貴反顛倒，鄉里小兒狐白裘。二句應「天驥跋牛」一段。生男墮地要膂力，生女富貴傾邦國。莫愁父母少黃金，天下風塵兒亦得。用「聖賢」、「惡少」兩句意結。

　　今日苦短，昨日已過。不見碧樹化為錦樹，逝水終無停波乎？我何為久處於此？我東郭老翁，本洛陽青丘人，今飛書白帝，營求斗粟，雖有琴瑟几杖，徒添柴門幽況耳。夫青草枯死，天驥隨牛，聖賢薄命，往往而是。聖賢薄命，惡少封侯矣。聖賢薄命，困頓殊方；惡少封侯，得志邦國矣。我居夔以來，故國消息，三年一通。雖終南渭水，依然如舊；乃長安惡少，非復往日。所以五陵豪貴，巔倒傾覆；鄉里小兒，錦衣狐裘。時事如此。生兒不必聖賢，但當惡少，蓋有膂力，即封侯可立至也。若生女

富貴，雖傾邦國，天下風塵，無所用之。然則生女得寵，固多黃金；生男有膂力，亦差強人意哉！

白帝城樓

江度寒山閣，城高絕塞樓。翠屏宜晚對，白谷會深遊。四句「白帝城樓」。急急能鳴雁，輕輕不下鷗。二句感物。夷陵春色起，漸擬放扁舟。二句出峽。

　　江之來也，遠度閣遣；壤之竦也，高出危樓。故翠屏非晚對不宜，白谷必深遊始會也。於此有雁。《莊子》：一雁能鳴，一雁不能鳴，請殺。主人殺不能鳴者。〔註17〕處今之世，不能鳴者，或未必殺；能鳴者，或不能保。故能鳴者，反急急然也。於此有鷗。海上之人，每從鷗鳥遊。其父命子取玩。明日之海上，鷗鳥舞而不下。〔註18〕夫下則為人所取，不下斯可無患。輕輕者惟不下，飄然自得也。雖然，雁之急急，當春思歸；鷗之輕輕，所在遠舉。夷陵春色一動，白帝扁舟，我亦發矣。

寄從孫崇簡

嵯峨白帝城東西，南有龍湫北虎溪。二句所隱之處。我孫騎曹不記馬，業學尸鄉多養雞。二句言其能隱。龐公隱時盡室去，武陵春樹他人迷。與汝林居未相失，近身藥裹酒常攜。四句期與偕隱。牧叟樵童亦無賴，莫令斬斷青雲梯。二句期與終隱。

　　夔州白帝，山踞其東西，其南北則有龍湫、虎溪。我孫居此，更有何事？似為騎曹而不問馬，其王子猷耶？亦學尸鄉而多養雞，其祝雞翁耶？昔有龐公，盡室而隱，子是其人否？更有武陵，問者迷津，夔是其地否？所幸與我林居，望衡相接，採藥飲酒，時復相依，庶幾可偕隱耳。但古人肥遯，相期永矢。若使青雲有梯，忽而斬斷，則隱德不終。彼牧童樵叟，最為無賴，慎之哉！勿令山林深密地，使若輩蹤跡操斤斧而入也。○「莫令斬斷」句，即《示從孫濟》淘米劉葵意〔註19〕。

〔註17〕《莊子・山木第二十》：「夫子出於山，舍於故人之家。故人喜，命豎子殺雁而烹之。豎子請曰：『其一能鳴，其一不能鳴，請奚殺？』主人曰：『殺不能鳴者。』」

〔註18〕《列子・黃帝第二》：「海上之人有好漚鳥者，每旦之海上，從漚鳥遊，漚鳥之至者百住而不止。其父曰：『吾聞漚鳥皆從汝遊，汝取來，吾玩之。』明日之海上，漚鳥舞而不下也。」

〔註19〕《杜詩闡》卷三《示從孫濟》：「淘米少汲水，汲多井水渾。劉葵莫放手，放手傷葵根。」

奉送卿二翁統節度鎮軍還江陵

二翁前權夔州，今復還江陵。

火旗還錦纜，白馬出江城。嘹唳吟笳發，蕭條別浦清。四句「統軍還江陵」。寒空巫峽曙，落日渭陽情。留滯嗟衰疾，何由見息兵。四句送別之情。

統軍則有火旗。火旗行，全軍行矣。今日火旗，已上錦纜而還；二翁白馬，隨出江城而去。白馬出則吟笳俱發，錦纜解則別浦自清。我送翁至此，向曉而出，寒空起巫峽之曙；抵暮而歸，落日動渭陽之情。老病干戈，侵尋留滯，我送舅氏，為此神傷也。

白帝樓

漠漠虛無裏，連連睥睨侵。樓光去日遠，峽影入江深。四句「白帝樓」。臘破思端綺，春歸待一金。去年梅柳發，還欲攪邊心。四句出峽之情。

一望漠漠，在虛無裏者何處？其間睥睨，亦連連而相續，非白帝樓耶？樓懸絕塞，則去日自遠；峽臨大江，則倒影宜深。臘破則春歸矣，將欲製春衣以出峽，思端綺而恐不能。誰為假資斧，以為出峽需？待一金而恐不得。去冬身羈西閣，自傷留滯，豈梅、柳二物還欲攪我邊心，使留滯耶？必不然矣。

夜歸

夜來歸來衝虎過，山黑家中已眠臥。二句「夜歸」。傍見北斗向江低，仰看明星當空大。庭前把燭嗔兩炬，峽口驚猿聞一箇。四句「夜歸」之景。白頭老罷舞更歌，杖藜不睡誰能那。二句「夜歸」之情。

當夜歸時，衝虎而過，傍不見北斗，仰不見明星，前不見燭光，後不聞猿啼。山黑更深，家人齁睡，此際誰能自遣者？至於歸家，不復衝虎。傍見大江，北斗低垂；仰見當空，明星獨大。北斗低，明星大，把燭何為者？北斗低，明星大，山猿驚覺矣。此際何以自遣也？因而舞，因而歌，因而舞且歌，杖藜於明星北斗，燭炬猿聲前。此際終何以自遣？亦付之無可奈何而已。○北斗，長安在其下。明星，即啟明星，君象也。此星當空，眾星退舍，故獨見其大。公見北斗明星，神往其處，不覺且舞且歌，不能成寐。嗔燭炬，惡其亂明。

曉望白帝城鹽山

徐步移斑杖，看山仰白頭。翠深開斷壁，紅遠結飛樓。四句「曉望鹽山」。日出清江望，暄和散旅愁。春城見松雪，始擬進歸舟。四句「望山」之情。

徐步必資斑杖。資斑杖而仰白頭者，看山故耳。山有翠壁，深處疑開；山無紅

樓，遠勢若結。此時曉山一帶，亦沿江望耳，喜日出而一望能清。此時望山客情，亦為旅愁耳，幸暄和而旅愁得散。夫暄和則已春，春城而見松雪，正臘破春初之候。我之歸舟，此時準發也。

送韋贊善別

扶病送君發，自憐猶不歸。祇應盡客淚，承「送君發」。復作掩荊扉。承「猶不歸」。江漢故人少，音書從此稀。應「送君發」。往還二十載，歲晚寸心違。應「猶不歸」。

　　君今先發，我扶病送者，既羨君發，還憐我未歸也。所以客中之淚，不覺盡揮；柴荊之扉，依然復掩。子去矣，江漢故人，宜其益少；音書從此，誰復相通。廿載追隨，一朝言別，豈我心哉？

夜聞觱篥

夜聞觱篥滄江上，衰年側耳情所向。鄰舟一聽多感傷，塞曲三更欻悲壯。四句「夜聞觱篥」。積雪飛霜此夜寒，應「夜聞」句。孤燈急管復風湍。應「滄江」句。君知天地干戈滿，不見江湖行路難。應「鄰舟」二句。

　　笳管為觱篥，其聲悲，又當夜深，起自江上。衰年側耳，自動去國懷鄉之感。彼吹觱篥者，我舟正鄰之。鄰舟一聽，已足感傷。況時當三更，聲復悲壯！此時舟以外，霜雪淒其；舟以內，孤燈明滅。急管風湍，哀鳴互咽。彼吹者但知天地內，干戈載道；獨不念江湖之客，行路甚難。何為故作此聲，令感傷耶？

前苦寒行　二首

漢時長安雪一丈，牛馬毛寒縮如蝟。楚江巫峽冰入懷，虎豹哀號又堪記。四句「苦寒」。秦城老翁荊揚客，慣習炎蒸歲絺綌。玄冥祝融氣或交，手持白羽未敢釋。四句苦熱，見「苦寒」是變。

　　二章記異。冰雪亦常耳。漢時凍及牛馬，以為異而記之。今號及虎豹，甚於牛馬。凍矣！豈不異絕，又堪記乎？夫玄冥司冬，祝融司夏，本有定候，故夏需葛，冬需裘。獨夔不然。我雖秦城老翁，今作荊揚旅客。其於炎蒸，亦已習慣。絺綌之服，冬日常施。今雖苦寒，玄冥難據。恐祝融之氣，依然而交，是冰雪入懷，羽扇仍未敢釋耳。○時令顛倒，諷朝廷之失政。

去年白帝雪在山，今年白帝雪在地。凍埋蛟龍南浦縮，寒刮肌膚北風利。四句「苦寒」。楚人四時皆麻衣，楚天萬里無晶輝。三足之烏足恐斷，

羲和迭送將安歸。四句志變。

南雪從不到地，今年不然。宜乎蛟龍凍，肌膚刮耳。夫楚地氣暖，四時麻衣。今楚天萬里，日色不照，又何為哉？彼羲和以馭日者，是必日中有烏，三足凍斷，但不知羲和馭之，竟安歸耶？○太陽比君，羲和比相。羲和馭日，使日無光，罪有所歸。

晚晴

高唐暮冬雪壯哉，舊瘴無復似塵埃。崖沉谷沒白皚皚，江石缺裂青楓摧。四句雪。南天三句苦霧開，赤日照耀從西來，六龍寒急光徘回。三句「晚晴」。照我衰顏忽落地，口雖吟詠心中哀。未怪及時少年子，揚眉結義黃金臺。泊乎我生何飄零，支離委絕同死灰。六句自歎。

高唐但宜雲雨，今雪何壯哉！雪一洗，使舊瘴無塵埃，雪壯矣！雪一積，使崖若沉，谷若沒，雪壯矣！雪一壓，使江石裂，青楓摧，雪壯矣！乃雪壯矣，霧又蔽之。苟非太陽，焉能開豁？俄而赤日來，寒光散，衰顏一照，快意可知。乃日攜吟詠，心自感傷者，誠念天有晚晴，人無再壯。至於皓首，雖欲復揚眉吐氣於黃金臺上，亦何可得？亦甘讓少年，自安委頓，心同韓安國之死灰而已。

復陰

方冬合沓玄陰塞，昨日晚晴今日黑。黑為風候。二句切「復陰」。萬里飛蓬映天過，孤城樹羽揚風直。江濤簸岸黃沙走，雲雪埋天蒼兕吼。六句寫風。君不見夔子之國杜陵翁，牙齒半落左耳聾。二句自歎。

天地閉塞，象為合沓，一望惟玄陰耳。玄陰塞則天地黑。黑為大風之候，因而葉飛羽揚，江簸沙走，直至雲雪埋，蒼兕吼。夔子國之風烈矣！齒落耳聾如杜陵翁者，何以遭此？○「復陰」者，治而復亂之象。說到齒落耳聾，公有付時事於不論不議，置理亂於不聞意。

後苦寒行

南紀巫盧瘴不絕，太古以來無尺雪。蠻夷長老怨苦寒，崑崙天關凍欲折。玄猿口噤不能嘯，白鵠翅垂眼流血。六句「苦寒」。安得春泥補地裂？一句望治。

巫、盧二山，皆屬南紀，向無嚴寒。今蠻夷長老莫不苦寒，直恐崑崙裂，天關折。而況猿吟若噤，鶴翅低垂。苦寒至此，庶幾東風解凍，得春泥以補地裂，而嚴寒可免。夫冬雪為陰氣所積，春泥得陽氣始融，陰極陽回，否極泰轉，亂極治生，一也。

晚來江間失大木，猛風中夜飛白屋。天兵斬斷青海戎，殺氣南行動坤軸。不爾苦寒何太酷，五句苦寐。巴東之峽生凌凘，彼蒼廻幹那得知？二句自解。

拔木飛瓦，風威猛矣。此時青海諸戎，應得天兵而斬斷，故殺氣南行，至動坤軸。不然，何觳寒之酷、烈風之甚？人見巴東暖峽，亦生凌凘，幾疑造物不仁。豈知天意廻幹，欲斬青海諸戎，行此猛烈。此中真宰，焉得知也？○一慰長老，曰「安得春泥補地裂」，意在極黎元；一斬諸戎，曰「彼蒼廻幹那得知」，意在滅吐蕃。

自夔出峽至江陵詩大曆三年

元日示宗武

汝啼我手戰，我笑汝身長。從「宗武」說起。處處逢正月，迢迢滯遠方。飄零還柏酒，衰病只藜牀。四句「元日」。訓諭青衿子，名慚白首郎。賦詩猶落筆，獻壽更稱觴。四句「示宗武」。不見江東弟，高歌淚數行。公自注：「弟豐在江左，無消息。」

手戰，老病可知。汝憐我，不禁啼也。身長，成人有望。我喜汝，為失笑也。今日又元日矣。客中元日，到處相逢；無奈遠方，終成流落。雖陳柏酒，祗戀藜牀。汝之啼，我不誠然哉？顧汝身已長，我方欲訓汝，置身青衿，自傷老而無成，雖白首為郎，甚慚一官落拓耳。乃賦詩遣懷，我雖手戰，猶能落筆；獻壽賀節，汝既身長，且復稱觴。但今日者，我賦詩，汝稱觴，誠有父子之樂。不識弟在江左，當此元日，竟何如耶？

又示宗武

覓句新知律，攤書解滿床。試吟青玉案，莫帶紫羅囊。以上「示宗武」以詩學。假日從時飲，明年共我長。二句元日。應須飽經術，已似愛文章。十五男兒志，三千弟子行。曾參與游夏，達者得升堂。以上「示宗武」以經術。

我欲訓諭子者，以汝覓句，業能知律；以汝攤書，亦能知解。夫我家詩學，不過熟精《文選》。《文選》中如張平子《四愁詩》「何以報之青玉案」等句，試一吟焉，諸詩可廢。至若謝家子弟，好帶紫羅囊，所當戒者。今日汝雖為我稱觴，在汝無容縱飲，亦於假節日，聊復從俗。誠念汝年復一年，與我共長，只轉盼間事。而況少年讀

書，貴通經術；大儒學問，何以文為？古人十五志學，汝須立志，以躋於三千弟子之行。彼三千人中，升堂者惟曾參、游、夏，誠通經術。安在十五男兒不可與於曾參、游、夏哉？○按：公於宗武，最為鍾愛。一則曰「聰慧與誰論」〔註20〕，一則曰「驥子最憐渠」〔註21〕，一則曰「已伴老夫名」〔註22〕。此章則嘉之以「新知律」、「解滿床」，勉之以「青玉案」，戒之以「紫羅囊」。飲酒則限之「假日」，長成則期其「共我」。且望之以「飽經術」，以曾參、游、夏責成之。其後「收拾乞句」、「卒先志」〔註23〕者，仍得之宗武子嗣業云。

遠懷舍弟穎觀等

陽翟空知處，荊南近得書。積年仍遠別，多難不安居。四句「穎、觀等」。江漢春風起，冰霜昨夜除。二句元日。雲天猶錯莫，花蕚尚蕭疎。對酒多疑夢，吟詩正憶渠。匹句「遠懷」。舊時元日會，鄉黨羨吾廬。結還元日。

　　穎在陽翟，空知其處。我曾云「長葛書難得」〔註24〕是也。觀取妻子到江陵，雖得書而尚未晤，是荊南猶陽翟耳。穎覊陽翟，遠別猶然；觀到江陵，即次未定。幸春風起，冰霜除，正雲天聚首、花蕚相對之日。其如「猶錯莫」、「尚蕭疎」何！所以非無酒也，弟不在，雖對酒而都疑夢；非愛吟也，弟不在，聊吟詩而志憶渠。想當年身在里門，時值元日，一堂之上，兄弟傳杯。杜陵鄉人，誰不羨吾廬之盛？今日一陽翟，一荊南，一江漢哉！

太歲日

楚岸行將老，巫山坐復春。病多猶是客，謀拙竟何人。四句客蹇之感。閶闔開黃道，衣冠拜紫宸。榮光懸日月，賜予出金銀。四句「太歲日」。愁寂鴛行斷，參差虎穴鄰。西江元下蜀，北斗故臨秦。散地逾高枕，生涯脫要津。天邊梅柳樹，相見幾回新。八句自傷。

〔註20〕《杜詩闡》卷四《憶幼子》。

〔註21〕《杜詩闡》卷五《得家書》。

〔註22〕《杜詩闡》卷十四《宗武生日》。

〔註23〕《杜詩詳注》卷二十五附元稹《唐檢校工部員外郎杜君墓係銘並序》：「又棄去扁舟，下荊楚間，竟以寓卒，旅殯岳陽，享年五十有九。夫人弘農楊氏女，父曰司農少卿怡，四十九年而終。嗣子曰宗武，病不克葬。歿，命其子嗣業。嗣業以家貧，無以給喪，收拾乞匄，焦勞晝夜。去子美歿餘四十年，然後卒先人之志，亦足為難矣。」

〔註24〕《杜詩闡》卷二十六《又示兩兒》。

　　我頻年客夔，此行將老，忽焉又春。欲圖出峽，祗緣多病，而況謀拙，多不如人。當此春王正月，值戊申太歲之日，遙想天開黃道，人拜紫宸，復旦呈祥，群僚霈賮。夫豈多病拙謀如予者，所得與此？追維一出君門，駕行永斷；三年巫峽，虎穴為鄰。森森西江，如依蜀客；迢迢北斗，獨照秦墟。所幸身居散地，得脫要津；自笑生涯，惟有伏枕。年來楚岸梅花，巫山柳色，幾回相見，尚其速圖出峽，作歸秦計也。

喜聞盜賊蕃寇總退口號五首

蕭關隴水八官軍，青海黃河捲塞雲。二句「寇退」。**北極轉愁龍虎氣，西戎休縱犬戎群。**二句「退」後。

　　吐蕃寇靈州。蕭關在靈州傍，路嗣恭破賊於此。蕭關隴水間，官軍盡入矣。斬首二千，吐蕃遁去。青海、黃河諸處，塞雲盡捲矣。夫吐蕃雖去，官軍未敢解嚴，所以長安北極，龍虎兵士之氣若轉愁者。凡以西戎犬羊，必盡驅乃止，尚可得而縱哉？

贊普多教使入秦，數通和好止煙塵。二句言通好之得。**朝廷忽用哥舒將，殺伐虛悲公主親。**二句言間邊之失。

　　吐蕃年來數為邊患，非吐蕃故。先是開元年間，吐蕃贊普屢欲請和，朝廷許之，邊釁遂弭。後用哥舒翰節度隴西，攻拔石堡，收九曲地，從此吐蕃生心，公主之和親為虛矣。夫公主下嫁，本欲罷兵；哥舒窮邊，適以開釁。此往事之可歎者，幸今已退耳。

崆峒西極過崑崙，馳馬由來入國門。二句承上和好。**逆氣數年吹路斷，蕃人聞道漸星奔。**此句「總退」。

　　崆峒山在西，其西極為崑崙。往年和好未絕，諸蕃馳馬入貢國門者，未嘗絕也。數年來，封豕薦食，道路為斷。今日靈州一捷，蕃人漸奔，豈獨吐蕃，從此西域大小諸蕃莫不來享來王，重有馳馬國門之盛矣。

勃律天西采玉河，堅昆碧盌最來多。二句蕃人入貢之物。**舊隨漢使千堆寶，少答胡王萬匹羅。**此言朝廷待蕃之禮。

　　勃律、堅昆，皆西域別種。勃律出寶玉，堅昆出碧盌，向隨漢使，納貢朝廷。但報之者，雖不必如藩服來朝，修厚往薄來之禮，亦須少答其誠。彼以千堆寶，我以萬匹羅，於朝廷原無大損，於遠人則已榮施。蓋許其內屬，優以即序，豈非《春秋》之意與？

今春喜氣滿乾坤，南北東西拱至尊。紀地。**大曆三年調玉燭，玄元皇帝聖雲孫。**紀時。

諸蕃奔，享王修，天下可幸無事矣。自東而夷，自西而戎，自南而蠻，自北而狄，靡不帖然內附，稽首至尊。記之於史，大曆以前，無此盛也。「大曆三年調玉燭」，後之遡大曆者，無異遡貞、元。玄、肅以來，無此舉也。「玄元皇帝聖雲孫」，後之仰雲孫者，無異仰太宗。此真時事可喜者。

續得觀書迎就當陽居止正月中旬定出三峽

自汝到荊府，書來數喚吾。頌椒添諷詠，禁火卜歡娛。四句「續得觀書」。舟楫因人動，形骸用杖扶。天旋夔子國，春近岳陽湖。發日排南喜，傷神散北籲。六句「正月中旬定出三峽」。飛鳴還接翅，行序密銜蘆。二句「迎就當陽居止」。俗薄江山好，時危草木蘇。馮唐雖晚達，終覬在皇都。結到趨朝。

自汝迎家到荊，來書二次矣。未得續書，雖頌椒，轉添諷詠。既得續書，計禁火，可卜歡娛。我扁舟久繫，從此當因人而轉移；我肌骨久衰，從此當扶杖而登涉。況斗柄旋東，夔峽之天行已轉；陽春布暖，岳湖之物色都新。不亦發舟之日，預排南喜；出峽之時，已散北籲乎？我正月中旬，定出三峽，況當陽居止，弟復來迎。此日飛鳴，接翅而喜；此時行序，銜蘆而棲。我回首江山，俗雖薄而未嘗厭人；屈指草木，時雖危而原自生長。今日當陽將就，終想長安。此行安頓私人，即作趨朝之計，豈曰馮唐晚達，絕意皇都也？

人日　二首

元日到人日，未有不陰時。以下都承「陰」字。冰雪鶯難至，春寒花較遲。雲隨白水落，風振紫山悲。蓬鬢稀疏久，無勞比素絲。

東方占：一日為雞，至七日為人。自元日以到人日，民物皆在其中。是日晴，其物生育；陰則災。無日不陰，則無物不災矣。陰則冰雪多而鶯難至，鶯不來，凡屬禽鳥可知。陰則春色寒而花較遲，花不開，凡為穀實可知。陰則水勢壯，雲光隨之俱落；陰則山氣沉，風聲振之亦悲。山水無不蕭條矣。我一身垂老，鬢髮稀疏，已愧素絲，何堪相比。七日為人，人已如此。○天寶以來，至大曆年間，朝廷皆小人用事，陰長陽消。天道以陰為常。

此日此時人共得，一談一笑俗相看。尊前柏葉休隨酒，勝裏金花巧耐寒。四句諷人。佩劍衝星聊暫拔，匣琴流水自須彈。二句自謂。早春重引江湖興，直道無憂行路難。二句出峽。

此日為人日，微論貴賤，各有此日。但知此日為可喜，不知此日之陰為大可憂。

乃此談彼笑，若以災異為可譴浪者然。尊前栢葉，為人日設。如此恒陰，非縱飲時，且休隨夫酒。勝裏金花，為人日剪。如此恒陰，非爭妍日，且巧耐夫寒。彼俗自談笑，我豈隨俗者？我有佩劍，光可衝星，暫拔以壯我志；我有匣琴，音如流水，且彈以寫我憂。夫我之劍，惟張華識耳，俗未必識也，拔亦聊拔。我之琴，惟鍾期知耳，俗未必知也，彈只自彈。乘此早春，我將仗劍攜琴逝矣。夫行路之難，不在山水，在人情之反覆。若使直道而行，到處坦坦，又何憂乎？行路難哉！○「直道」句，公正為談笑者下砭。談笑者，安危利菑，其不憂者，大可憂。直道而行者，趨吉避凶，其多憂者，所以無憂。「江湖興」，即出峽下江陵。

江梅

梅蘂臘前破，梅花年後多。絕知春意早，最奈客愁何。雪樹元同色，江風亦自波。六句「江梅」。故園不可見，巫岫鬱嵯峨。二句客情。

　　蘂破臘前，花開年後，一花而占兩歲矣。其如春意則已動臘前、客愁則轉添年後何！而況臘前白雪，彷彿如花；年後東風，誰復能禁？江上梅花，伊可愁也；故園梅花，亦可懷也。故園不見，巫岫嵯峨，奈此江梅哉！

庭草

楚草經寒碧，庭春入眼濃。舊低收葉舉，新掩捲芽重。四句「庭草」。步履宜輕過，開筵得屢供。看花隨節序，不敢強為容。四句「庭草」之感。

　　楚地暖，故草色經寒而還碧。至於春，入眼彌濃矣。經寒則舊低，低則葉收，今收而又舉。入春則新掩，掩則芽捲，今捲而且重。夫今日之草，乃異日之花。「步履宜輕」者，恐損其芽也；「開筵得供」者，將有其花也。大抵人情，當其花則愛之玩之，方其草則忽之置之。豈知在人看花，自有節序，今日尚非其時；在草開花，亦有時候，今日亦何敢強為容以媚人哉？○結句就草上說，最見有品。

將別巫峽贈南卿兄瀼西果園四十畝

苔竹素所愛，萍逢無定居。遠遊長兒子，幾地別林廬。四句追言。雜蘂紅相對，他時錦不如。二句「果園」。具舟將出峽，巡圃念攜鋤。正月喧鶯未，茲辰放鷁初。雪籬梅可折，風榭柳微舒。托贈卿家有，因歌野興疏。以上「將別巫峽，贈南卿果園」。殘生逗江漢，何處狎漁樵。二句自傷。

　　我隨地栽竹，瀼西之竹，亦所愛者。其如浮生若萍、無定蹤何！數年遠遊，無一成就。碌碌兒輩，隨地長成。至於林廬之別，不知幾處。就此四十畝中，目前雜卉，

似無足觀；他日穠花，雖錦不若。今日具舟臨別，又復巡圃。念昔攜鉬，不忍竟置耳。正月喧鶯，尚嫌其早；茲辰放鷴，已覺其遲。還顧園中，在雪籬者，梅已堪折；在風榭者，柳亦將舒。今贈卿家，即為卿有也。從此殘生，飄飄江漢。彼江漢甚大，殘生甚微，以殘生逗江漢間，不過漁樵作伴。茫茫天地，稅駕焉知哉？

送大理封主簿五郎親事不合卻赴通州主簿前閬州賢子余與主簿平章鄭氏女子垂欲納采鄭氏伯父京書至女子已許他族親事遂停

禁臠去東床，趨庭赴北堂。風波空遠涉，琴瑟幾虛張。四句「送大理」十六字已盡。渥水出騏驥，崑山生鳳皇。兩家誠欵欵，中道許蒼蒼。頗謂秦晉匹，從來王謝郎。青春動才調，白首缺輝光。玉潤終孤立，珠明得暗藏。以上申明「親事不合」之故。餘寒坼花卉，恨別滿江鄉。二句結還送別。

謝混尚晉武帝女，呼為禁臠。今禁臠而去東床，親事不合矣。趨庭而赴北堂，卻赴通州也。「赴北堂」則風波遠涉，此涉為空涉。「去東床」則琴瑟幾張，欲張而竟虛張。但主簿係閬州子，是渥洼騏驥。所平章鄭氏女子，又崑山鳳凰。前者兩家，垂欲納采，不圖中道，又許他族。我意鄭氏，秦晉之匹，必如封家王謝之郎。乃封家五郎，誠然青春年貌，而有才調。誰知鄭氏女子，竟使白首偕老，而失輝光。於是玉潤女婿，孤立無耦；珠明女子，幾於闇投。當此春寒，花卉方坼，沂江而歸流，恨何如耶？

江陵詩 大曆三年

大曆三年春白帝城放船出瞿唐峽久居夔府將適江陵漂泊有詩凡四十韻

老向巴人裏，今辭楚塞隅。入舟翻不樂，解纜獨長籲。四句提綱。窄轉深啼狖，虛隨亂浴鳧。石苔凌几杖，空翠撲肌膚。疊壁排霜劍，奔泉濺水珠。杳冥藤上下，濃淡樹榮枯。神女峰娟妙，昭君宅有無。曲留明怨惜，夢盡失歡娛。以上寫峽景。擺闔盤渦沸，攲斜激浪輸。風雷纏地脈，冰雪曜天衢。鹿角真趨險，狼頭似跋胡。公自注：「鹿角、狼頭，二灘名。」惡灘寧變色，高臥負微軀。書史全傾撓，囊裝半壓濡。生涯寧桌兀，死地脫斯須。不有平川決，焉知眾壑趨。以上敘峽險。乾坤霾瘴海，雨露洗春蕪。鷗鳥牽絲颶，驪龍濯錦紆。落霞沉綠綺，殘月壞金樞。泥筍苞初荻，沙茸出小蒲。雁兒爭水馬，燕子逐檣烏。絕島容煙霧，環洲納曉晡。以上寫江景。前聞辨陶牧，轉眄拂宜都。縣郭南幾好，津亭北望孤。勞心依憩息，朗詠劃昭蘇。六句將到江陵。意遣樂還笑，衰迷賢與愚。飄蕭將素髮，汨沒聽洪爐。丘壑曾忘反，文章敢自誣。此生遭聖代，誰分哭窮途。臥疾淹為客，蒙恩早廁儒。廷爭酬造化，樸直乞江湖。灩澦險相迫，滄浪深可逾。浮名尋已已，嬾計卻區區。以上漂泊之感。喜近天皇寺，先披古畫圖。公自注：「此寺有王右軍、張

僧繇畫孔子十哲像。」應經帝子渚，同泣舜蒼梧。朝士兼戎服，君王按湛盧。旄頭初俶擾，鶉首麗泥塗。甲卒身雖貴，書生道固殊。出塵皆野鶴，歷塊匪轅駒。伊呂終難降，韓彭不易呼。五雲高太甲，六月曠搏扶。回首黎元病，爭權將帥誅。此段感時事。山林托疲苶，未必免崎嶇。結還自己漂泊。

　　我移居白帝城，自大曆元年春，至今春仍辭白帝城而去焉。我當放船，忽然不樂者，亦為漂泊之故耳。放船時，峽窄矣，船從窄處而轉，還聞啼狖之聲；峽虛矣，船隨虛處而放，但見浴鳧之影。於時峽際石苔，直凌几杖；峽間空翠，近撲肌膚。峽壁層層，若排劍戟；峽泉滾滾，若濺珠璣。而且杳焉冥焉，垂於峽者，藤分上下；濃焉淡焉，綴於峽者，樹雜榮枯。峽有神女峰，雲雨之夢已失；峽有昭君宅，琵琶之曲空留。峽景如此。從此出峽，棹之擺而復闊也，盤渦為沸；艫之敧而更斜也，激浪為輸。「盤渦沸」，而聲若風雷；「激浪輸」，而勢如冰雪。鹿角與狼頭爭險，不變色而高臥有妨；書史與囊裝半濡，當桌几而死地幸脫。峽險如此。益歡眾壑歸趨，都由平川奔決耳。少焉，去險即平，而見江間之景。天地如浮海也，雨露能生物也。鷗鳥迎風，牽絲俱颺；驪龍出水，濯錦互織。曉霞落而綠綺俱沉，缺月殘而金樞欲壞。苞於泥中者，初获之筍；出於沙際者，小滿之茸。水中之馬，與雁爭馳；檣上之鳥，隨燕而舞。遠瞻絕鳥，煙霧能容；近畹環洲，曉賄亦納。我久居夔府，何為至此？蓋將前赴江陵也。陶牧在望，宜都早臨；荊為南畿，縣郭何好。夔忽北眺，津亭已孤。所以勞心遠行者，謀憩息之地也。不覺朗詠抒懷者，有昭蘇之幸也。雖得意遣情，偶供笑樂；乃衰年迷路，何論賢愚。自顧飄蕭，但餘素髮；偶然汩沒，亦聽洪鑪。丘壑百年，常有終焉之志；文章到老，豈無自命之思。惟是生聖代，不能有為；歷窮途，不免於哭。然臥病以來，雖淹留客路；乃蒙恩早歲，亦曾廁儒官。為房琯而廷爭，得張鎬而寬釋。顧此江湖，餘生無非造化遺體。所以今日灩澦之險，聽其相迓；此後滄浪之深，何妨竟逾。浮名何在，嬾計可捐。此我一生漂泊大致也。於是上宜都，入古寺。少焉，經帝子，望蒼梧。披哲像，歎儒術之久淹；泣蒼梧，想先帝之遺烈。當年肅宗，鈞臺享士，逐鹿親戎，掃旄頭俶擾之煙塵，清鶉首泥塗之腥穢。乃名器輕而甲卒皆依金紫，詩書賤而宰相罕用儒生。如張鎬、房琯，皆出塵鶴、歷塊駒也。而致擯棄。伊、呂如李泌，衡山之駕不返；韓、彭如子儀，朝恩之譖遂行。雖五雲之下，賢人聚焉，徒高太甲而已；六月之息，大鵬徒焉，有扶搖去而已。誰肯為朝廷用命者？所由黎元之病，至今未瘳；將帥之爭，雖誅何益。我山林疲苶，不知所歸；世路崎嶇，正未有艾。瞿

唐之險雖過,身世之危正多。然則漂泊之感,何時已耶?○「爭權將師〔註1〕」,斷指來瑱、裴茙。裴茙謀奪瑱位,宜曰「爭權」。茙先賜死,瑱隨死,此襄陽已事,因江陵及之。○「太甲」,嚴滄浪作太乙,謂星也。〔註2〕

巫山縣汾州唐使君十八弟宴別兼諸公攜酒樂相送率題小詩於屋壁

臥病巴東久,今年強作歸。二句至巫山縣。故人猶謫宦,茲日倍多違。接宴身兼杖,聽歌淚滿衣。諸公不相棄,擁別有光輝。六句「宴別」。

我臥病巴束,為時已久,自分投老三峽,今不得已作歸計。況故人謫宦,此別倍難。接宴之餘,身扶兼杖,歸真強也。聽歌之際,淚下滿衣,意真違矣。諸公不棄,咸攜酒樂。擁別之時,老人真借光輝,於歸楫有榮施矣。奈故人何!

春夜峽州田侍御長史津亭留宴得筵字

北斗三更席,西江萬里船。杖藜登水榭,揮翰宿春天。白髮須多酒,明星惜此筵。六句「春夜津亭留宴」。始知雲雨峽,忽盡下牢邊。二句點還峽州。

北斗三更,酒筵初秩,乃西江萬里之船適至,客船兼夜行也。於時津亭之上,杖藜而登;春夜之天,揮翰而宿。但我年已老,或者不勝杯斝。豈知我雖白髮,正須多酒。惟是盛筵不再,後會難期,仰見北斗迢迢,殊為明星惜此盛筵耳。當船自西江來時,夜泊夷陵,尚以為峽路未盡。至酒闌天曉,倚亭一望,始知船到夷陵。從前雲雨之峽,至此已盡,而萬里船已在下牢邊也。

敬寄族弟唐十八使君

與君陶唐後,盛族多其人。聖賢冠史籍,枝派羅源津。四句敘唐杜淵源。在今最磊落,巧偽莫敢親。介立實吾弟,濟時肯殺身。物白諱受玷,行高無污真。六句美其氣節。得罪永泰末,放之在溪濱。鸞鳳有鎩翮,先儒曾抱麟。雷霆霹長松,骨大卻生筋。一失不足傷,念子孰自珍。

〔註1〕「師」,據「爭權將帥誅」,當為「帥」之誤。
〔註2〕此一句,二十一年本作「太甲出《說林》:『越破吳,太甲傷。』」
  按:(宋)嚴羽《滄浪詩話》:「杜詩『五雲高太甲,六月曠搏扶』太甲之義,殆不可曉,得非『高太乙』耶?乙與甲蓋亦相近,以星對風,亦從其類也。」
  《韓非子·說林下第二十三》:「越已勝吳,又索卒於荊而攻晉,左史倚相謂荊王曰:『夫越破吳,豪士死,銳卒盡,大甲傷,今又索卒以攻晉,示我不病也,不如起師與分吳。』荊王曰:『善。』」

以上敘其被譎。**泊舟楚宮岸，戀闕浩酸辛。除名配清江，厥土巫峽鄰。登陸將首途，筆札枉所申。**以上敘唐將去施州。**歸朝跼病肺，敘舊思重陳。春風洪濤壯，谷轉頗彌旬。我能泛中流，搪突黿獺嗔。長年已省柁，慰此貞良臣。**以上寄詩送別。

　　自虞以上為陶唐氏，在周為唐杜氏，是我與君皆陶唐後人也。已往聖賢，冠於史籍；後來支派，衍其津源。今日稱磊落者，惟使君一人。使君擯巧偽，能介立，故其濟時艱也，肯殺身以殉之。夫巧偽者見容於人，介直者不容於世，因而傷之者至矣。彼物之白者，終不受玷；行之高者，豈至污真？故仍得罪放逐於江濱，不肯依違苟容於朝寧。誠以鸞鳳不免鍛翮，宣尼猶至泣麟。夫雷霹長松，固其所也；骨大生筋，又何害也？與其嗟失，孰若自珍。子今舟泊楚宮，心依魏闕；名除吏籍，身竄清江。彼清江在施州，與巫峽鄰近。江至辰州而止，此去必然登陸。從此筆札，猶望枉申耳。我歸朝病阻，敘舊情殷。當此春風江上，濤洪谷轉，汎中流，犯黿獺。長年三老，理楫而待；念爾貞良，中心耿切。敢寄此詩，以慰別路云。○「磊落」二字，公於星曰「磊落星月高」〔註3〕，於馬曰「騰驤磊落三萬匹」〔註4〕，於鶴曰「磊落如長人」〔註5〕，於人曰「君看磊落士」〔註6〕，又曰「磊落映時賢」〔註7〕，於畫曰「磊落字百行」〔註8〕，於事曰「磊落貞觀事」〔註9〕，此於使君則曰「於君最磊落」。註家於秦州詩「磊落星月高」句必引古詩以實之〔註10〕，亦迂矣。

南征

春岸桃花水，雲帆楓樹林。二句「南征」之路。**偷生長避地，適遠更霑襟。**二句「南征」之故。**老病南征日，君恩北望心。百年歌自苦，未見有知音。**四句「南征」之情。

　　春岸溶溶，桃花水壯；雲帆渺渺，楓樹林深。我泛泛於此，夫豈得已？自憐生不

〔註3〕《杜詩闡》卷十《發秦州》。
〔註4〕《杜詩闡》卷十八《韋諷錄事宅觀曹將軍畫馬圖引》。
〔註5〕《杜詩闡》卷十四《通泉縣署屋壁後薛少保畫鶴》。
〔註6〕《杜詩闡》卷十九《三韻三篇》之一。
〔註7〕《杜詩闡》卷三十二《哭韋大夫之晉》。
〔註8〕《杜詩闡》卷三十三《入衡州》。
〔註9〕《杜詩闡》卷三十一《奉送魏六丈佑少府之交廣》。
〔註10〕《補注杜詩》卷六《發秦州》「磊落星月高」：
　　　趙曰：「古詩：『兩頭纖纖新月生，磊磊落落向曙星。』」
　　《九家集注杜詩》卷六、《分門集注杜工部詩》卷十一同。

逢辰，長謀避地，所適更遠，但有霑襟。夫避地則老病南征，此身愈南；霑襟則君恩北望，此心愈北。不知者謂我南征耳，豈知我北望之心。即知我者，謂我北望耳，豈知我北望之故。百年心事，徒託哀歌，誰為知音者，察我歌中之意哉？

歸雁

聞道今春雁，南歸自廣州。二句訝辭。見花辭漲海，避雪到羅浮。二句水上。是物關兵氣，何時免客愁。二句感時。年年霜露隔，不過五湖秋。結還正意。

廣州極南，雁所不到。今春之雁，獨從廣州北歸，從未聞者。自廣州歸，則知今春見花，必辭漲海；去冬避雪，必到羅浮也。今日西北為戎馬之鄉，東南少兵革之氣，雁避兵歸矣，客愁則何時免耶？要之自廣州歸，原屬異事。年年霜露，時及衡陽而路隔，何嘗過漲海，到羅浮而過五湖。今日歸雁，故足紀耳。○按：大曆二年，嶺南節度徐浩奏陽雁來，乞編入史，從之。先是五嶺之外，翔雁不到。浩以陽為君德，雁隨陽者，臣隨君之義，故奏史。又稱浩貪而佞，嘗傾南方珍玩，以賂元載。《歸雁》一章，見浩奏為誣。

地隅

江漢山重阻，風雲地一隅。二句「地隅」。年年非故物，處處是窮途。喪亂秦公子，悲涼楚大夫。平生心已折，行路日荒蕪。六句「地隅」之感。

出峽江行，山還重阻；天隅雖別，仍在地隅。況眼中所見，都非故物；此身所歷，盡是窮途。昔王粲為秦川公子，避亂荊州。我遭時喪亂，即今日之秦公子。屈原為楚大夫，被放湘水。我悲涼流落，即今日之楚大夫。平生壯心，消磨殆盡，行路至此，日覺荒蕪，稅駕竟何處也？

歸夢

道路時通塞，江山日寂寥。偷生惟一老，伐叛已三朝。四句「歸夢」之由。雨急青楓暮，雲深黑水遙。夢歸歸未得，不用楚辭招。四句不得歸。

寇亂未平，道途多梗，以至行人稀而江山寂寞，歸路真茫茫矣。自歎避地人間，長作偷生遺老，坐使遭時多故，屢經伐叛王師。夫伐叛煩三朝聖主，而偷生有一老優游，興言及此，急作歸計耳。乃江上青楓，南征雨急；雍州黑水，北望雲深。豈無歸夢，夢亦徒然。既不得歸，雖有楚辭招魂，何益哉？

泊松滋江亭

紗帽隨鷗鳥，扁舟繫此亭。二句泊舟。江湖深更白，松竹遠還青。二句亭景。一柱全應近，高唐莫再經。今宵南極外，甘作老人星。四句泊亭之情。

　　紗帽欹側，隨鷗上下，我復何心簪笏？今日正喜扁舟，獨繫此亭耳。凡水深者必黑，江湖之水，深而愈白；凡樹遠則難青，松竹之色，遠而更青。亭景佳矣！一柱觀在江陵，去松滋漸近；高唐觀在巫峽，距松滋已遙。夔州為南極，今宵在夔州外，是今宵在南極外。我本老人星，今宵之老人星已為南極外之老人星。從此扁舟，長與鷗伴，趨朝非我事矣。○公對嚴武，自命為少微星〔註11〕；茲望南極，自命為老人星。

行次古城店泛江作不揆鄙拙奉呈江陵幕府諸公

老年常道路，遲日復山川。白屋花開裏，孤城麥秀邊。四句「行次古城店」。濟江元自闊，下水不勞牽。風蝶勤依槳，春鷗嬾避船。四句「泛江」。王門高德業，幕府盛才賢。行色兼多病，蒼茫汎愛前。公自注：「陽城郡王衛伯玉為江陵節度使。」○四句「奉呈」之意。

　　老年行役，復到古城，但見屋隱花間。居然村店，城臨麥上，疑是農郊。今日泛江，不似峽內，有兩崖之窄；從此下水，不比峽船，須百丈之牽。而況傍槳依依，喜多情之風蝶；隨船泛泛，有似我之春鷗。而王門在望矣。先是今上幸陝，以郡王有幹略，拜荊南節度，尋封郡王。王門德業既高，幕下賢才必盛。我孤舟老病，前路蒼茫，不無望於東道賢主。竊恐蒼茫而來，汎愛靡托，未識幕府諸公能為我故人地否？

乘雨入行軍六弟宅

曙角凌雲罷，春城帶雨長。水花分簟弱，巢燕得泥忙。四句「乘雨」。令弟雄軍佐，凡材污省郎。漂萍忍流涕，衰颯近中堂。四句「入宅」。

　　當此曉角聲停，春城雨濕，水花有離披之患。乘雨而銜泥者，惟有燕耳。因念行軍，六弟遂乘雨而入宅。弟今強仕，原為軍佐之雄；我已迂疎，空玷省郎之職。自傷萍梗，值此衰齡，忍涕升堂，亦復何心也？

上巳日徐司錄林園宴集

鬢毛垂領白，花藥亞枝紅。欹倒衰年廢，招尋令節同。薄衣臨積水，

〔註11〕《杜詩闡》卷十三《嚴中丞在駕見過》：「寂寞江天雲霧裏，何人道有少微星。」

吹面受和風。六句「上巳宴集」。有喜留攀桂，挽「招尋」句。無心問轉蓬。挽「衰年」句。

鬢自白也，花自紅也。自分衰年久廢，猶幸令節同招也。而況上巳有修禊之舉，薄衣從濕，臨水何妨；吹面不寒，當風能受。劉安《招隱士》云：「攀援桂樹兮聊淹留。」我非隱士，司錄則似淹留。我者雖老人，行蹤有若轉蓬，既與佳宴，何不暫為司錄淹留也？○「薄衣」，非厚薄之薄，乃依薄之薄。言水薄衣上。高適《永城使風》詩亦曰「水氣薄行衣」〔註12〕。

宴胡侍御書堂公自注：「李尚書之芳、鄭秘監審同集，得歸字韻。」

江湖春欲暮，牆宇日猶微。闇闇書籍滿，輕輕花絮飛。四句「書堂」。**翰林名有素，墨客興無違。今夜文星動，我儕醉不歸。**四句宴集。

江湖之春，已當遲暮；牆宇之日，尚有微光。日微故書籍無色，春暮故花絮亂飛。顧此書堂之宴，非翰林墨客不與。諸公或為翰林，其名有素；或為墨客，其興不違。翰林墨客，皆文星也。今夜文星相聚而動，我儕不醉無歸可耳。

書堂飲既夜復邀李尚書下馬月下賦絕句

湖上林風相與清，殘尊下馬復同傾。二句題面。久拵野鶴如雙鬢，遮莫鄰雞下五更。二句寫情興。

書堂飲罷，湖風襲人，喜此殘尊，邀君下馬。蓋因我之雙鬢，久拵如鶴，不醉何為？直至鄰雞唱曉，漏下五更，痛飲不惜也。

江南逢李龜年

天寶中，李龜年承上寵，遇於東都，大起第宅。亂後流落江南，每遇良辰勝景，為人歌數闋。題曰「江南逢李龜年」，六字腸斷。

岐王宅裏尋常見，崔九堂前幾度聞。公自注：「崔九即殿中監崔滌，中書令湜之弟。」正是江南好風景，落花時節又逢君。上二句憶，下二句逢。

猶是李龜年，昔相見於岐王宅裏，度曲於崔九堂前，彼一時也。今竟流落江南哉！江南風景，非不佳麗；白髮梨園，已非舊時。江南何地，落花何時，而君來此地，逢君此時。

〔註12〕《文苑英華》卷一百五十六、《全唐詩》卷一百二十二《永城使風》，均作盧象詩。今人孫欽善《高適集校注》亦未載此詩。故此係盧氏誤記。

奉送蘇州李二十五長史丈之任

星坼臺衡地，曾為人所憐。二句遡其父。公侯終必復，經術竟相傳。食德見從事，克家何妙年。一毛生鳳穴，三尺獻龍泉。六句美長史。赤壁浮春暮，姑蘇落海邊。客間頭最白，惆悵此離筵。四句送別。

昔爾父備位臺衡，遭張華星坼之禍，至今為人所憐。然公侯子孫，必復其始。如漢楊震、李固之後皆然。況經術相傳，如韋賢父子，位至宰相。《易·訟》六二「食舊德」，長史能食舊德。《蒙》九二「克家」，長史必然克家。南朝謝鳳為鳳毛，長史名家，即鳳毛也。楚王有劍名龍泉，長史利器，亦龍泉也。今由江陵而發，江上赤壁，正浮春暮；望東吳而行，吳郡姑蘇，直到海邊。一時送長史之任者，坐客之中，我年最老。當此離筵，既嘉長史，又念厥父，何以為情也！○按《張華傳》，少子韙以中臺星坼，勸華避位。華不從，竟被誅。今以言長史父，必罹張華之禍。張華之誅，因張林等責其備位宰相，太子廢不能死節。〔註13〕故長史父難，亦必在良娣建寧間。

暮春江陵送馬大卿公恩命追赴闕下

自古求忠孝，名家信有之。二句切恩命赴闕發議。吾賢富才術，此道未磷緇。玉府標孤暎，霜蹄去不疑。激揚音韻徹，籍甚眾多推。潘陸應同調，孫吳亦異時。八句美之。北辰徵事業，南紀赴恩私。卿月昇金掌，王春度玉墀。薰風行應律，湛露即歌詩。六句敘「恩命赴闕」。天意高難問，人情老易悲。尊前江漢闊，後會且深期。四句別意。

自古求忠臣必於孝子門，惟忠且孝，名家有之耳。大卿才術既富，於忠孝之道未嘗磷緇。而況玉質孤標，雷蹄千里；音韻並善，聲華眾推。文章則潘、陸齊驅，武略亦孫、吳再世。今日北辰之上，徵其事業，將求忠於孝，恩命遠隱也；南紀之路，赴

〔註13〕《晉書》卷三十六《張華傳》：
　　　初，華所封壯武郡有桑化為柏，識者以為不祥。又華第舍及監省數有妖怪。少子韙以中臺星坼，勸華遜位。華不從，曰：「天道玄遠，惟修德以應之耳。不如靜以待之，以俟天命。」及倫、秀將廢賈后，秀使司馬雅夜告華曰：「今社稷將危，趙王欲與公共匡朝廷，為霸者之事。」華知秀等必成篡奪，乃距之。雅怒曰：「刃將加頸，而吐言如此！」不顧而出。華方晝臥，忽夢見屋壞，覺而惡之。是夜難作，詐稱詔召華，遂與裴頠俱被收。華將死，謂張林曰：「卿欲害忠臣耶？」林稱詔詰之曰：「卿為宰相，任天下事，太子之廢，不能死節，何也？」華曰：「式乾之議，臣諫事具存，非不諫也。」林曰：「諫若不從，何不去位？」華不能答。須臾，使者至曰：「詔斬公。」華曰：「臣先帝老臣，中心如丹。臣不愛死，懼王室之難，禍不可測也。」遂害之於前殿馬道南，夷三族，朝野莫不悲痛之。時年六十九。

其恩私，將移孝作忠，追赴關下也。計卿此行，升卿月，度王春，披薰風，歌《湛露》，皇恩豈有極哉！我窮而呼天，老為世棄，尊前江漢，後會雖期。行矣馬卿，無忘此別哉！

暮春陪李尚書李中丞過鄭監湖亭泛舟得過字

海內文章伯，點二李。湖邊意緒多。點「湖亭」。玉尊移晚興，桂棹帶酣歌。春日繁魚鳥，江天足芰荷。四句「泛舟」。鄭莊賓客地，點「鄭監」。衰白遠來過。結還「陪泛」。

　　吾唐楊炯、王勃為文章伯，今推尚書、中丞矣。而況鄭公湖亭，意緒亦多；名人勝地，適相當耳。於是泛舟，玉尊之酒，晚興淹留；桂棹之聲，酣歌互答。當此春前魚鳥，飛躍無邊；江上芰荷，點綴不乏。似此勝地，宜枉嘉賓。衰白如余，何堪叨竊。乃遠來集此，殊覺不倫也已。

蠶穀行

天下郡國向萬城，無有一城無甲兵。二句見蠶穀所由荒。焉得鑄甲作農器，一寸荒田牛得耕。牛盡耕田蠶亦成，不勞烈士淚滂沱，男穀女絲行復歌。五句願望之詞。

　　天下莫大於我唐，乃數年來，無一城無甲兵，無一城有蠶穀也。為今日計，遠銷天下兵，鑄為犁鉏，召民墾種，則田穀熟、蠶桑成。不但烈士涕收，天下耕夫蠶婦飽穀暖絲，且行歌太平也。恐不可得耳。

三絕句

前年渝州殺刺史，今年開州殺刺史。二句敘事。群盜相隨劇虎狼，食人更肯留妻子。三章都蒙此句。

　　三章紀亂，補史之失。猶記前年渝州之亂，曾殺刺史。如何今年開州之亂，又殺刺史！凡此群盜，相率食人，甚於豺虎，肯更留人妻子不食哉？其淫污有不忍言者，不如食之為愈矣。○舊註謂殺刺史者，吳璘、翟封；討平之者，杜鴻漸、楊子琳。〔註14〕都

〔註14〕《補注杜詩》卷九《三絕句》：
　　鮑曰：「《崔寧傳》所書山賊也。『前年渝州殺刺史』，謂段子璋陷綿遂。『今年開州殺刺史』，謂徐知道之反，有乘亂者。開去成都遠，不知其故，史不書，失之。」師曰：「步將吳璘殺渝州刺史劉卞以反，杜鴻漸討平之。又部卒翟封殺開州刺史蕭崇之以叛，楊子琳討平之。」
　　補注：鶴曰：「渝州唐屬劍南，開州唐屬山南。杜鴻漸平吳璘，楊子琳平翟封，

謬。公第三章言之「殿前兵馬雖驍雄」，朝廷自撤禁軍，縱略與羌渾同，是作亂者羌渾也。

二十一家同入蜀，惟殘一人出駱谷。此言被擄歸者。**自說二女囓臂時，回頭卻向秦雲哭。**二句出駱谷者之言。

二十一家被擄入蜀，吞噬所餘，只留一人。此一人者出駱谷而歸，其妻孥已為賊得，故自言臨別時，二女囓臂，回首秦雲，不禁慟哭。一人幸耳，彼二十家妻子留身被戮者，慘更何如！

殿前兵馬雖驍雄，縱暴略與羌渾同。殺刺史者羌渾。**聞道殺人漢水上，婦女多在官軍中。**二句正言「縱暴」。

殿前兵馬，神策軍也。朝廷任川中人領禁軍，平禍亂，豈知縱暴，與羌渾等。殺人漢上，與食人同；擄婦軍中，與留妻子同；是亦盜賊而已。

和江陵宋大少府暮春雨後同諸公及舍弟宴書齋

渥窪汗血種，天上麒麟兒。才士得神秀，書齋聞爾為。四句諸公書齋賦詩。**棣華晴雨好，綵服暮春宜。**二句點「暮春雨後」，兼映舍弟。**朋酒日歡會，老夫今始知。**二句和詩。

諸公為汗血種、麒麟兒。日聞書齋賦詩，舍弟亦與也。棠棣之華，雨晴益好；斑爛之服，春著更宜。我於聞時，想見書齋中情景如此。似此歡會，必然日有。老夫今始聞之，今始知之，此詩亦今始和之。自分衰頹，不得廁身於汗血、麒麟、棣華、綵服。和詩之興，未敢出諸公後也。

宇文晁尚書之甥崔彧司業之孫尚書之子重泛鄭監前湖

郊扉俗遠長幽寂，野水春來更接連。二句「前湖」。**錦席淹留還出浦，葛巾欹側未廻船。尊當霞綺輕初散，櫂拂荷珠碎卻圓。**四句「泛」。**不但習池歸酩酊，君看鄭谷去夤緣。**二句寫「重」字。

郊居遠俗，地接南湖，春水連天，若有待於重泛者。李尚書甥為宇文晁，司業孫、尚書子為崔彧。宴遊其處，錦席張焉；錦席流連，為時久矣。更有興而出浦。以老夫廁其間，葛巾何陋！葛巾欹側，客亦醉矣，尚未擬於回船。於時湖上霞光，輕散尊前之綺；浦中荷水，碎拂櫂尾之珠。席可收，船可回矣。前此陪李尚書湖亭之泛，

在大曆元年與三年。詩云『今年開州殺刺史』，則是年作。」
按：《集千家注杜詩》卷十八《三絕句》引「師曰」、「鶴曰」。

已為習池酩酊；今日同二子前湖重泛，接踵鄭谷者，又夤緣而繹絡如此。愛此湖上，頻有佳會也。

惜別行送向卿進奉端午御衣之上都

肅宗昔在靈武城，指揮猛將收咸京。向公泣血灑行殿，佐祐卿相乾坤平。逆胡冥寞隨煙燼，卿家兄弟功名震。麒麟閣畫鴻雁行，紫極出入黃金印。以上敘向卿世業。尚書勳業超千古，雄鎮荊州繼我祖。裁縫雲霧成御衣，拜跪題封賀端午。以上「進御衣」。向卿將命寸心赤，青山落日江湖白。卿到朝廷說老翁，漂零已是滄浪客。以上送別。

　　猶憶先帝駐蹕靈武時，猛將如雲，一指揮而咸京遂收。此時扈從行在、灑血矢忠者，卿家向公也。先帝指揮，向公輔佐，而乾坤平，煙塵掃，功在中興如此。顧向公與卿兄弟也。一時功名競震，麒麟閣上，雙畫雁行；紫極門前，同懸金印。濟美又如此。今日尚書衛伯玉，德業冠古，雄鎮荊州，無異我祖征南將軍。時值端午，御衣初成，尚書拜題而授向卿。向卿將尚書命，遂望上都進發也。向卿赤心，如懸白日，念予漂泊，久遠闕廷。猶望向卿於進衣日，將老翁近況，一達朝廷，使知滄浪江上，尚有扈從舊臣。今日無意雲霄，已作飄零逐客也。○公與向公同是扈從臣。在朝日，端午賜衣，曾叨恩眷，故於進衣，因時感懷，有飄零老翁句。向公、向卿是兩人，故曰「卿家兄弟」。

夏日楊長寧宅送崔侍御常正字入京探韻得深字

醉酒楊雄宅，升堂子賤琴。二句「楊長寧宅」。不堪垂老鬢，還對欲分襟。天地西江遠，星辰北斗深。四句送別。烏臺俯麟閣，點「侍御正字」。長夏白頭吟。結還「夏日」、「探韻」。

　　此長寧宅即楊雄宅，我與二子醉酒其處。此堂上琴是子賤琴，我與二子升堂聽之。所不堪者，攬垂鬢，對分襟耳。欲分者，西自西，北自北耳。二子此行，侍御烏臺，自俯正字之麟閣。我當長夏，攬衰鬢，吟白頭，雖探韻賦詩，亦復何情哉！

多病執熱奉懷李尚書

衰年正苦病侵陵，首夏何須氣鬱蒸。二句「多病執熱」。大水淼茫炎海接，奇峰碚兀火雲升。二句承「首夏」句。思霑道渴黃梅雨，敢望宮恩玉井冰。二句承「衰年」句。不是尚書期不顧，山陰夜雪興難乘。二句「奉懷」。

　　衰年而病，有似侵陵，病亦侮老也。首夏尚非鬱蒸之時，首夏鬱蒸，似助侵陵

者而為虐。此時大水森茫，無非積熱之海；奇峰硉兀，亦是助熱之雲。執熱所由，難解耳。計此時惟黃梅雨，火雲如此，安得雨耶？是道暍徒悲，思沾何日？計此時惟玉井冰，炎海如此，安得冰耶？況宮恩永斷，敢望寵頒？彼尚書有期會狀，不可不赴。今日我非不顧尚書之期，因無夜雲，不能乘興，聊爾奉懷以自遣云。

喜雨

南國旱無雨，今朝江出雲。入空纔漠漠，灑迴已紛紛。四句「雨」。巢燕高飛盡，林花潤色分。晚來聲不絕，應得夜深聞。四句「喜雨」。

　　他雨不足喜，南國久旱，故為可喜。但見雲入於空，漠漠然耳；雨灑於迴，紛紛然耳。此時巢燕避雨，高飛欲盡；林花得雨，潤色群分。晚來聲猶不絕，夜深料得還聞。不誠可喜哉？

水宿遣興奉呈群公

魯鈍仍多病，逢迎遠復迷。耳聾須畫字，髮短不勝篦。四句老病。澤國雖勤雨，炎天竟淺泥。小江還積浪，弱纜且長堤。四句泊舟。歸路非關北，行舟卻向西。暮年漂泊恨，今夕亂離啼。童穉頻書札，盤餐詎糝藜。我行何到此，物理直難齊。高枕翻星月，嚴城疊鼓鞞。風號聞虎豹，水宿伴鳧鷖。異縣驚虛往，同人惜解攜。蹉跎長泛鷁，展轉屢聞雞。以上「水宿」情景。嶷嶷瑚璉器，陰陰桃李蹊。餘波期救涸，費日苦輕齏。杖策門闌邃，肩輿羽翮低。自傷甘賤役，誰愍彊幽棲。八句「奉呈群公」。巨海能無釣，浮雲亦有梯。勳庸思樹立，語嘿可端倪。贈粟囷應指，登橋柱必題。丹心老未折，時訪武陵溪。八句「遣興」。

　　迂疎老病，不合時宜，雖欲逢迎，其如道遠多迷何！今日泊舟水次，在澤國之思雨雖勤，乃炎天之積水終涸。幸而小江有浪，弱纜且維。我何日歸耶？夫我之歸路，本欲北向秦中，今乃非關北；我之行舟，正苦南征江漢，今乃更向西。南轅北轍，悵悵何之！暮年已可傷，今夕彌足歎也。童兒之書札空移，故人之盤餐難問。人生到此，物理之不可解者。此時水宿，仰見星月，翻光枕前；側聽鼓鼙，傳更城上。風嘷虎豹，客類鳧鷖，誰憫我窮者？今日江陵異縣，驚為虛往；在處同人，怊惜解攜。泛鷁茫然，聞雞欲起，是有望於群公耳。在群公皆瑚璉器，其門第亦桃李蹊，何惜餘波，少潤涸轍？乃杖策而門闌苦邃，肩輿而羽翮嗟低，祇益悲傷。自甘賤役，有誰憐恤，勉強幽棲而已。詎知大海堪釣，浮雲有梯。老大功名，尚未可知；平生語嘿，亦非無故。今日暫為貸粟，期魯肅之濟周瑜；他日自許題橋，若相如之乘駟馬。丹心尚在，莫輕垂

老之夫；武陵有源，不拒問津之客。寄語諸公，從此逝矣。○此群公，即行次古城店時所呈幕府諸公。然則「蒼茫汎愛前」〔註15〕，此語有謂。《公》、《穀》：勤雨，不雨也。〔註16〕

虢國夫人

此係追諷。一刻張祜〔註17〕。

虢國夫人承主恩，平明騎馬入宮門。二句寫其無忌憚。**卻嫌脂粉浣顏色，淡掃蛾眉朝至尊。**二句寫其妖態。

虢國本適裴氏，何以承主恩？平明何時？入宮門，何為者？至尊非虢國宜朝。朝至尊，淡掃蛾眉，何其無忌憚！妖淫至此。

遣悶

地闊平沙岸，舟虛小洞房。使塵來驛道，城日避烏檣。暑雨留蒸濕，江風借夕涼。行雲星隱見，疊浪月光芒。螢鑒緣帷徹，蛛絲罥鬢長。哀箏猶憑几，鳴笛竟霑裳。以上「遣悶」之景。倚著如秦贅，過逢類楚狂。氣衝看劍匣，穎脫撫錐囊。妖孽關東臭，兵戈隴右瘡。時清疑武略，世亂跼文場。餘力浮於海，端憂問彼蒼。百年從萬事，故國耿難忘。以上「遣悶」之事。

地何闊，係平沙岸也；舟何虛，若小洞房然。於時驛在城隅，舟泊城下。日落而蒸濕尚留者，暑雨後也；暑蒸而狂風忽至者，江上故也。於時星光隱見，月色掀翻。岸螢與星月交輝，緣帷更徹；蛛絲引夕風互繞，罥鬢加長。寂寞螢帷，弄箏自遣；蒼

〔註15〕 此卷前《行次古城店泛江作不揆鄙拙奉呈江陵幕府諸公》。
〔註16〕 《公羊傳》無此語。
　　　　《穀梁傳·僖公二年》：「不雨者，勤雨也。」《注》：「言不雨是欲得雨之心勤也，明君之恤民。」《僖公三年》：「不雨者，勤雨也。」
　　　　按《補注杜詩》卷三十四《水宿遣興奉呈群公》：
　　　　修可曰：「《穀梁傳》：『正月不雨，言不雨者，勤雨也。』《注》：『思雨之勤。』」
　　　　《杜工部草堂詩箋》卷八《水宿遣興奉呈群公》：
　　　　《穀梁傳》：「春正月不雨，言不雨者，勤雨也。」《注》：「思雨之勤也。」
〔註17〕 《錢注杜詩》卷十八《虢國夫人》：
　　　　見《張祜集》，作《集靈臺二首》。《萬首唐人絕句》亦作張祜。《楊妃外傳》：「有姊三人，皆豐碩修整，工於譙浪。每入宮中，移晷方出。虢國不施粧粉，自衒美豔，常素面朝天。當時杜甫有詩」云云。
　　　　按：（唐）張祜《張承吉文集》卷五「雜題」有《集靈臺二首》，其二即此，注：「又云杜甫，非也。」

涼蛛鬢，聞笛還悲。舟次之景如此。自笑塊然，等秦人之贅子；行歌過此，類楚澤之狂夫。乃看劍而雄心未忘，撫囊而及鋒未晚。所以然者，隴寇未滅，民瘼足痛耳。但時清則武略堪疑，世亂則文場無用。我既無武略，劍出匣而何為；空跼文場，錐處囊而焉用？宣尼浮海，匏繫何為；屈子問天，因人何益？百年忽忽，萬事聽之。所難忘者，故國未歸，他鄉久滯，悶終何由遣哉！

江陵節度使陽城郡王新樓成王請嚴侍御判官賦七字句同作

樓上炎天冰雪生，高飛燕雀賀新成。碧窓宿霧濛濛濕，朱棋浮雲細細輕。四句「新樓成」。杖鉞褰帷瞻具美，投壺散帙有餘清。二句美郡王。自公多暇延參佐，江漢風流萬古情。二句王請判官同賦意。

　　炎天無暑，樓高可知。燕雀胥賀，新成故耳。窓內濛濛者，宿霧疑霶；棋間細細者，浮雲如縷。何人能有此樓？陽城郡王也。郡王平日鎮江陵，杖鉞治兵，褰帷按部，已瞻其具美；今日登斯樓，投壺飲酒，散帙讀書，能有其餘清。當「杖鉞褰帷」，則自公也；及「投壺散帙」，則自公多暇也。暇延參佐，相與賦詩，如侍御、判官者。當年羊祜鎮襄陽，庾亮鎮武昌，我祖征南將軍鎮荊州，其風流在江漢間。郡王今日風流，亦應萬古不朽，何但一時落成之賀而已。○按：史伯玉遭母喪，在大曆五年夏四月。〔註18〕至六月，以殿中王昂代之。伯玉諷大將楊鈗留己，甲寅詔起復，時公已卒。大曆三年，新樓成，非其時也。註家謂大曆初，伯玉丁母憂。〔註19〕時未再茸，雖曰起復，亦不當作樓，命客賦詩。公至江陵，依伯玉，二詩讚美如此，亦賓主之情，此失考之誤。

〔註18〕《錢注杜詩》卷十七《奉賀陽城郡王太夫人恩命加鄧國太夫人》：
　　　　鶴曰：「舊書：大曆初，伯玉丁母憂，朝廷以王昂代其任，諷將士請留，遂起復再任。則此詩當作於伯玉封王，母同受封之時。大約是大曆元年前作。」
　　　　按《通鑑》，伯玉丁母憂是大曆五年。
〔註19〕《補注杜詩》卷三十四《奉賀陽城郡王太夫人恩命加鄧國太夫人》：
　　　　鶴曰：「陽城郡王乃江陵節度衛伯玉。舊次及梁權道皆以為大曆三年作。案新舊史，大曆初，伯玉丁母憂，朝廷以王昂代其任。諷將士云云，遂起復再任。今詩乃賀其母受封，則非三年作甚明。舊史又云：廣德元年，乘輿幸峽，伯玉有幹略，乃拜江陵尹、荊南節度等使，尋封陽城郡王。此語蓋在大曆初丁母憂之前，故此詩云郡依封土舊，當是伯玉封王時，母同受封。而舊史帝紀又云：大曆二年六月壬寅，荊南節度使衛伯玉封陽城郡王，與傳自異。然丁母憂在大曆初為是。此詩當在廣德二年後、大曆元年前作。若如紀言，則大曆二年，衛之母已死。又，元年柏中丞遣柏別駕將命江陵起居太夫人時，已有太夫人之稱矣。」

又作此奉衛王

西北樓成雄楚都，遠開山嶽散江湖。二儀清濁還高下，三伏炎蒸定有無。四句賦樓。推轂幾年惟鎮定，曳裾終日盛文儒。二句美伯玉。白頭授簡焉能賦，愧似相如漢大夫。二句「又作」之意。

此樓雄鎮楚都，踞江山之勝。豈特江山，天清地濁，高下本劃然者。憑樓仰見天，清者還其清；倚樓俯見地，濁者還其濁。是樓在中央，二儀截然於高下。樓與天地，若並三才之位置矣。高樓之上，雖多冰雪，按時則三伏臨焉，是炎蒸在三伏，不能定其無。炎蒸之氣，三伏豈無？登樓而冰雪生焉，是炎蒸到此樓，不能定其有。樓高至此，天地不能有其氣候，樓雄矣。郡王節度荊南，閱今五載，推轂以來，惟務鎮靜，所以自公多暇，既延參佐，更接文儒。而曳裾王門者，予亦一人。昔梁孝王游兔園，授簡相如，賦詩酬倡。今郡王固梁孝王，我年頹老，非相如比，安能受王簡，為王賦詩，附於漢大夫哉？

江邊星月　　二首

驟雨清秋夜，金波耿玉繩。二句雨後。天河元自白，江浦向來澄。二句「江邊」。映物連珠斷，緣空一鏡升。二句「星月」。餘光憶更漏，況乃露華凝。以餘意作結。

猶是秋夜，驟雨之後，其氣彌清，金波月與玉繩星並皎也。此時江邊一望，一若上而天河，從來自白；下而江浦，向來自澄。豈知江邊之星，彷彿連珠，映物而斷；江邊之月，依稀一鏡，緣空而升。故天河江浦亦澄湛如此。未幾，覽餘光，數更漏，已歎秋夜淒其。況露華凝結，秋氣侵人又如此！

江月辭風纜，江星別霧船。雞鳴還曙色，鷺浴自晴川。四句將曉。歷歷竟誰種，悠悠何處圓。應首二句。客愁殊未已，他夕始相鮮。應次二句。

月辭星別，客棹又發矣。雞聲唱曉，曙色還留；鷺影翻波，川光自若。昨夜玉繩何在？歷歷白榆，竟誰種耶？昨夜金波何在？悠悠清光，何處圓耶？星真別，月真辭，欲望相鮮，又俟他久。是客愁與星月循環不已也。

舟月對驛近寺

更深不假燭，月朗自明船。二句「舟月」。金剎青楓外，朱樓白水邊。二句「對驛近寺」。城烏啼眇眇，野鷺宿娟娟。皓首江湖客，鉤簾獨未眠。四句玩月。

更深須燭，月朗則不須假也。於時舟所近者有寺，寺為金刹，月上見青楓之外，金刹巍然。舟所對者有驛，驛聳朱樓，月上見白水之邊，朱樓宛在。青楓外有烏，月上，聞成頭之烏，啼聲眇眇。白水邊有鷺，月上，見野塘之鷺，宿影娟娟。舟月之景如此。客雖皓首，安能遽眠，惟有鉤簾獨玩，遣此深更而已。

舟中

風餐江柳下，雨臥驛樓邊。結纜排魚網，連檣並米船。四句「舟中」風雨。今朝雲細薄，昨夜月同圓。飄泊南庭老，祇應學水仙。四句「舟中」情興。

　　柳下餐風，驛邊臥雨。與我並集者，有捕魚人，結纜而不能舉網；有販米賈，連檣而未敢掛篷。差喜今朝之雲，已覺細薄；猶想昨夜之月，何等清圓。我本北人，飄泊南方，竟成南叟。今日浮沉水面，疑學水仙。不然，胡為朝朝暮暮江湖之上也？

秋日荊南述懷三十韻

昔承推獎分，指房琯。愧匪挺生材。遲暮宮臣忝，艱危袞職陪。揚鑣隨日馭，折檻出雲臺。以上因疏救房琯而出貶。罪戾寬猶活，干戈塞未開。星霜玄鳥變，身世白駒催。伏枕因超忽，扁舟任往來。九鑽巴噀火，三蟄楚祠雷。望帝傳應實，昭王問不回。蛟螭床作橫，豺虎亂雄猜。素業行已矣，浮名安在哉！以上避亂蜀夔之事。琴烏曲怨憤，庭鶴舞摧頹。秋水漫湘竹，陰風過嶺梅。苦搖求食尾，常曝報恩腮。結舌防讒柄，探腸有禍胎。蒼茫步兵哭，展轉仲宣哀。饑籍家家米，公自注：「籍，入聲。」愁徵處處杯。休為貧士歎，任受眾人咍。以上流寓江陵之事。得喪初難識，榮枯劃易該。差池分組冕，合沓起蒿萊。不必伊周地，皆登屈宋才。漢廷和異域，晉史坼中臺。霸業尋常體，宗臣忌諱災。以上追歎不用房琯之故。群臣紛戮力，聖慮窅徘徊。數見銘鍾鼎，真宜法斗魁。願聞鋒鏑鑄，莫使棟梁摧。磐石圭多剪，凶門轂少推。垂旒資穆穆，祝網但恢恢。赤雀翻然至，黃龍不假媒。以上期望之意。賢非夢傅野，隱類鑿顏壞。自古江湖客，冥心若死灰。四句自謂。

　　此詩半為房琯發。我本菲才，曾叨房公薦舉矣。致身拾遺，年當遲暮；備員補袞，時值艱危。方揚鑣而扈從還京，旋建言而華州出貶。蓋因房公罷相，極言疏救，坐此獲戾，賴張鎬得免推問也。從此一出國門，亂離不已。年華屢易，日月頻遷。玄鳥白駒，伏枕驚其超忽；星霜身世，扁舟任其往還。客蜀九年，而爨巴噀火，遂至九

鑽；寓虁三載，而楚俗祠雷，亦經三蟄。在蜀知望帝之化為杜鵑，其事應實；在楚知昭王之膠舟不返，其事非虛。計我流離虁蜀，九年中，所歷段子璋、徐知道以至崔旰之亂，蛟螭作橫，豺虎無情，遂使素業蕭然，浮名永謝，而歎蜀不可居，虁亦難久也。聽琴烏之曲，不能奮飛；顧庭鶴之舞，悲其失志。因而出峽，湘邊秋水，竹淚俱青；嶺上陰風，梅花自冷。搖求食之尾，誰念故人；驛報恩之腮，未酬知己。昔年推獎，真永負耳。慎結三寸之舌，為讒柄之防；莫探九曲之腸，懼禍胎之伏。步兵一哭，到處茫茫；仲宣七哀，所如戚戚。饑借米，而監河之粟疇遺；愁徵杯，而王弘之酒誰送。縱為饑驅，何須扼腕；自憐失路，甘受揶揄。我今日流寓江陵如此。夫榮枯得失，何常之有！由前而言，其故難識；由後而論，其理易明。分圭組而膴仕者，差池幾輩；起蒿萊而在位者，合沓多人。豈必臺衡，盡登才士。只由喪亂以來，武夫年少，驟進登庸。故人人自以為伊周，為屈宋，而果伊周、果屈宋如房公者，反遭貶斥也。當乾元間，朝廷和親回紇之年，正房公臺星中坼之日。夫和親本漢道雜霸，非國體之正。若房公乃唐室宗臣而臺星中坼者，因分鎮之議，有觸忌諱，遂至罹災耳。今日群公，苟能僇力，以匡聖慮，即為將者功銘鍾鼎，為相者法執斗魁，亦何愧哉！乃時事所亟者，一銷兵，使金鐵皆鑄農器；一擇相，使棟樑不至摧頹；一分鎮諸王，磐石之桐圭多剪；一慎假兵柄，凶門之將轂少推。此時天子垂旒，四方咸仰穆穆；法網疏闊，萬姓皆樂恢恢。赤雀銜書，似西伯受命之歲；黃龍浮沼，若軒轅御曆之年。我愧非板築胥靡，可入武丁之夢；自分鑿壞〔註20〕野叟，甘為顏闔之逃。久客江湖，逍遙卒歲，雖為韓安國之死灰，亦何惜哉！

江漢

江漢思歸客，乾坤一腐儒。二句總。片雲天共遠，永夜月同孤。二句「江漢」之景。落日心猶壯，秋風病欲蘇。古來存老馬，不必取長途。四句正明「乾坤一腐儒」意。

　　此飄飄江漢間者，乃思歸長安之客。自歎迂疏，亦乾坤內一腐儒耳。彼主持乾坤者有君，協贊乾坤者有相，致煩江漢一老憂黎元、憂社稷？信乎腐矣！江漢之景何如？仰看片雲，與天共遠；坐此永夜，與月同孤。所以思歸也。此腐儒者，人疑其老，豈知當落日，其心猶壯；人憐其病，豈知值秋風，其病欲蘇。譬彼老馬，能任長途。不知老馬可存者，不為其有長途之力，亦其智足取耳。然則腐儒未可棄也。○《黥布

<hr>

〔註20〕「壞」，疑為「坏」之誤。按：《淮南子‧齊俗訓》：「顏闔，魯君欲相之而不肯，使人以幣先焉，鑿坏而遁之，為天下顯武。」「培」即「坏」。

傳》：漢高以隨何為腐儒。〔註21〕

遠遊

江闊浮高棟，雲長出斷山。二句「遠遊」之景。塵沙連越巂，風雨暗荊蠻。
二句「遠遊」之故。雁矯銜蘆內，猿啼失木間。弊裘蘇季子，歷國未知還。
四句「遠遊」之情。

　　江闊則水光蕩漾，舟中之高棟若浮；雲長則嵐氣參差，舟前之斷山屢出。景佳
矣。無奈塵沙南去，越巂為連；風雨北來，荊蠻都暗。彼雁之飛也，懼矰繳而銜蘆自
衛；猿之掛也，當流離而失木堪悲。我何異是？昔年蘇子，裘弊羞歸。我歷國未還，
即今日之蘇子也夫。

秋日荊南送石首薛明府辭滿告別奉薛尚書頌德敘懷斐然之作三十韻

南征為客久，西候別君初。歲滿歸鳧舄，秋來把雁書。荊門留美化，
姜被就離居。六句敘「明府辭滿告別」。聞道和親入，垂名報國初。連枝不
日並，八座幾時除。往者胡星孛，恭惟漢網疎。風塵相澒洞，天地一
丘墟。殿瓦鴛鴦坼，宮簾翡翠虛。鉤陳摧徼道，槍纍失儲胥。文物陪
巡狩，親賢病拮据。公時呵猰㺄，首唱卻鯨魚。勢愜宗蕭相，材非一
范睢。公自注：「秦拜范睢為客卿，卒聽其謀。使五大夫綰伐魏，拔韓。其相秦也，
東伐韓少曲、高平，拔之。又以其謀，縱反間於趙某，以馬服君之子代廉頗，大破
趙於長平。皆范睢之謀。故以比諸將。」屍填太行道，血走滻儀渠。澒口師
仍會，函關憤已攄。紫微臨大角，皇極正乘輿。賞從頻峨冕，殊恩再
直廬。公自注：「公舊執金吾，新授羽林前後大將軍。」豈惟高衛霍，直是接
應徐。降集翻翔鳳，追攀絕眾狙。侍臣雙宋玉，戰策兩穰苴。以上是「頌
德斐然」之意。鑒徹勞懸鏡，荒蕪已荷鋤。向來披述作，公自注：「石首處
見公新文一卷。」曾此憶吹噓。白髮甘凋喪，青雲亦卷舒。經綸功不朽，

〔註21〕《史記》卷九十一《黥布列傳》：
　　項籍死，天下定，上置酒。上折隨何之功，謂何為腐儒，為天下安用腐儒。
　　隨何跪曰：「夫陛下引兵攻彭城，楚王未去齊也，陛下發步卒五萬人，騎五千，
　　能以取淮南乎？」上曰：「不能。」隨何曰：「陛下使何與二十人使淮南，至，
　　如陛下之意，是何之功賢於步卒五萬人騎五千也。然而陛下謂何腐儒，為天
　　下安用腐儒，何也？」上曰：「吾方圖子之功。」遂以隨何為護軍中尉。

躍涉體何如。公自注：「公頃奉使和吐蕃。」已見上。應訝軏湖橘，常餐占野蔬。十年嬰藥餌，萬里狎樵漁。楊子淹投閣，鄒生惜曳裾。但驚飛栩燿，不記改蟾蜍。煙雨封巫峽，江淮略孟諸。湯池雖險固，遼海莫填淤。努力輸肝膽，休煩獨起予。以上「敘懷斐然」之意。

　　我南征楚地，為客已久。乃甫交西候，遂別明府者，蓋由明府石首任滿，鳧舄將辭，秋來念兄，把雁書而思歸耳。鳧舄歸，而明府美化，留於荊門；雁書把，而尚書離居，得同姜被。大曆初，吐蕃再遣使者來聘，朝廷遣尚書往報和親。此報國餘事，名已垂史。即此一端，尚書應除八座。乃今者，明府歸而連枝將並，尚書老而八座曾除耶？往者祿山作孽，胡星孛矣，多由朝廷過寵，漢網疎也。一時風塵潰洞，天地丘墟。戰瓦落而至尊走，宮簾去而嬪妃逃。鉤陳之侍衛已亡，交摧徼道；守禦之搶欒盡撤，何有儲胥？衣冠陪行在而倉皇，親賢思僇力而靡益。惟尚書奮臂一呼，義旗四應。當尚書為陳倉令，手誅國忠之妻，再刃虢國之子，是「呵猰貐」也；一殺賊將於扶風，再勦賊兵於扶風，是「卻鯨鯢」也。蕭何為漢宗臣者，以轉輸餽餉之不絕。當至德初，道梗江淮，貢賦之蜀、之靈武者，自襄陽，取上津路，抵扶風，皆尚書功。秦用范睢謀，五大夫卒破趙。今尚書不愧蕭何，非特一范睢而已。此時太行之戰骨如山，滻儀之血渠成海。尚書一奮，諸節度師皆會滍口。未幾，香積之師陳而賊兵潰，長安復；鳳翔之駕還而乘輿正，宗廟新。因而冕服頻加，寵眷疊錫。夫優於武者詘於文，乃尚書武略，既高衛、霍；尚書文學，又接應、徐。宜其位列關中節度，爵兼太子賓客也。前此作令陳倉，已翽翔鳳；繼而勦滅群寇，更絕眾狙。為太子賓客，則侍臣比宋玉而雙；位關中節度，則戰策視穰苴而兩。尚書之德業斐然者如此。向邀明鏡，鋤我荒蕪；今頌新文，頓成舊感。故人白髮，已甘凋喪；尚書青雲，亦任卷舒。往時戡亂，功業爛焉；近使吐蕃，庶幾無恙。然得毋訝我軏湖橘、占野蔬乎？豈知我十年多病，常依藥餌之緣；萬里無家，空狎漁樵之侶。一官落拓，類投閣之楊雄；垂老王門，似曳裾之鄒子。泥塗甲子，但驚熠燿頻飛；駒隙流年，不記蟾蜍幾度。今日已辭巫峽而迷烟雨，為南征之遠遊；欲泝江淮而略孟諸，取長安之歸路而已。至如尚書，為國元勳，功在王室，莫曰湯池險固，當思遼海填淤。側聞今年六月，朱希彩殺幽州節度李懷仙，朝廷不能制，是遼海一帶，正未靖也。時事如此，豈是闔門養威之日，猶為老臣報國之秋。至於起予，如鋤我荒蕪，吹噓我於潦倒中，豈所急哉？我敘懷大指斐然有如此。

獨坐

悲秋回白首，曳杖背孤城。二句「獨坐」。江斂洲渚出，天虛風物清。二

句「獨坐」所見。**滄溟恨衰謝，朱紱負平生。仰羨黃昏鳥，投林羽翮輕。**四句「獨坐」所感。

　　我今南征，值此悲秋，能無回首？北望長安，乃猶倚杖無之，背城獨坐也。洲為水中可居地，其小者曰渚。江泛則洲渚沒，江歛故洲渚出。秋天高則氣爽而虛，萬象皆空，故風物若是清絕耳。惟是浮海有心，衰年難到，垂朱何興，迂拙堪羞。彼黃昏之鳥，接翅投林，羽翮往來，翩翩自得。視我「回白首」不見長安，「背孤城」獨坐靡托者何如哉？

哭李常侍嶧　二首

一代風流盡，修文地下深。斯人不重見，將老失知音。四句「哭」。**短日行梅嶺，寒山落桂林。**二句歿於廣南。**長安若箇伴，猶想映貂金。**二句指舊僚。

　　常侍一代才子，今日風流盡矣。此去修文，亦茫茫下泉耳。我平生交遊，化為異物者何限。他人不重見，猶可言也。斯人不重見，不可言也。斯人是知音者，壯盛而失知音，尚曰有待；將老而失知音，何可再得？遙想客櫬，當此短日淒其，行於梅嶺，寒山片影，落於桂林，何日返長安乎？彼長安舊侶，夫豈無人，不知若箇尚能不忘常侍，想其掩映金貂之風度也。

青瑣雙陪入，銅梁阻一辭。風塵逢我地，江漢哭君時。次第尋書札，呼兒檢贈詩。六句「哭」。**發揮王子表，不媿史臣辭。**二句指史官。

　　我與君亦長安舊伴。猶想往年，我居青瑣，常侍亦居青瑣，曾「雙陪入」矣。後來我在銅梁，常侍亦在銅梁，竟「阻一辭」焉。前此青瑣、銅梁，為「風塵逢我地」。今日寒山、短日，為「江漢哭君時」。我誠「阻一辭」矣。常侍平生，其貽我之書還在否，且次第而尋；其贈我之詩尚存否，且呼兒而覓。雖然，常侍實王子，應有王子諸侯年表以志其平生，此史臣之職。史臣尚鋪張揚厲，亮常侍素行，不愧此發揮。即史臣屬辭，不愧此一筆也。

哭李尚書之芳

漳濱與蒿里，逝水竟同年。欲掛留徐劍，猶廻訪戴船。相知成白首，此別間黃泉。風雨嗟何及，江湖涕泫然。修文將管輅，奉使失張騫。史閣行人在，詩家秀句傳。十二句語意相承。**客亭鞍馬絕，旅櫬網蟲懸。復魄昭丘遠，招魂素滻偏。樵蘇封葬地，喉舌罷朝天。秋色凋春草，王孫若箇邊。**以上望其歸櫬。

尚書生為劉楨，是庶子而竄漳濱；死為田橫，其門人應歌蒿里。漳濱流水，竟與蒿里年華同逝乎？忽驚其死，欲拄留徐之劍；還疑其生，思廻訪戴之船。疑其生，喜相知，已成白首；驚其死，痛此別，已間黃泉。雖欲掛劍，風雨淒其，嗟何及矣！縱使廻船，江湖杳渺，徒泫然耳！地下修文，已將管輅而去；人間奉使，不見張騫再來。其奉使吐蕃，史館尚記其事；其修文在日，詩家久重其名。乃遙想客亭，馬蹄應絕；傷心旅櫬，蛛網空懸。欲復魄而尚滯昭丘，庶招魂而仍還素濟。縱然歸葬，不過樵蘇為鄰；已矣朝天，無復尚書喉舌。尚書本王孫也，當此秋色，春草已凋，杳杳王孫，不知竟歸何處。

重題 公自注：「公歷禮部尚書，薨於太子賓客。」

涕灑不能收，哭君餘白頭。兒童相顧盡，宇宙此生浮。四句「哭」。**江雨銘旌濕，湖風井逕秋。**二句客櫬。**還瞻魏太子，賓客減應劉。**二句「重題」之故。

我哭尚書，轉痛哭君者，惟我白首二人耳。我雖白首，往亦兒童。計兒童之交，相顧已盡，則知茫茫宇宙，我生亦甚浮也。況客裏銘旌，江雨霑濕；櫬邊井逕，湖風暗吹。何日還長安耶？尚書為太子賓客，本是應、劉，從此青宮失一賢傳，我灑涕難收，職是故耳。

宴王使君宅題　二首

漢主追韓信，蒼生起謝安。吾徒自漂泊，世事各艱難。四句題詩之意。**逆旅招邀近，他鄉旅思寬。**二句「宴」。**不才甘朽質，高臥豈泥蟠。**結挽起意。

韓信為漢主而還，謝安為蒼生而起，因知氣數由天，責任在人。我徒漂泊，自為之耳。若論世事，各有艱難。各當僇力，豈使君遂可優悠林下也？我本旅人，招邀幸近，因茲客處，意緒為寬。蓋自分不才，甘茲朽質。若使君而高臥，豈真龍蟠於泥，為「潛龍勿用」耶？

汎愛容霜鬢，留歡上夜關。自吟詩送老，相勸灑開顏。四句宴時事。**戎馬今何地，鄉園獨在山。**三句旅懷。**江湖墮清月，酩酊任扶還。**二句醉歸。

霜鬢之人，率為人棄。非汎愛者，自能容之。今留歡而上夜關者，使君投轄之情也。顧我老矣，使君雖容我霜鬢，我直吟詩以送之耳，亦不勝飲矣。使君既留飲而勸，我亦聊以開我之顏而已。似此戎馬，我今漂流，竟不知何地。豈無鄉園，我久作客，亦杳然在山。今夕仰見清月，已墮江湖，夜關可聞，逆旅伊邇，我將任酩酊而扶還矣。

○「上夜關」，或作「卜夜闌」，非也。闌係十四寒。王維《登裴迪小臺》亦云：「好客多乘月，應門莫上關。」〔註22〕彼欲乘月而遊，故莫上關。此欲留客而飲，故須上關。上關即投轄意。

久客

羈旅知交態，淹留見俗情。二句「久客」。衰顏聊自哂，小吏最相輕。二句承上。去國哀王粲，傷時哭賈生。二句「久客」之情。狐狸何足道，豺虎正縱橫。二句「久客」之故。

　　交態厚薄，從羈旅而知；俗情炎涼，於淹留而見。蓋衰顏自哂，何況於人，此交態無足怪者；小吏相輕，宜其為小，此俗情大抵然者。我今王粲之哀，嘗在去國；賈生之哭，本為傷時。去國傷時者，非為狐狸，為中原豺虎，到處縱橫，故棲棲避地，不辭久客。小吏焉知我心哉！○時楊子琳攻成都，吐蕃寇邛州，朱希彩殺節度李懷仙，故曰「豺虎有縱橫」。

〔註22〕（唐）王維《王摩詰文集》卷十《登裴秀才迪小臺》。

卷三十一

公安詩 大曆三年

舟中出江陵南浦奉寄鄭少尹審

更欲投何處，飄然去此都。二句冒。形骸原土木，舟楫復江湖。社稷纏妖氣，干戈送老儒。百年同棄物，萬國盡窮途。以上去江陵之後。目光平沙淨，天銜闊岸紆。鳴螿隨泛梗，別燕赴秋菰。四句「南浦」之景。栖託難高臥，飢寒迫向隅。寂寥相煦沫，浩蕩報恩珠。溟漲鯨波動，衡陽雁影徂。南征問懸榻，東逝想乘桴。濫竊商歌聽，時憂卞泣誅。十句正是「投何處」、「去此都」之意。經過憶鄭驛，斟酌旅情孤。二句「奉寄少尹」之懷。

　　我出峽至江陵，今更欲何向耶？早知此都不可懷，何必向江陵而問道。乃曾幾何時，飄然復去此都也。所以然者，我身譬之西岸土偶，東岸木偶，本漂流無定，故萬里扁舟，又向江湖他適耳。況社稷茫茫，久纏妖氣；干戈處處，斷送老儒。既為老儒，百年誠為棄物；既纏妖氣，萬國盡是窮途。雖去此都，究不知投何處也。出江陵，但見南浦平沙，雨洗而淨；南浦闊岸，天銜而纖。南浦鳴螿，隨泛梗而不定；南浦別燕，赴秋菰而未歸。二物似客子，而客子終何之也？豈忘高臥，栖託誠難。何自向隅，飢寒所止。望煦沫以救涸，寂矣無聞；擬銜珠以報恩，不知其處。竊慕鯨波之奮鬣，願為雁影之隨陽。或者南征問懸榻之鄉，追蹤徐穉；東逝遂乘桴之興，竊比宣尼。乃寧戚商歌，不逢舜禪；卞和泣玉，頻遭楚誅。雖去此都，究不知投何處也。經過鄭驛，

聊寄此詩。誠念旅情，無人憫恤。庶幾少尹為我斟酌，以示我何去何從與？○結句即屈原卜居於詹尹意〔註1〕，挽到首二句，以見不自決，欲取決於人。

移居公安山館

　　時公移居公安，假宿山館，非直移居於此。

南國晝多霧，北風天正寒。路危行木杪，身遠宿雲端。四句「移居公安」。**山鬼吹燈滅，廚人語夜闌。**二句「山館」。**雞鳴問前館，世亂敢求安。**二句曉行之感。

　　晝無霧也，南國偏多；天既寒矣，北風尤甚。而況山行，路岌岌然如登木杪；未幾就宿，身飄飄然恍在雲端。此時虛館寂寥，與鬼為鄰，而燈光明滅，偶聞人語。不能成寐，而徹夜旁皇。雞鳴即發，前路茫然，誠傷世亂，不敢即安云爾。

官亭夕坐戲簡顏十少府

南國調寒杵，西江浸日車。客愁連蟋蟀，亭古帶蒹葭。四句「官亭夕」景。**不返青絲鞚，虛燒夜燭花。老翁須地主，細細酌流霞。**四句「戲簡少府」。

　　南國少寒，砧聲亦起；西江在西，落照已沉。乃砧聲起，而蟋蟀與客愁俱動；西江晚，而蒹葭與官亭一色。此際急須少府耳。乃少府青絲之鞚，久而不返；使老翁夜燭之花，坐而虛燒。我望少府者，以少府是地主，冀得酌流霞，傾倒宿昔云。

醉歌行贈公安顏少府請顧八題壁

神仙中人不易得，顏氏之子才孤標。天馬長鳴待駕馭，秋鷹整翮當雲霄。四句「贈少府」。**君不見東吳顧文學，**公自注：「顧況，吳人。」**君不見西漢杜陵老，詩家筆勢君不嫌，詞翰升堂為君掃。**四句「題壁」。**是日霜風凍七澤，烏蠻落照銜赤壁。酒酣耳熱忘頭白，感君意氣無所惜，一為歌行歌主客。**以上「醉歌」。

　　漢梅福為神仙尉，豈易得哉？今顏少府，其才孤標，如天馬然，志在千里；如秋隼然，常思九霄。今有題壁之舉，誰優詞翰在？坐者有顧八分文學，即東吳顧況；有杜陵老布衣，即西漢杜陵老。杜陵老為詩家，顧文學有筆勢。一旦升堂，以是詞、以

〔註1〕《楚辭·卜居》：
　　　　屈原既放，三年不得復見，竭知盡忠，而蔽鄣於讒，心煩慮亂，不知所從。
　　　　乃往見太卜鄭詹尹曰。

－642－

是翰為少府揮灑而題壁。楚有七澤，是日之霜風正凍；楚有赤壁，烏蠻之落照方銜。初冬落照在西南，烏蠻在西南之極，故落照直銜鄂州赤壁也。此時老翁酒酣，至於耳熱，頭白亦忘，又何知有霜風凍澤，凜慄之寒；烏蠻落照，遲暮之景。所以然者，感君意氣痛飲，不惜一為歌行，以歌主客之興致而已。

移居公安敬贈衛大郎鈞

衛侯不易得，余病汝知之。二句冒。雅量涵高遠，清襟照等夷。平生感意氣，少小愛文辭。河漢由來合，風雲若有期。六句美衛侯。形容勞宇宙，質樸謝華軒。自古幽人泣，流年壯士悲。四句自歎，隱合「病」意。水煙通徑草，秋露接園葵。入邑豺狼鬪，傷弓鳥雀饑。白頭供宴語，烏幾伴棲遲。六句「移居公安」。交態遭輕薄，今朝豁所思。二句挽合起意。

　　人有不易得者，以其能知我病也，衛侯是矣。但他人之病，人知之，我之病，我自知之。如何衛侯能知我病？蓋由其雅量容物，清襟照人。雅量如此，故有意氣而平生足感；清襟如此，故有文辭而少小已優。意氣過人，故河海之契，由來投合；文辭映世，故風雲之合，若可相期也。我為宇宙，而形容憔悴，去軒墀而自安塞劣。從古以來，幽人多泣；歲月不居，壯士生悲。我之多病，良由乎此。今移居公安，徑迷水煙，園荒秋露。況入邑而豺狼交鬪，傷弓而鳥雀還饑。乃移居於是者，白頭作客，聊供宴息耳；烏幾尚在，且伴棲遲耳。自入江陵，交態輕薄，大概可見。今至公安，所思頓豁，誠以「衛侯不易得，余病汝知之」也。○公在江陵，至小吏相輕，吾道窮矣。公安顏少府外，又得衛大郎。於少府曰「不易得」〔註2〕，於大郎亦曰「不易得」，志幸亦志慨也。但公安多警，公於《山館》即有「世亂敢求安」句〔註3〕，後《曉發》又曰「鄰雞野哭如昨日」〔註4〕，《發劉郎浦》又曰「岸上空村盡豺虎」〔註5〕。此章「入邑豺狼鬪」，必有警也。

公安送韋二少府匡贊

逍遙公後世多賢，送爾維舟惜此筵。二句題面。念我能書數字至，將詩不必萬人傳。時危兵甲黃塵裏，「詩不必傳」之故。日短江湖白髮前。「念我」之故。古往今來皆涕淚，斷腸分手各風煙。結挽起意。

〔註2〕上篇《醉歌行贈公安顏少府請顧八題壁》。
〔註3〕此卷前《移居公安山館》。
〔註4〕此卷後《曉發公安數月憩息此縣》。
〔註5〕此卷後《發劉郎浦》。

周韋夐為逍遙公，後嗣多賢者，少府亦一人。惜乎！舟雖維，筵將散也。我送爾，爾應有書以貽我。他日「能書數字至」，我心慰矣。爾念我，我先有詩以貽爾。「將詩不必萬人傳」，則我心尤慰矣。夫我「詩不必萬人傳」者，以時方危，而黃塵之中，兵甲紛紛耳。世無可與言詩者，不必傳可也。爾書猶望能將數字者，以日方短，而白髮之人，江湖汲汲耳。念我老而來日苦短，不貽我以數字，何忍也？以爾華胄，又且賢能，一命蹉跎如此。以我老大，復當亂世，一身流落又如此。古往今來，可勝涕淚！分手之際，祇有斷腸。極目風煙，黯然共之矣。

公安縣懷古

野曠呂蒙營，江深劉備城。二句「公安縣」古蹟。寒天催日短，風浪與雲平。二句景。灑落君臣契，飛騰戰伐名。維舟倚前浦，長嘯一含情。四句「懷古」。

公安之野曠矣，相傳孫權封呂蒙為孱陵侯。地有廢城，此呂蒙營是也。公安之江深矣，相傳劉備為荊州牧。其湖尾有中軍寨，此劉備城是也。於時野曠寒多，欲催短日；江淶風急，直卷孤雲。因思當年，劉備與孔明，如魚得水，君臣之契，酒落出群；呂蒙襲關羽，詐謀詭計，戰伐之名，飛騰何在？我維舟於此，俯仰古蹟，不禁長嘯，含情無限云。

呀鶻行

病鶻孤飛俗眼醜，每夜江邊宿衰柳。清秋落日已側身，過眼歸鴉錯回首。緊腦雄姿迷所向，疏翮稀毛不可狀。以上寫其病。彊神迷復皂鵰前，俊才早在蒼鷹上。風濤颯颯寒山陰，熊羆欲蟄龍蛇渨。念爾此時有一擲，失聲濺血非其心。六句壯之。

鶻本鷙鳥，能搏擊者，今病矣，宜其孤飛，見醜俗眼。彼江邊衰柳，豈鶻棲身之所，亦病而宿此耳。當此清秋落日，正搏擊之候，側身已久，其何能為？乃過雁歸鴉，不知其病，尚怖其搏擊而錯回首。豈知此病鶻，雖有緊腦雄姿，其氣已迷所向矣。徒然稀翮疏毛，其衰亦不可狀矣。雖則云病，其神之彊，猶趨皂鵰前；其才之俊，尚在蒼鷹上。當此山寒而熊羆藏，江深而龍蛇伏，哀此病鶻，豈能嘿嘿！此時應有一擊，乃失聲濺血者，豈其初心！傷哉鶻也！

公安送李二十九弟晉肅入蜀餘下沔鄂

晉肅即李賀之父。韓退之有《諱辨》。

正解柴桑纜，「下沔鄂」。仍看蜀道行。「入蜀」。檣烏相背發，塞雁一行鳴。二句互發。南紀連銅柱，「下沔鄂」。西江接錦城。「入蜀」。憑將百錢卜，飄泊問君平。二句總結。

　　江陵有柴桑里，吾已去蜀而下沔鄂，不謂今日，仍看子有此行。於時入蜀者向西，下沔鄂者向南。檣烏之發，適相背焉，惜人與檣烏胥背耳。乃為兄者在前，為弟者在後。塞雁之鳴，原一行焉。惜人不如雁之成行也。我下沔鄂，由南遠去，已連銅柱；君入成都，向西溯遊，直接錦城。南紀西江，正相背發，異於「一行鳴」者。顧錦城吾舊遊，昔為嚴君平賣卜處。我從此南征，漂泊日甚。子到錦城，憑將百錢，為吾一卜，何去何從，庶不至有迷途之泣耳。

北風

北風破南極，朱鳳日威垂。洞庭秋欲雪，鴻雁將安歸。四句興。十年殺氣盛，六合人煙稀。我慕漢初老，時清猶茹芝。四句正意。

　　南極氣暖，本不耐寒。北風一吹，南極為破。所以朱鳳亦苦威垂，不能自振耳。洞庭湖上，寒雪初飛。此時即鴻雁小鳥，亦無歸宿之處。朱鳳威垂，君子困矣；鴻雁安歸，小人窮矣。況十年兵革，六合靡遺，殺氣積，人煙稀，誠不如長往高蹈，為商山採芝人耳。時清猶然世亂，栖栖獨何為耶？

憶昔行

憶昔北尋小有洞，洪河怒濤過輕舸。辛勤不見華蓋君，艮岑青輝慘麼麼。千崖無人萬壑靜，三步廻頭五步坐。秋山眼冷魂未歸，仙賞心違淚交墮。以上「憶昔」訪仙而入山。弟子誰依白茅屋，盧老獨啟青銅鎖。巾拂香餘搗藥塵，階除灰死燒丹火。玄圃滄洲莽空闊，金節羽衣飄婀娜。落日初霞閃餘映，倏忽東西無不可。松風澗水聲合時，青兒黃熊啼向我。以上「憶昔」仙逝而下山。徒然諮嗟撫遺跡，至今夢想神猶左。二句總收。祕訣隱文須內教，晚歲何功使願果。更討衡陽董鍊師，南遊早鼓瀟湘柂。四句訪董鍊師。

　　昔年有志仙學，聞有華蓋君，隱於王屋之小有洞，泝洪河，越怒濤，亂流駕舸，辛勤如此，將以謁華蓋君也。乃人棺上天，不可得見。艮岑之青輝寂歷，山中之麼麼慘澹。崖空壑靜，行步趑趄。惟有對秋山而魂暗消，虛仙賞而淚交落耳。先師逝矣，弟子誰在？獨有盧老，開關延我。但見搗藥之塵，還拂巾上；燒丹之火，已死階前。仙鄉空闊而難尋，仙駕飄搖而如在。餘霞落照，倏忽東西；華蓋在焉，呼之欲出。既

而松風謖謖，澗水泠泠，青兒亂啼，黃熊欲吼，遂辭民岑而歸。從此遺跡空追，夢想難邁。夫吾謁華蓋君者，將欲得其祕訣隱文耳。顧祕訣隱文，語言不傳，神明斯契。疇昔壯盛，已見蹉跎；今日衰頹，願何由遂？幸有董鍊師者，近在衡陽，庶不得之華蓋君，或得之董鍊師。南征便舫，我將鼓枻從遊矣。○《唐志》載盧老知未來事，隋時寓雲際寺，後館於唐崔鐃家。〔註6〕

送顧八分文學適洪吉州

中郎石經後，八分益憔悴。顧侯運鑪錘，筆力破餘地。昔在開元中，韓蔡同贔屭。玄宗妙其書，是以數子至。御箚早流傳，揄揚非造次。公自注：「明皇師韓擇木，嘗於彩牋上八分書，賜張說。」三人竝入直，恩澤各不二。顧子韓蔡內，辨眼工小字。分日示諸王，鉤深法更祕。以上敘其遇。文學與我遊，蕭疎外聲利。追隨二十載，浩蕩長安醉。高歌卿相宅，文翰飛省寺。視我班揚間，白首不相棄。驊騮入窮巷，必脫黃金轡。一論朋友難，遲暮敢失墜。古來事反覆，相見橫涕泗。向者玉珂人，誰是青雲器。才盡傷形體，病渴汚官位。故舊獨依然，危時話顛躓。以上敘交。我甘多病老，子負憂世志。胡為困衣食，顏色少稱遂。遠作辛苦行，順從眾多意。四句俱跟「胡為」二字。舟楫無根蔕，蛟鼉好為祟。況兼水賊繁，特戒風飇駛。崩騰戎馬險，往往殺長吏。子干東諸侯，勤勉防縱恣。以上適洪、吉州，洗發「遠作辛苦行」二句之意。邦以民為主，魚饑費香餌。請哀瘡痍深，告訴皇華使。使臣精所擇，進德知歷試。惻隱誅求情，固應賢愚異。以上勉之。烈士惡苟得，俊傑思自致。贈子猛虎行，出郊載酸鼻。以上戒之。

　　蔡中郎善八分，中郎沒，八分憔悴矣。文學獨運鑪錘，筆力所之，更無餘地。同時有韓擇木、蔡有鄰者，開元中亦善八分，碑版竝列。蓋由玄宗工於此書，人皆應運。一時御箚，皆蒙品題。文學與韓、蔡同功一體也。文學號明眼，工細書，玄宗愛之，日示諸王。其鉤深之法，比韓、蔡反祕。文學寵遇如此。乃其與我遊也，

〔註6〕「○」以下文字，底本無，據二十一年本補。

　　按：《舊唐書》卷一百九十下《文苑列傳下‧崔咸》：

　　初，銳佐李抱真為澤潞從事，有道人自稱盧老，曾事隋朝雲際寺李先生，預知過往未來之事。屬河朔禁遊客，銳館之於家。一旦辭去，且曰：「我死，當與君為子。」因指口下黑子，願以為志。咸之生也，果有黑子，其形神即盧老也，父即以盧老字之。

獨遺聲利。往時追隨開寶年間，浩蕩長安，或縱歌豪家，或飛文省寺。我謂君也，字與韓、蔡竝驅；君謂我也，文與班、揚竝駕。兩人交情，遂期白首。蓋由文學忘富貴，交賤貧，譬彼驊騮，脫金轡之飾，入窮巷之中，但知朋友難得，白首如初耳。今日時移勢易，與文學相見於公安，話及升沉，能無涕泗？回首彼時，佩玉珂，登青雲者，豈必皆賢？即如我江淹才盡，司馬病渴，形體支離，省郎徒玷。不謂故舊如文學，依然猶昔，處危時，話顛躓也。但我甘多病，不復有為。子苟憂時，宜懷大志。胡為衣食坐困，亦類饑驅？胡為顏面向人，不能快意？胡為作此辛苦行，不知世路之險？胡為順從眾多意，若有隨俗之情？彼舟楫波濤，本無根帶；蛟鼉陸梁，所在為祟。況水寇復繁，風颶更駛，此「辛苦行」之當慎者。至於東方諸國，節度驕暴，兵革紛然，多殺長吏。似此危邦，亦宜裹足。子往干焉，所當勤勉自持，防其縱恣，此「眾多意」之難從者。子既有憂世之志，則此行當以救民為急。夫民為邦本，以食為天，譬彼魚饑，須投香餌。今日東方赤子，瘡痍已極。天子遣皇華，使處此一方，將務惻隱，絕誅求。子當為民請命，訴之使者，俾將牧民之吏，慎加選擇，達之朝廷，試可而任。夫惻隱為賢，誅求為愚，其情較然各別，一選擇而立判也。至於烈士以苟得為恥，俊傑當自致其身。陸士衡《猛虎行》：「渴不飲盜泉，熱不棲惡木。」子雖困於衣食，亦當固窮守志。不然，猛虎行之謂何？我出郊揮涕，贈子以言，盡此矣。

留別公安大易沙門

隱居欲就廬山遠，麗藻初逢休上人。二句對起。數問舟航留製作，長開篋笥擬心神。沙村白雪仍含凍，江縣紅梅早放春。四句承「麗藻初逢休上人」。先踏鑪峰置蘭若，徐飛錫杖出風塵。二句應「隱居欲就廬山遠」。

　　我本風塵中人，廬山遠公，非我徒也。既已隱居，將欲就焉。爾大易本廬山遠公之徒，乃方恃麗藻，自比詩人。古沙門以能詩著，惟休上人，大易其將為休上人耶？知我欲發，數問舟航，蓋將貽我以詩，惟恐製作不傳於世。我存諸篋笥，擬其心神。何以擬之？不見沙村白雪，時將春，仍含凍也；心神之靜，得如白雪之仍含凍否？不見江縣紅梅，時猶凍，已放春也；心神之動，亦似紅梅之早放春否？以此擬大易心神，即以此擬大易麗藻。夫麗藻非沙門本色，大易尚舍休上人，就廬山遠。我此行先遊鑪峰，為汝置蘭若片席地。大易其徐飛錫杖，就廬而訪我。永謝風塵，頓空麗藻，即心神亦有皈依也已。

岳州詩　大曆二年

曉發公安數月憩息此縣

「曉發公安」又曰「數月憩息此縣」，追言之也。「數月憩息」，以見淹留之久，實無數月。

北城擊柝復欲罷，東方明星亦不遲。鄰雞野哭如昨日，物色生態能幾時。四句「曉」。舟楫渺然自此去，江湖遠適無前期。二句「發」。出門轉眄已陳迹，藥餌扶吾隨所之。二句總結。

擊柝罷，明星出，天曉矣。擊柝、明星，若為憩息者促之行，「復欲罷」。客子歷此罷者，誠不知幾次，「亦不遲」。催客子之早發者，又不獨明星，鄰雞亦哭矣，而猶夫昨日。來者之如往者，大率此鄰雞類。物色亦多態矣，而能有幾時？此時忽而彼時，大率此物色類。時之倏忽無常如此。因是而發我之舟，楫我之篷廬也。一望渺然，自此而去。世之江湖，世之萍蹤也。名為遠遊，無前可期。「自此去」，已往之公安不可問；「無前期」，將來之公安未可知。地之漂泊靡定如此。夫光陰為過客，今日之新，為明日之陳。「出門轉眄已陳迹」，所謂「如昨日」、「能幾時」。無常者信無常也，天地皆逆旅，此地之我，終為何地之我？「藥餌扶我隨所之」，將所謂「自此去」、「無前期」。靡定者信靡定也，我從此曉發矣。

發劉郎浦

掛帆早發劉郎浦，疾風颯颯昏亭午。舟中無日不沙塵，岸上空村盡豺虎。四句「發浦」。十日北風風未廻，客行歲晚尤相催。白頭厭伴漁人宿，黃帽青鞋歸去來。四句「發浦」之情。

此劉郎浦，先主納吳女處。今日掛帆，向此早發，但見浦上疾風，颯颯不已。直至亭午，塵沙未開。如之何早發？蓋由此浦荒涼，村空人去，豺虎縱橫，不得不然耳。乘此十日北風，南行正利。楚澤雖多漁父，吾舟愁與為鄰。黃帽青鞋，歸計已辦，能無掛帆早發耶？

別董頲

窮冬急風水，逆浪開帆難。士子甘旨闕，不知道里寒。有求彼樂土，南適小長安。別我舟楫去，覺君衣裳單。素聞趙公節，兼盡賓主歡。已結門閭望，無令霜雪殘。以上「別董頲」。老夫纜亦解，脫粟朝未餐。飄蕩兵甲際，幾時懷抱寬。漢陽頗寧靜，峴首試考槃。當念著白帽，

采薇青雲端。以上自敘。

董生際窮冬，逢逆浪，道里苦寒矣。董生不知苦寒，浩然長往者，有母在家，缺於甘旨，為負米計耳。彼鄧州在南陽，為小長安。小長安為樂土，董子雖不知道里寒也，我則覺君衣裳單也。此間知鄧州者為趙公，聞其有氣節，能篤賓主歡。但董生有母倚閭，必早歸以慰母望，可令霜雪之年，又加摧殘哉？董生已見開帆，老夫亦將解纜。董生缺甘旨，將適樂土而有求；老夫缺朝餐，欲謀脫粟而無自。兼之兵甲載道，懷抱難寬。我此行將適漢陽，登峴首。今日黃帽青鞋，早發歸來之興；他年食薇采蕨，何須脫粟之求。董生異日，一念老夫否也？

幽人

孤雲亦群遊，神物有所歸。麟鳳在赤霄，何當一來儀。四句興。**往與惠詢輩，中年滄洲期。天高無消息，棄我忽若遺。內懼非道流，幽人見瑕疵。**以上自敘見棄「幽人」。**洪濤隱語笑，鼓枻蓬萊池。崔嵬扶桑日，照耀珊瑚枝。風帆倚翠蓋，暮把東皇衣。嘁嗽元和津，所思煙霞微。**以上敘「幽人」滄洲之遊。**知名未足稱，局促商山芝。五湖復浩蕩，歲暮有餘悲。**四句思衡山之遊。

孤雲何嘗有族，然亦群遊，蓋神物各有所依耳，但間世一出。如麟如鳳，亦為神物，往來霄上，不屑人間。幽人猶是也。往有惠詢，實為幽人。滄洲之遊，曾與相訂。不道中年以往，忽爾棄予，豈真天高信斷，致爽成約，亦我無仙骨，幽人早見其有瑕疵也。遙想幽人在滄洲上，溯洪濤，訪蓬萊。日出扶桑，珊瑚照映；帆依翠蓋，手把仙衣。屏一切，凝萬慮，服元和之液，搜煙霞之微。惜乎！我獨見棄，滄洲期阻也。自傷碌碌，雖知名於世，何足為榮？徒使商山採芝之興，局促未遂。今遊潭岳，訪董鍊師於五湖間，其如風波浩蕩，歲暮道遠，傷如之何！○此章大意是寓言。「孤雲」四句，況已如孤雲，寡儔少徒；又如麟鳳，出非其時也。「天高無消息」，君門九重也。「棄予忽如遺」，退若墜淵也。「內懼非道流，幽人見暇疵」，信見疑，忠見謗也。「洪濤隱笑語，鼓泄蓬萊池」，憂讒畏譏，思與人共濟也。「崔嵬扶桑日，照耀珊瑚枝」，遊神於蓬萊宮闕、青瑣朝班也。「風帆倚翠蓋，暮把東皇衣」，猶望翠華重遇，美人一寤也。「嘁漱元和津，所思煙霞微」，若將屏一切，凝萬慮，冀閶闔之或通也。「知名未足稱，局促商山芝」，自悼脩名不立，進不能離尤，退不能脩初服也。公為扈從臣，亦商山羽翼之流。「五湖復浩蕩，歲暮有餘悲」，既不能為採芝四皓，又不能為泛湖越大夫。曰「有餘悲」，情見乎詞矣。按：《留青日札》詮公《遊子》一章「蓬萊如可到，

衰白問群仙」二句，謂公戀戀不忘朝廷，冀衰老而猶得見君，故云。〔註7〕則此詩愚闡，似亦未謬。惠詢，斷是惠二。東皇，太一，《九歌》之一。

泊岳陽城下

江國踰千里，山城僅百層。二句岳城。岸風翻夕浪，舟雪灑寒燈。二句舟前之景。留滯才難盡，艱危氣益增。圖南未可料，變化有鯤鵬。四句泊城之懷。

　　岳陽臨江，山城雄峻，百層之高，僅見此耳。我泊舟城下，江闊而風來於岸，夕浪都翻；風急而雪拂於舟，寒燈亦灑。暮景幽哉！凡人留滯，有才盡之悲。今也「才難盡」，抑艱危有氣衰之恨。今也「氣益增」，意者圖南之志，尚未可料。彼鯤鵬變化，何常之有，亦顧才氣何如耳。我對此岳城崔嵬，還覺才氣雄壯，夫豈肯終於留滯，老於艱危者？

纜船苦風戲題四韻奉簡鄭十三判官

東岸朔風疾，天寒鶂鵜呼。漲沙霾草樹，舞雪渡江湖。四句「風」。吹帽時時落，維舟日日孤。二句「船苦風」。因聲置驛外，為覓酒家壚。二句「簡鄭」。

　　北風疾矣，水邊鶂鵜，亦因風而驚呼不已。不特此也，沙為風霾，迷岸上之草樹；雪因風舞，渡萬里之江湖。人坐風中，非九日而帽頻落；舟在風裏，少共濟而維亦孤。似此天寒，亟須杯酒。判官是鄭莊，固置驛矣。置驛無解於寒，置驛外，須為我覓酒家壚，潑此寒。況我因風聲寄語，不識判官亦聞否？

登岳陽樓

昔聞洞庭水，今上岳陽樓。二句「登樓」。吳楚東南坼，乾坤日夜浮。二句「洞庭水」。親朋無一字，老病有孤舟。戎馬關山北，憑軒涕泗流。四

〔註7〕（明）田藝蘅《留青日札》卷五《詩談初編》：
　　少陵《遊子》云：「巴蜀愁難語，吳門興杳然。」「興杳然」者何？曰「九江春草外」。「愁難語」者何？曰「三峽暮帆前」。生涯流落，不能上宵漢，故曰「厭向成都卜」。家國憂勤，不忍耽杯酒，故曰「休為吏部眠」。終戀戀不忘朝廷，冀衰老而尤得見君，故末云「蓬萊如可到，衰白問群仙」也。范元實所注不解其妙，乃謂「君平之卜，所以養生；畢卓之飲，所以忘憂。今皆不能如意，又傷人世險隘，不能容己，故有蓬萊群仙之思」。嗚呼！何好為臆說，以病作者之旨哉！

句「登樓」所感。

我意中向有洞庭水，今登岳陽樓見之。因知吳楚之界，東南以坼；乾坤之大，日夜常浮。於時四顧蒼茫，百端交集。當此煙波淼淼，安得親朋一字，寄洞庭湖邊；當此萬頃茫茫，惟有老病孤舟，泊洞庭湖上。所以然者，關山之北，戎馬正滿。憑軒一望，不禁涕泗汎瀾矣。○是年，郭子儀將兵五萬屯奉天，備吐蕃。白元光、李抱玉各出兵擊之。是「戎馬關山北」。

奉送魏六丈佑少府之交廣

賢豪贊經綸，功成空名垂。子孫不振耀，歷代皆有之。四句泛起。鄭公四葉孫，長大常苦饑。眾中見毛骨，猶是麒麟兒。磊落貞觀事，致君樸直詞。家聲蓋六合，行色何其微。遇我蒼梧陰，忽驚會面稀。議論有餘地，公侯來未遲。虛思黃金貴，自笑青雲期。長卿久病渴，武帝元同時。季子黑貂敝，得毋妻嫂欺。尚為諸侯客，但屈諸縣卑。以上敘「少府」。南遊炎海甸，浩蕩從此辭。窮途仗神道，世亂輕土宜。解帆歲云暮，可與春風期。六句「之交廣」。出入朱門家，華屋刻蛟螭。玉食亞王者，樂張遊子悲。侍婢豔傾城，綃綺輕霧霏。掌中琥珀鐘，行酒雙逶迤。新歡繼明燭，梁棟星辰飛。兩情顧盼合，珠碧贈於斯。上貴見肝膽，下貴不相疑。心事披寫間，氣酣達所為。錯揮鐵如意，莫避珊瑚枝。始兼逸邁興，終慎賓主儀。以上勉之。戎馬闇天宇，嗚呼生別離。二句送別之情。

賢豪多矣，大抵功成於前，名垂於後。其功則實，其名則虛。一己之功名如此，子孫之陵替可知。即如爾為鄭公四代孫，世澤未遠，今已苦饑，誰識毛骨尚在為麒麟兒也。當太宗朝，爾祖磊磊落落，以樸直致君，遂成貞觀盛治，從此家聲亦振。今子孫屈為少府，又何行色之微耶？偶然邂逅，乃見爾毛骨，已是麒麟之種；聽爾議論，更服公侯之姿。庶幾黃金滿籯，青雲立致。如何長卿於武帝，本是同時；季子於嫂妻，不免詬厲。以麒麟兒至為諸侯客，以公侯器屈為州縣卑，宜行色之微耳。交廣為炎海甸，爾今南遊於彼，江湖浩蕩，從此窮途；人事難憑，庶幾天相。蓋世亂時危，家聲誰念；離鄉去國，為人所輕。當歲暮而解帆，乘春風而歸里可也。爾去廣州，地多豪貴，應出入朱門華屋矣。爾本世家子弟，彼玉食蛟螭，傾城侍婢，綃綺琥珀之類，不過富貴家物色。在子當此，自應糞土視之。縱使新歡繾綣，繼燭通宵；梁棟深沉，飛星卜夜，目挑心招，兩情頓洽，投珠贈碧，於此忽諧。爾當此際，但須露肝膽，披心

事，酒酣氣壯，一達胷中所為。雖有寶重，如石家珊瑚者，不妨揮鐵如意以碎之。似此逸興，旁若無人，仍須慎儀成禮而退。爾勉乎哉！淒其蒼梧之陰，渺矣炎海之甸。茫茫天宇，戎馬紛如。「樂莫樂兮新相知，悲莫悲兮生別離」也。

冬晚長孫漸舍人歸州

參卿休坐幄，蕩子不歸鄉。南客瀟湘外，西戎鄠杜旁。四句自敘。衰年傾蓋晚，費日繫舟長。會面思來札，銷魂逐去檣。雲晴鷗更舞，風逆雁無行。匣裏雌雄劍，吹毛任選將。以上送別。

　　我嘗為節度參謀，宜坐幃幄，今休矣。昔為參卿，今成蕩子。蕩子本鄠杜人，今作客瀟湘外者，以鄠杜為西戎逼處耳。猶幸舍人在，為傾蓋交，坐此留連難別，繫舟費日也。別後來札，不能邐期；今日去檣，黯然欲絕。不見雲晴而水鷗更舞，風逆而雁亦無行乎？我老矣，雌雄之劍，久藏匣裏。舍人於雌雄二劍，任意選用，或雌伏，或雄飛。出處之際，舍人必能審擇無誤。選之當，則雌雄皆得其用。選之不當，雖有吹毛之利，豈能為我用哉？舍人慎旃！

自岳州往潭州詩 大曆四年

陪裴使君登岳陽樓

湖闊兼雲霧，樓孤屬晚晴。二句「樓」。禮加徐孺子，詩接謝宣城。二句「陪使君登」。雪岸叢梅發，春泥百草生。二句「樓」外之景。敢違漁父問，從此更南征。二句將之潭。

　　湖闊則雲霧常兼，樓孤則晚晴專屬。我陪使君登此，自顧非徐孺子，使君之禮，以余孺子而有加；使君是謝宣城，宣城之詩，今得使君而若接。於時憑樓一望，雪岸之上，叢梅已發；春泥之中，百草亦生。時物又春矣。昔者，屈原見放，漁父問之，告以與時推移，汩泥揚波之道。屈子不從，是違漁父問也。我何敢然，而更作南征，終老江潭哉！

過南嶽入洞庭湖

洪波忽爭道，岸轉異江湖。鄂渚分雲樹，衡山引舳艫。翠牙穿裛蔣，碧節吐寒蒲。病渴身何去，春生力更無。以上「過南嶽」。壞童犁雨雪，漁屋架泥塗。欹側風帆滿，微冥水驛孤。悠悠廻赤壁，浩浩略蒼梧。

帝子留遺恨，曹公屈壯圖。以上「入洞庭」。聖朝光御極，殘孽駐艱虞。
才淑隨廝養，名賢隱鍛鑪。邵平元入漢，張翰後歸吳。莫怪啼痕數，
危檣逐夜烏。八句「過嶽入湖」之感。

　　岳陽城下，岷、澧、湘三江皆會於此。洞庭湖則在郡城西南。將發之際，三江波
浪，爭道而趨，至岸轉，而江與湖始判也。鄂渚在江夏，遠望之，雲樹忽分；衡山在
舟左，遙溯之，舳艫若引。蓋衡山東南二面，臨映湘川。自長沙至此，江湖七百里中，
有九背焉。「帆隨湘轉，望衡九面」〔註8〕是也。舟過南嶽，但見裹蔣穿牙，青蔥拂
棹；寒蒲吐節，碧色迎舟。是百卉逢春，皆有生意。獨我老病，逢春潦倒。既過南嶽，
遂入洞庭。而見田壤之童，早犁雨雪；漁人之屋，低架泥塗。楚地卑濕，壤童漁屋有
如此者。此時風帆拽滿，水驛微茫。隱見武昌間者，赤壁非耶？既入湖，悠悠愈遠。
冥寞蒼梧野者，九疑是耶？已過嶽，浩浩不見。睇蒼梧而弔帝子，遺恨猶留；望赤壁
而笑曹公，壯圖終屈。往事如此。本朝御極方光，有何遺恨；中原尚存殘孽，正須壯
圖。而乃才淑見遺，多隨廝養；名賢失志，半隱鍛鑪。此種瓜邵平，仍還故國；思鱸
張翰，卒返江東。我今亦在廝養、鍛鑪之間，竊比邵平、張翰之跡，危檣獨泛，夜烏
同棲，啼痕不斷，豈無故哉？

過洞庭湖

　　此題舊編未陽後，泥於詩中「回檣」二字也，〔註9〕今移於此。
蛟室圍青草，龍堆隱白沙。護隄盤古木，迎櫂舞神鴉。四句「洞庭湖」。
破浪南風正，回檣畏日斜。湖光與天遠，直欲泛仙槎。四句「過」。

　　洞庭湖有射蛟浦，為伏飛斬蛟之所，而青草湖圍於其外。洞庭湖有龍堆，舊置白
沙驛於此，而龍堆即隱於其間。而況古木護隄，盤盤何密；神鴉舞櫂，陣陣如迎。湖
異矣。此處有洪波爭道，破浪往者，直南風之正；此處岸轉而分江湖，回檣行者，緣
畏目之斜。遙望湖光，與天俱遠。乘槎之興，我終遂哉！○「迎櫂舞神鴉」，必得食
而舞。唐人張裕《長沙》詩「木客提蔬束，江烏接飯丸」〔註10〕；熊孺登《董監廟》

〔註8〕（北魏）酈道元《水經注》卷三十八《湘水》：「故漁者歌曰：『帆隨湘轉，望
　　　　衡九面。』」
〔註9〕《補注杜詩》卷三十六《過洞庭湖》：
　　　　鶴曰：「詩云『破浪南風正，回檣畏日斜』，既曰『回檣』，又曰『南風』、『畏
　　　　日』，則非大曆四年春自岳之潭經洞庭時作，當是大曆五年自湖南歸襄陽時之
　　　　作。」
〔註10〕（唐）張祜《張承吉文集》卷一《送韋整尉長沙》。

詩「神烏慣得商人食，飛趁征帆過蠡湖」〔註11〕；孫光憲《竹枝詞》「商女經過江欲暮，散拋殘食飼神鴉」〔註12〕等句可證。「畏日」，夏日也。《左傳》：「趙盾，夏日之日。」〔註13〕《註》曰「夏日可畏」，即公祖杜預注。

宿青草湖

洞庭猶在目，青草續為名。二句「青草湖」。宿槳依農事，郵籤報水程。二句「宿」。寒冰爭倚薄，雲月遞微明。湖雁雙雙起，人來故北征。四句「宿」時情景。

洞庭猶在，又是青草湖，一湖中有兩湖。南名青草，北名洞庭，是青草湖之名續洞庭為之耳。湖中有洲，洲上有田，有田則有農事，我之宿槳，依農事而已。湖上有驛，驛次有夫，有夫則有更籌，是岸上郵籤，若為我報水程也。宿槳所依處，寒冰因而爭倚薄；郵籤所報時，雲月因而遞微明。所可感者，湖邊春雁，咸動歸思，雙雙群起，向北飛去。顧我方南征也，雁卻北歸，豈緣我之南征，故意以北征傲我耶？

宿白沙驛 公自注：「初過湖南五里。」

水宿仍餘照，人煙復此亭。驛邊沙舊白，湖外草新青。四句「白沙驛」。萬象皆春色，孤槎自客星。隨波無限好，的的近南溟。四句「宿驛」之感。

水宿多矣，落照如故；人煙徧矣，又到此亭。地名白沙，驛邊之沙，不改舊白；湖南初過，湖外之草，猶見新青。春色固不止此。即此而觀，萬象已呈。萬象雖則如此，其如客子終年自泛！此去隨波，無限好景，月光的的，不已直逼南溟哉！○「的的」是月，宋之問《寒宵引》「明月的的寒潭中」〔註14〕。

上水遣懷

由岳之潭，溯洄而上。一路上水，舟行最艱。合下數章，皆寫舟行之險。

我衰太平日，身病戎馬後。蹭蹬多拙為，安得不皓首。驅馳四海內，童稚日嗷口。但遇新少年，少逢舊親友。低顏下色地，故人知善誘。後生血氣豪，舉動見老醜。窮迫挫囊懷，常如中風走。一紀出西蜀，

〔註11〕《全唐詩》卷四百七十六。

〔註12〕（明）高棅《唐詩品彙》卷五十四《七言絕句九》。

〔註13〕《左傳・文公七年》。

〔註14〕（唐）宋之問《宋之問集》卷上《冬宵引》。

於今向南斗。孤舟亂春華，暮齒依衰柳。以上「上水」之故。冥冥九疑葬，聖者骨已朽。蹉跎陶唐人，鞭撻日月久。中間屈賈輩，讒毀竟自取。鬱沒二悲魂，蕭條猶在否。以上「上水」之懷。嶕峣清湘石，逆行雜林藪。篙工密逞巧，氣若酣杯酒。謳謳互激遠，回斡明授受。善知應觸類，各賴穎脫手。古來經濟才，何事獨罕有。以上實敘「上水」之事。蒼蒼眾色晚，熊掛玄蛇吼。黃罷在樹顛，正為群虎守。羸骸將何適，履險顏亦厚。庶與達者論，吞聲混瑕垢。八句「遣懷」之指。

時平而我衰者，都緣戎馬之餘，多病使然耳。謀生又拙，能不皓首？跋涉雖徧，餬口為艱。而況新進日生，老成都謝，惟有低顏向人耳。其在故人，憐我困頓，時有善誘之詞。若彼後生，見我老醜，反有凌人之氣。因而窮迫日甚，囊懷遂阻，奔走四方，何異伯通，病狂中風，自捐盛時乎！入蜀以來，周一紀矣。今往覃州，孤舟凌亂於春華，暮齒依棲於蒲柳。因歎有虞至聖，骨朽九疑；何況陶唐後人，摧殘已久。其為衰老，不亦宜哉！此地忠如屈原，賢如賈誼，一朝被讒，賚志隕命。兩人悲魂，蕭條不見，我今放逐流離，亦猶屈之行吟、賈之壽命難延耳。於是上水，嶕峣之石見，而湘水之清益急矣；林藪之路迷，而逆行之筏難施矣。乃篙工偏於此試奇。其「密逞巧」也，意氣之壯，「若酣杯酒」；其「互激遠」也，回斡之機，亦「明授受」。篙工於此，真有不動聲色，波瀾老成，嘯歌自得，成竹在胷者。是蒿工之經濟也。善知者誠觸類以推之，他事莫不有穎脫之機。而古來經濟之手，如操舟者，何獨罕有？彼世路之險，有甚於水。不見熊噬蛇，罷搏虎，抱此羸軀，而曰我能履之，顏其厚與？惟達者知幾，隱忍自安，與俗浮沉而已。○公杜氏墓誌稱「統系伊邵，分姓唐杜」〔註15〕，《送唐使君》云「與君陶唐後」〔註16〕。「陶唐人」，公自謂也。

解憂

減米散同舟，路難思共濟。向來雲濤盤，公自注：「雲濤盤，灘名。極為險阻。」眾力亦不細。呀坑瞥眼過，飛艫本無蔕。得失瞬息間，致遠宜恐泥。以上言操舟。百慮視安危，分明囊賢計。茲理庶可廣，拳拳期勿替。以上言為國。

同舟有共濟之義，我減米而濟其饑，斯遇險而得其力。猶憶向來雲濤盤之險，眾

〔註15〕《杜詩詳注》卷二十五《唐故萬年縣君京兆杜氏墓誌》：「其先系統於伊祁，分姓於唐杜。」
〔註16〕《杜詩闡》卷三十《敬寄族弟唐十八使君》。

力回幹，其功不小。所以呀坑之中，瞥眼而過，若不經意者然。然此飛艭，無蒂可恃，為得為失，只瞬息間。過此誠為僥倖，猶恐致遠不能。假使一泥，將如之何？所為減米散舟，還期共濟也。豈獨行舟，百慮皆然。囊賢計事，分明不爽。苟能廣操舟之理，計安慮危，拳拳勿忘，天下又何事不可理哉？○古之善為國者，善操舟者也。故於風波震撼中，無傾檣摧楫之患。後之不善為國者，不善操舟者也。舟楫之具不裕於前，共濟之計不圖於後，此何待狼頭鹿角之險然後變色？安瀾順流，識者已抱傾覆之慮。公於《上水》後，復作此章，名曰《解憂》，正憂之至也。

湘夫人祠

《檀弓》曰：「舜葬蒼梧之野，三妃未之從也。」陳澔《注》曰：「舜長妃娥皇，次妃女英，三妃癸比。從堯而言，皆謂帝子。從舜而言，皆謂之妃。其曰湘君、湘夫人者，後人從湘起見，以水神尊之。」

蕭蕭湘妃廟，空牆碧水春。蟲書玉佩蘚，燕舞翠帷塵。四句「祠」。**晚泊登汀樹，微馨借渚蘋。蒼梧恨不淺，染淚在叢筠。**四句登「祠」之感。

　　蕭蕭然，入焉思敬者。此湘妃廟，繚以空垣，但對碧水春耳。玉佩猶懸，蟲書成蘚；翠帷還掛，燕舞飄塵。乘此晚泊登汀，薦蘋將敬，因歎湘妃何為有此廟。蓋由大舜陟方，二妃從征，溺於湘江，為恨不淺。所由竹上淚痕，斑斑未滅。後人立祠於此，志憑弔云。

祠南夕望

百丈牽江色，孤舟泛日斜。興來猶杖屨，目斷更雲沙。四句「夕望」。**山鬼迷春竹，湘娥倚暮花。**二句「夕望」之景。**湖南清絕地，萬古一長嗟。**二句「夕望」之感。

　　入潭上水，牽用百丈，江色隨之逶迤。所以孤舟泛日，直至日斜，湘祠始北望也。昨登杖屨，餘興猶賒。無奈極目、雲沙已斷何！雖碧水空牆，猶在目中，乃翠帷玉佩，杳不可見。此際叢叢春竹，山鬼應迷；娟娟暮花，湘娥空倚。只因二妃泣望蒼梧，恨不得從，故春而迷，暮而倚，無時不思君王，情有如是者。彼湖南湘水，清絕愁人。自南巡至今，萬古長嗟，有如一日，夕望何能為情矣。

宿鑿石浦

早宿賓從勞，仲春江山麗。飄風過無時，舟楫不敢繫。回塘澹暮色，日沒眾星嘒。缺月殊未生，青燈死分翳。八句「宿浦」。**窮途多俊異，亂**

世少恩惠。鄙夫亦放蕩，草草頻卒歲。斯文憂患餘，聖哲垂彖繫。六句「宿浦」之感。

　　此行早宿，為同舟之賓從勞，思休息之耳。當此仲春，江山明麗，幸而早宿，可供遊覽。無奈飄風無常，維舟未穩，因舍名勝，進泊回塘。此回塘上，暮色已淡，日沒矣，星嘻矣；月魄未生，燈光半死矣。處此窮途，亦有俊異。只因世亂，到處寡恩，況鄙夫如余者，放浪餘生，何求之有，不過草草卒歲已耳。夫窮途為憂患之途，亂世為憂患之世。斯文未喪，多出憂患。古人憂患作《易》，如《彖》、《繫》一書，文王不蒙難，孔子非莫容，則此書亦不傳。今處亂世，值窮途，俊異固聖哲之倫，鄙夫亦斯文之徒也。賓從雖勞，亦可自遣夫。

早行

歌哭俱在曉，行邁有期程。孤舟似昨日，聞見同一聲。四句總起。飛鳥數求食，潛魚亦獨驚。前王作罟網，設法害生成。四句寓言。碧藻非不茂，高帆終日征。干戈未揖讓，崩迫開其情。四句「早行」之感。

　　夫人一日所遇，可歌可哭，尚未有定。然歌哭交集之會，皆在曉也。所以及期早行，不敢少懈。即孤舟之行，無異昨日，因知所聞見者，歌哭同此一聲耳。彼林有飛鳥，在曉求食，知不免於網；水有潛魚，在曉獨驚，知不免於罟。夫網罟之設，本前民用，豈知網罟設而鳥不安於上，魚不安於下，一若設法以害生成者。弧矢毒民，何以異是？然則世事之可歌哭者何限哉！顧此舟次，碧藻可玩，高帆自征。緬想陶唐時，熙熙揖讓，天下不見兵革。今日干戈載道，揖讓未還，崩迫之情，開而未釋，孰為可歌，孰為可哭，真有在曉俱集者。○《蕭太傅辭奪禮表》：「不勝崩迫之情。」〔註17〕「崩迫」二字，正是哭意。

過津口

南嶽自茲近，湘流東逝深。和風因桂棹，春日漲雲岑。四句至「津口」。回道過津口，而多楓樹林。白魚困密網，黃鳥喧嘉音。物微限通塞，惻隱仁者心。六句感物。甕餘不盡酒，卻有無聲琴。聖賢兩寂寞，渺渺獨開襟。以「通塞」意結。

　　南嶽在前而漸近，湘流東逝而彌淡矣。桂棹悠悠，和風自引；雲岑靄靄，春日俱

〔註17〕《杜工部草堂詩箋》卷三十七《早行》：「開放此情懷，於終日征行之間也。」
　　　　《蕭太傅辭奪禮表》：『不勝崩迫之情。』」
　　　　按：《文選》卷三十九任昉《啟蕭太傅固辭奪禮》：「不任崩迫之情。」

浮。遂回道而過津口,有罹網之困魚;過津口而經楓林,有矢音之好鳥。困密網者何其塞,矢嘉音者何其通。以魚鳥之微,有通塞之異。仁者處此,能無惻隱?是必使困密網者亦喧嘉音而後快也。夫有通有塞,必使物各得所者,仁者之處物;何通何塞,自然無入不得者,達人之處己。即如酒未盡,我情適矣;琴無聲,我情鬱矣。是亦通塞之微異者。此時不盡之酒,清聖濁賢;琴既無聲,與俱寂莫。開襟無悶,又何通塞係懷之有?

次空靈岸

沄沄逆素浪,落落展清眺。幸有舟楫遲,得盡所歷妙。空靈霞石峻,楓栝隱奔峭。青春猶無私,白日亦偏照。以上「次空靈岸」。可便營我居,終焉託長嘯。毒瘴未足憂,兵戈滿邊徼。向者留遺憾,恥為達人誚。回帆覬賞延,佳處領其要。八句「次空靈」之懷。

　　我由岳之潭,一路上水,皆迎浪也。沄沄然,風微波縐。雖則迎浪,天空江闊,得以展我清眺焉。夫舟楫無取乎遲,惟欲展清眺,而適迎素浪。舟楫不期遲而自遲,所歷之妙,得以盡供清眺。所歷之妙何在?在此空靈岸耳。霞石峻峭,楓栝蔽虧。上水以來,別一天地。夫所歷之妙,青春無私;乃展眺之餘,白日偏照。豈非境為天闕,遂覺日月亦私乎?卜居遣興,瘴毒何憂。旅人即次,終悲戎馬。年來轍迹,見笑達人。今休矣。對此空靈,會當窮極其妙,必在回帆日也。

宿花石戍

午辭空靈岑,夕得花石戍。岸疏開闢水,木雜古今樹。地蒸南風盛,春熱西日暮。以上「花石戍」。四序本平分,氣候何回互。茫茫天造開,理亂豈恆數。四句開說。繫舟盤藤輪,杖策古樵路。二句「宿」。罷人不在村,野圃泉自注。柴扉雖蕪沒,農器尚牢固。山東殘逆氣,吳楚守王度。誰能叩君門,下今減征賦。以上時事。

　　由空靈南至湘潭,有花石戍,即花石城也。午辭於彼,夕宿於此,而見此花石戍處。岸之所疏,猶是開闢之水;木之雜處,無非古今之樹。惟是風競氣蒸,春熱不解,此亦氣候使然。夫氣候固南北不同,理亂豈古今異數。苟有人以轉移之,理亂之數,何定之有?我繫舟藤輪,策杖樵路,但見空村幾處,逃亡者多;圃蔬不生,泉流空注。顧此柴扉,雖無在者,幸而農器尚未為兵。當此山東、河北還留逆孽之餘,三湘、五湖猶是恪共之地。然征役調遣,勢所難免。又賦稅輸輓,半賴江南。乃朝廷青苗榷酤諸稅,使者相望於道,是民不死於兵,亦死於賦。誰能叩闕下,令減賦,甦此一方民也!

早發

有求常百慮，斯文亦吾病。以茲朋故多，窮老驅馳並。四句「早發」之由。早行篙師怠，席掛風不正。昔人戒垂堂，今則奚奔命。四句篙師不早發。濤翻黑蛟躍，日出黃霞映。煩促瘴豈侵，頹倚睡未醒。僕夫問盥櫛，暮顏覷青鏡。隨意簪葛巾，仰慚林花盛。側聞夜來寇，幸喜囊中淨。艱危作遠客，干請傷直性。以上寫「早發」情事。薇蕨餓首陽，粟馬資歷聘。賤子欲適從，疑誤此二柄。四句直寫不欲干請。

　　凡有求於人而恐不應，則百慮紛然，必託斯文以達。念及於此，斯文之達，亦我所疾病者。故朋輩雖多，不欲干請；並日驅馳，有所不惜。其如篙師不知我意，偏怠早行何！其怠早行者，恃有風利耳。乃帆雖掛而風不正，則難免於危。垂堂之戒謂何？使我無處奔命哉！不見黑蛟翻浪，黃霞蒸日？忽焉煩促者，瘴欲侵也；兀然頹倚者，睡未醒也。何心問盥櫛之事，何顏對青鏡之中，何意上葛巾之簪，何興仰林花之盛。惟是喜囊中之淨盡，不憂寇來；任世路之艱危，遂其直性。古固窮而無求者為夷、齊，采薇甘餓；古不能固窮、事干請者如蘇、張，憑軾歷遊。二者何去何從？使人疑誤以為夷、齊，何不餓首陽？以為蘇、張，未嘗資歷聘。亦惟安窮途，絕干請，雖不為夷、齊，亦庶免於蘇、張之誚而已。

次晚洲

參錯雲石稠，坡陀風濤壯。晚洲適知名，秀色固異狀。棹經垂猿把，身在度鳥上。擺浪散帙妨，危沙折花當。以上寫「晚洲」之險。羈旅暫愉悅，羸老反惆悵。中原未解兵，我得終疏放。四句「次洲」之感。

　　此何地耶？雲石參錯，而坡陀洲上，風濤甚壯也。或曰是晚洲，晚洲不傳，因今日所次得名，其秀色固然異狀云，於時春水漲，而船所經者高，故棹之所過，垂猿之手，可接而把；身之所在，飛鳥之度，反出其下。恍惚在雲石間也。風濤之壯何如？浪壟而書帙皆翻，致妨展玩；沙危則折花當識，以示行人。其險如此，有何愉悅？夫亦羈旅聊遣我情耳。乃念及羸老，又添惆悵。我所思兮在中原，中原之兵未解，曰歸之期何日？將終老江上，長為疏放之人而已。○唐人張承吉詩云「折花當驛路」〔註18〕，恐忘驛路，故折花記之。此曰「危沙折花當」，恐人不知沙險，亦折花記之。「當」字用法正同。

〔註18〕《樂府詩集》卷八十張祜《穆護砂》。

發白馬潭

水生春纜沒，日出野船開。宿鳥行猶去，叢花笑不來。四句「發白馬潭」。
人人傷白首，處處接金杯。莫道新知要，南征且未廻。四句「發」之故。

　　水生沒纜，舟已難維。日出滿江，纜宜速解。況宿鳥成行，出林都去；叢花薄
倖，笑我不來。我不發何為？蓋白首之人，何人不惜；金杯之酒，到處有之。潭上主
人，雖曰新知，但我南棹未有回期，豈以新知滯我南征也？

遣遇

罄折辭主人，開帆解洪濤。春水滿南國，朱崖雲日高。舟子廢寢食，
飄風爭所操。我行匪利涉，謝爾從者勞。以上行舟。石間採蕨女，鬻菜
輸官曹。丈夫死百役，暮返空村號。聞見事略同，刻剝及錐刀。貴人
豈不仁，視汝如莠蒿。索錢多門戶，喪亂紛嗷嗷。奈何點利徒，漁奪
成逋逃。以上舟行所「遇」。自喜遂生理，花時賃綵袍。二句「遣」。

　　我今辭主人，又南征矣。開帆之際，便駕洪濤。駕洪濤，而南國之春水滿矣。潭
州丹崖，恍然在前。開帆行，而舟子之寢食廢矣。湖上飄風，莫不競取。舟行如此，
似以我為利涉者。然豈知其非而爾勞空費耶！夫我行非利涉，猶可言也。喪亂死多門，
不可言也。彼石間有女，採蕨供餐，鬻蔬輸稅。夫死百役，暮投空村。豈獨此女，當
此賦役煩苦，虎狼載道，何吏不殘？何處可免？剝民則錐刀必悉，刈民則貴人寡恩，
況索錢不一，門戶甚多。當時諸道稅錢，如鹽鐵、轉運、括苗、榷酤，名色種種，民
何以堪！點吏侵奪，戶口逃亡，大率江上空村，石間寡婦耳。睹此喪亂，我行雖非利
涉，猶喜生理得遂。及此花時，可無斗酒，為孫濟之賃袍？亦差快矣！

野望

納納乾坤大，行行郡國遙。雲山兼五嶺，風壤帶三苗。野樹侵江闊，
春蒲長雪消。六句「野望」。扁舟空老去，無補聖明朝。公自注：「服虔曰：
『嶺有五，因以為名。』交趾、合浦，果有此嶺。」○二句是歎。

　　乾坤之內，納納何多；郡國之中，行行難徧。所以到處雲山，兼有五嶺；各方風
土，遠帶三苗。至若江邊老樹，雪後春蒲，豈有棟梁之材，不過早彫之物。我猶是也，
自傷老去，無補聖朝。扁舟泛泛，稅駕何途哉！

入喬口公自注：「長沙北界。」

漠漠舊京遠，遲遲歸路賒。殘年傍水國，落日對春華。樹蜜早蜂亂，

江泥輕燕斜。六句「入喬口」之情景。賈生骨已朽，悽惻近長沙。結出長沙北界。

我今身愈南，舊京愈遠。舊京遠，歸路愈賒矣。夫江南卑濕，少年居此，猶恐壽命不長。以殘年而傍水國，何以堪此！況春華雖好，落日對之，何能久哉！不見木蜜懸而蜂喧，蜂得氣於春華如此。殘年似我，不如蜂也。塗泥融而燕舞，燕得志於春華如此。殘年似我，不如燕也。昔年賈生，遠謫長沙，齎志而歿，其骨已朽。我獨何人而至是，恐賈生老於長沙，我不得歸舊京。其為悽惻，今古同情耳。

銅官渚守風

不夜楚帆落，避風湘渚間。二句題面。水耕先浸草，春火更燒山。二句楚俗。早泊雲物晦，逆行風浪慳。二句實寫「守風」。飛來雙白鶴，過去杳難攀。以託興結。

我舟行未夜，楚帆隨落者，為避風，暫泊此湘渚間耳。湘渚人家，其耕種與西北異。未耕之先，燒草下水，名為水耕。故先浸草。浸草矣，更燒山。楚俗：旱則焚山以致雨。春火所不免耳。我守風所見如此。自幸早泊，雲物已晦；雖欲逆行，波浪甚慳。人守風也，鶴則異是，飛來過去，杳渺難攀。猶是風也，鶴偏得之而高舉，人不如鶴哉！

北風 公自注：「新康江口，信宿方行。」

春生南國瘴，氣待北風蘇。二句總。向晚霾殘日，初宵鼓大鑪。爽攜卑濕地，聲拔洞庭湖。萬里魚龍伏，三更鳥獸呼。六句風勢。滌除貪破浪，愁絕付摧枯。執熱沉沉在，臨寒往往須。且知寬肺疾，不敢恨危塗。六句應「氣待北風蘇」。再宿煩舟子，衰客問僕夫。今晨非盛怒，便道即長驅。隱几看帆席，雲山擁坐隅。以上信宿即行。

南國之瘴，當春即有。計此時必得北風，瘴氣方蘇。乃風來有候，昨已霾矣；風來有漸，宵復鼓矣。忽焉，卑濕之地，爽氣徐攜；洞庭之湖，其聲如拔。湖拔而魚龍偃伏，聲驅而鳥獸交呼。北風之烈如此。此時瘴氣，賴其滌除，即破浪而不惜。此時阻風，雖則愁絕，付摧拈而聽之。蓋以執熱之際，正須凌寒之風。但貪肺疾得寬，又何危途足慮。此昨宵信宿，煩舟人之停泊。乃肺氣已蘇，向僕夫而躊躇。若曰今晨之風，苟不盛怒，前途之便，遂可長驅。於焉隱几舟中，看來帆之片片；俄焉雲山起伏，向坐隅而層層。風必止矣，可以行矣。

卷三十二

自潭之衡復回潭詩^{大曆三年}

詠懷　二首

人生貴是男，丈夫重天機。未達善一身，得志行所為。四句包兩章。嗟余竟轗軻，將老逢艱危。二句承上起下。胡雛窺神器，逆節同所歸。河洛化為魚，公卿草間啼。西京復陷沒，翠蓋蒙塵飛。萬姓悲赤子，兩宮棄紫微。倏忽向二紀，奸雄多是非。本朝再樹立，未及貞觀時。日給在軍儲，上官督所司。高賢迫形勢，豈暇相扶持。疲薾苟懷策，棲屑無所施。先王實罪己，愁痛正為茲。以上敘玄、肅兩朝治亂，正「轗軻」、「艱危」之故。歲月不我與，蹉跎病於斯。夜看鄜城氣，回首蛟龍池。齒髮已自料，意深陳苦辭。六句「詠懷」之指。

　　人生貴為男子，以其丈夫耳。乃丈夫又重天機，以出處合宜，可獨善，可兼善也。我則何如？計我一生，以為未達，曾拜拾遺，次除幕職；以為得志，諫垣旋出，幕府不終。以為行所為，既不能展稷、契之志；以為善一身，則又憂時念亂，不忍嘿嘿。是「未達善一身，得志行所為」，至我兩者俱無。所以然者，賦命轗軻，所歷艱危也。當祿山叛亂，逆節之人相為附和，東京陷而公侯虜，西京沒而翠華飛，萬姓罹殃，兩宮出走。至今將向二紀，姦雄反覆，是非尚未有定。今上起艱危，東征西討，恢復社稷，宜乎能致中興。乃其樹立不及貞觀者，蓋因軍儲疲於供給，有司困於上官。豈無高賢，迫於形勢，不能展布，以扶持國難，徒懷策莫施而已。當貞觀年間，先皇

時時罪己，憂民孔亟，正為此耳。我自出諫垣來，歲月條忽，江湖老病。夜看鄷城，劍氣尚燭斗牛；回首舊水，蛟龍猶餘雲雨。奈齒髮既衰，自料不能復有為於世，聊陳苦辭，以告當事。雖不能行所欲為，猶不止獨善一身哉！

邦危壞法則，聖遠益愁慕。承上貞觀說入。飄飖桂水遊，悵望蒼梧暮。潛魚不銜鉤，走鹿無反顧。皦皦幽曠心，拳拳異平素。衣食相拘閡，朋知限流寓。風濤上春沙，十里浸江樹。逆行少吉日，時節空復度。井竈任塵埃，舟航煩數具。牽纏加老病，瑣細隘俗務。萬古一死生，胡為足名數。多憂汙桃源，拙計泥銅柱。未辭炎瘴毒，擺落跋涉懼。虎狼窺中原，焉得所歷住。以上歷敘南征之苦。葛洪及許靖，避世常此路。賢愚誠等差，自受合馳騖。羸瘠且如何，魄奪鍼炙屢。擁滯僮僕悁，稽留篙師怒。終當掛帆席，天意難告訴。南為祝融客，勉強親杖屨。結託老人星，羅浮展衰步。以上之衡訪道，是「詠懷」之指。

　　貞觀之治未復而致危者，因壞祖法也。法何以壞？由於聖王已遠也。所以慕而愁，愁而慕。愁慕兼併，不能自己。湘水自灕江下，為桂水，蒼梧為舜崩處。我愁慕之情託諸此，而歎我生已晚，重華不見也。彼魚之銜鉤者不潛，潛魚則不銜；鉤鹿之伏處者反顧，走鹿則無反顧。不銜鉤，無貪餌之心；無反顧，有長往之意。我其似此耶？雖皦皦之心，未改幽曠；乃拳拳之念，已異平昔。所以然者，衣食拘牽，朋知曠絕耳。於是涉春濤，上春沙，沿江樹之茫茫，雖逆行而不顧。豈惟吉日不暇擇，即佳節，亦往往空度也。井竈塵埃，即次靡託；舟航數具，行邁靡常。加以老病支離，俗務紛沓，且委心於萬古，何死生之足數。彼桃源固忘世者所託，多憂則汙而非倫；銅柱豈窮途者所遊，計拙則泥而思往。雖南征愈遠，瘴毒難辭，庶駐足有期，跋涉可息。無奈中原多故，虎狼未清，我之所歷，即銅柱豈能稅駕哉？古有葛洪，曾求丹砂為勾漏令；古有詐靖，曾避董卓之難而走交趾。是銅柱之泥不獨我。然我將為葛洪、許靖乎？誠恐賢愚等差，徒然馳騖耳。自傷羸瘠之軀，屢邀鍼炙之術。因茲擁滯，僮僕亦悁；為此稽留，篙師亦怒。終當掛帆前去，行止聽天。遙望衡山，有祝融峰，董鍊師在焉。是亦葛洪、許靖之徒，我將策杖往親，庶幾結託老人之星，展衰步於羅浮山上。則今日桂水之遊為不虛。所謂「人生貴是男，丈夫重天機」者，終得所皈依矣。

望嶽

南嶽配朱鳥，秩禮自百王。歘吸領地靈，鬱洞半炎方。四句南嶽。邦家用祀典，在德非馨香。巡狩何寂寥，有虞今則亡。四句懷古。泊我隘世

網，行邁越瀟湘。渴日絕壁出，漾舟清光旁。祝融五峰尊，峰峰次低昂。紫蓋獨不朝，爭長櫱相望。恭聞魏夫人，群仙夾翱翔。有時五峰氣，散風如飛霜。牽迫限修途，未暇杖崇岡。歸來覲命駕，沐浴休玉堂。以上「望嶽」。三歎問府主，曷以贊我皇。牲璧忍衰俗，神其思降祥。挽「祀典」等句結。

　　朱鳥為南方之宿，南嶽配焉。秩祀之典，厥惟舊哉！其氣呼吸，領地脈之靈；其體盤薄，踞炎方之半。乃邦家祀典，則在德，不在物。粵稽有虞氏，曾南巡至此。我今來衡，既不及有虞氏時恭逢盛典，徒苦世網不容，棲遲行邁，夫豈得已！於時仰眺旱日，灼爍壁上；俯睇清光，蕩漾湘中。其間五峰，祝融為尊。故諸峰南向，朝於祝融者，低昂相次。其中紫蓋一峰，勢轉東去，與祝融若相爭長。所見如此。所傳聞者，晉魏舒女封為南嶽夫人。群仙夾侍，翩州之際，能使五峰暑氣風散如霜。庶几杖策岡巔，休憩堂內，資清冷，避炎蒸。惜乎前途牽迫，限此登陟。彼衡山府主，有嶽瀆之職。今日我皇為有虞之君，雖望秩巡狩之典不行，而封內山川，則府主之事。其惟敬脩祀典，以勸我皇。但格神在德，不在牲璧。況此衰俗，重費我民，神其忍諸？我知衡山之神憫哀俗，降休祥，所必然者。府主勉乎哉！○府主，衡州太守也，非嶽神。嶽神自稱神。若既以嶽神為府主，結句又曰「神其思降祥」，公詩不應如此。

清明　二首

朝來新火起新煙，湖色春光淨客船。二句「清明」。翠羽衝花他自得，紅顏騎竹我無緣。胡童結束還難有，楚女腰肢亦可憐。四句託諷。不見定王城舊處，長懷賈傳井依然。二句懷古。虛霑焦舉為寒食，實藉君平賣卜錢。鍾鼎山林各天性，濁醪粗飯任吾年。四句自述。

　　季春出火，是為新火。但見客船左右，湖色與春光交淨。有新燕焉，衝花自得，亦他自得耳。有少年者，騎竹為樂，我則無緣也。彼「紅顏騎竹」之流，即「胡童結束」者是，殊為「難有」；「翠羽衝花」之侶，即「楚女腰肢」者是，亦覺「可憐」。我意則懷古耳。當年漢景帝子封長沙，為定王，賈誼為傳。其廟有井，今定王城猶在否？富貴亦無常矣。賈誼井依然否？明德信不泯也。我作客江潭，旅食不絕，雖焦舉之為寒食，不禁人火，我無米可炊，亦虛霑其惠。惟是君平賣卜之錢，旅人囊澀，實欲藉此以為杖頭資。人莫不慕鍾鼎，亦誰樂居山林。二者所賦，各有天性。所以燭醪粗飯，任我殘年。「翠羽衝花」，信乎他自得；「紅顏騎竹」，信乎我無緣哉！○「騎竹」，騎竹馬也。

此身飄泊苦西東，右臂偏枯半耳聾。寂寂繫舟雙下淚，悠悠伏枕左書空。四句自傷。十年蹴踘將雛遠，萬里鞦韆習俗同。旅雁上雲歸紫塞，家人鑽火用青楓。秦城樓閣煙花裏，漢主山河錦繡中。風水春來洞庭闊，白蘋愁殺白頭翁。八句他鄉之感。

　　東西漂泊，久聽此身。所傷心者，老病支離，臂枯耳聾耳。寂寂繫舟，耳不雙聞，而淚則雙落。悠悠伏枕，右臂既枯，則左臂書空。回首長安，每年清明日置打毬之宴，蹴踘是也；寒食節競築鞦韆，戲笑為樂，半仙之戲是也。我十年漂泊，將雛遠方，久不見長安蹴踘之盛。惟萬里他鄉，所見鞦韆風俗，處處相同耳。今日旅雁上雲，已歸紫塞。人獨他鄉，家人鑽火，亦用青楓，歎非我土。遙望秦城樓閣，杳渺煙花；漢主山河，迷離錦繡。其如洞庭愈闊，長安終遠，白頭流落，無日首丘何！

客從

客從南溟來，遺我泉客珠。珠中有隱字，欲辨不成書。緘之篋笥久，以俟公家需。應首二句。開視化為血，哀今征斂無。應次二句。

　　客從何處來？從南溟來。其遺我者，有鮫人所泣之珠。珠中有字，隱隱難辨。夫亦緘諸篋中，俟公家用耳。今公家稅及商錢，須此正急，乃開緘而視，已化為血。夫珠本鮫淚，原血所化，今還為血，血何以應徵斂。豈知今日征斂，莫非民血哉？

發潭州

夜醉長沙酒，曉行湘水春。二句「發潭」。岸花飛送客，檣燕語留人。二句「發潭」之景。賈傳才未有，褚公書絕倫。名高前後事，回首一傷神。四句「發潭」之感。

　　我到潭未久，今晨又發。美酒芳春，信宿即去，何汲汲哉！不見發潭時，送客者有岸花？送客惟岸花，潭州尚有岸花耳。留人者有檣燕。留人惟檣燕，潭州不過檣燕耳。庶幾古人當年謫長沙者有賈誼，其才獨步；左遷潭州者有褚遂良，其書絕倫。回首潭州，無可傷神。傷神惟為二公，潭州所以急發也。○花何送客，燕何留人，此如《楚辭・河伯》一篇「波滔滔兮來迎，魚鄰鄰兮媵予」之意。蓋言波猶迎，魚猶送，相形以見君恩之薄。即公云然，潭州之人情可知。

雙楓浦

輟棹青楓浦，雙楓舊已摧。二句「雙楓浦」。自驚衰謝力，不道棟梁材。二句寓感。浪足浮紗帽，皮須截錦苔。江邊有地主，暫借上天迴。四句

俱比擬之詞。

　　潭之瀏陽縣有雙楓浦，我輟棹於此，誠念雙楓浦以雙楓樹得名，乃舊已摧矣。摧則衰謝，能無自驚？亦誰復道其未摧前為棟梁材者？頂若紗帽，當浪之高浮焉，僅露其巔；紋若錦苔，其皮之古，截之可以為器。嗟此雙楓，誰為地主，我欲從而假之。雙楓雖摧，為棟梁則老，為仙槎則優，庶幾乘泛天際，依然是棟梁材也。

酬郭十五判官受

才微歲晚尚虛名，酬判官「舊德」句。臥病江湖春復生。酬判官「江湖」句。藥裹關心詩總廢，花枝照眼句初成。酬判官「新詩」、「春興」句。只同燕石能星隕，自得隋珠覺夜明。酬判官「衡陽紙價」句。喬口橘洲風浪促，繫舟何惜片時程。酬判官「蓮葉舟輕」等句。

　　我至衡，判官貽我以詩。判官曰「舊德中朝屬望勞」，我何德之有，又何屬望之有。才微年老，不過虛名尚存耳。判官曰「江湖天闊足風濤」，我豈愛此風濤，惟是臥病江湖，當春復有生意也。判官曰「新詩海內流傳徧」，又曰「春興不知凡幾首」，夫我新詩何足流傳。年來藥裹關心，吟詠久輟，即春興偶然有作，亦只因花枝照眼，不覺移情而有句耳。判官曰「衡陽紙價頓能高」，我思物之賤者，何足貴我之詩，只同燕石，如已隕之星耳。物之真者乃足寶，子之詩乃是隋珠，故照夜乃益明也。判官曰「松醪酒熟傍看醉，蓮葉舟輕自學操」，信如子言，以我能操舟而醉酒，子獨不可掛帆至衡，尊酒論詩乎？況喬口橘洲，風浪甚緊，掛帆到衡，不過片時。子何惜此片時，不惠然過我耶？〔註1〕

衡州送李大夫七丈勉赴廣州

斧鉞下青冥，樓船過洞庭。北風隨爽氣，南斗避文星。四句「送李」。日月籠中鳥，乾坤水上萍。王孫丈人行，垂老見飄零。四句自述。

　　諸侯無專殺，賜斧鉞然後殺大夫。此行為討番禺賊，帥宜有斧鉞之賜，從天下也。於時樓船從青冥來，過洞庭去，蓋將赴廣州耳。方其下青冥也，自北，故北風隨其爽氣，亦見斧鉞之威，當朱夏而兼肅殺。及其過洞庭也，往南，故南斗避其文星，亦見斧鉞之象，有武備而兼文事。下青冥，過洞庭，隨北風，避南斗，幾於叱咤風雲，

〔註1〕（宋）計有功《唐詩紀事》卷二十四《郭受》：受寄子美詩云：「新詩海內流傳困，舊德朝中屬望勞。郡邑地卑饒霧雨，江湖天闊足風濤。杜醪酒熟傍看醉，蓮葉舟輕自學操。春興不知凡幾首，衡陽紙價頓能高。」衡陽出五家紙，又云出五里紙。

指揮天地。大夫臨邊，聲勢燀赫哉！我於日月，偏受拘束，如籠中之鳥；我於乾坤，更覺浮沉，為水上之萍。大夫在朝廷為王孫，於我為丈人行，其亦憐我垂老，念我飄零否？○按：大曆四年，李勉除嶺南節度。其至嶺南在冬，過衡則在夏。時嶺南番帥馮崇道與桂州朱濟時叛逆多年，朝廷遣勉討之。又按：勉好古尚奇。《名畫記》載勉博古多藝，窮精蓄奇。故曰「南斗避文星」。

回棹

　　時公由潭之衡。即「回棹」者，畏炎蒸也。其後又入衡州，避臧玠亂也。或疑公未嘗兩入衡。公《入衡詩》〔註2〕：「昨者間瓊樹」、「毋論再繾綣」。曰「昨」、曰「再」，兩次何疑？

宿昔試安命，自私猶畏天。勞生繫一物，為客費多年。四句「回棹」心事。衡嶽江湖大，蒸池疫癘偏。散才嬰薄俗，有跡負前賢。巾拂那關眼，餅罍易滿船。火雲滋垢膩，凍雨裛沉緜。強飯蓴添滑，端居茗續煎。以上「回棹」之故。清思漢水上，涼憶峴山巔。順浪翻堪倚，回帆又省牽。四句「回棹」。我家碑不沒，王氏井依然。几杖將衰齒，茅茨寄短椽。灌園曾取適，遊寺可終焉。遂性同漁父，成名異魯連。八句「回棹」之事。應「前賢」等句。篙師煩爾送，朱夏及寒泉。以避熱結。

　　我於宿昔，凡榮枯得喪，都委諸命。乃自私其身，則尤畏天。畏天者知此。身為天所付，不欲委諸危地，故勞生不知變化。似乎安命為客，不憚屢遷，無非畏天。今衡嶽之江湖雖大，似可少留；乃蒸池之疫癘則偏，安能久客？為客多年，以散才而嬰薄俗；勞生繫物，更有跡以負前賢。角巾蠅拂，何足縈心？餅罍罍恥，焉用滿載？火雲凍雨，祇攪我心；續茗添蓴，徒亂人意耳。若前賢在漢水、峴山間，如王粲以井傳，我家征南以碑著。今日者，以言清，亦思漢水上；以言涼，亦憶峴山巔。前此上水至衡，猶且不憚；今回棹而下，既有順流之便，又省牽之苦。況我祖之碑尚在，王氏之井依然，從此至襄陽，烏幾藜杖，茅屋短椽，手灌於陵之園，身息東林之寺。自喜遂性，學漁父之入滄浪；何必成名，為魯連之蹈東海。此亦前賢之可追者。然此事非篙師不濟。篙師速回棹，送我至漢水濱、峴山上。雖當朱夏，其為清涼，當有無異於寒泉者。若曰安命而處此蒸池疫癘之鄉，是不畏天也，豈敢然耶？○何晏《景福殿賦》云：「感滌暑之伊鬱，而慮性命之所平。」公起意本此。蓋何賦亦為避暑作也。「灌園」

〔註2〕《杜詩闡》卷三十三。

定對「遊寺」，梁劉慧斐遊匡山，居東林寺。本朱長孺註。〔註3〕「遊意」〔註4〕非。

湘江宴餞裏二端公赴道州

白日照舟師，朱旗散廣川。群公餞邦伯，肅肅秩初筵。四句就餞宴發端。
鄙人奉末眷，佩服自早年。義均骨肉地，懷抱罄所宣。盛名富事業，
無取媿高賢。不以喪亂嬰，保愛金石堅。計拙百僚下，氣蘇君子前。
以上自敘交誼。會合苦不久，哀樂本相纏。交遊颯向盡，宿昔浩茫然。
促觴激百慮，掩抑淚潺湲。熱雲集曛黑，闕月未生天。白團為我破，
華燭蟠長煙。鵾鷄催明星，解袂從此旋。以上餞別。上請減兵甲，下請
安井田。永念病渴老，附書遠山巔。四句正是懷抱罄所宣。

　　端公將赴道州，軍容盛矣。因而群公出郭，共餞端公。鄙人與公，誼忝眷末。往
年佩服有素，故今日恃骨肉之愛，因得罄吐懷抱焉。公負盛名，富於事業；我無足取，
有媿高賢。但我不以喪亂之餘，便嬰於禍，庶幾保愛此身，堅同金石。自傷疇昔居官，
拙於宦達，對百僚而迂疎無策。猶幸今日遇公，得罄所吐，見君子而忼慷欲前。惟是
會晤無常，哀樂倏忽。而況交遊向盡，宿昔茫然。能無對急觴，添別淚也？當此黑月
未吐，絳燭將殘，鵾鷄鳴矣，明星落矣。公解袂，我欲旋矣。乃我欲罄所宣者，豈有
他辭？不過謂道州舊為山賊充斥，邇者賊不入境，若重以屯戍，是民不苦寇，反苦兵。
故願為公進一辭，曰：「上請減兵甲。道州舊四萬戶，經賊以來，不滿四千。民食草
根，茹木皮，若不勝賦稅。近者稍稍存活，若不驅之力農，其何能濟？」故願為公又
進一詞，曰：「下請安井田。」公志兩言，他日奏績，念我老病，附書山巔。勉旃端
公，「懷抱罄所宣」，鄙言盡此矣。

奉送王信州崟北歸

朝廷防盜賊，供給懲誅求。下詔選郎署，傳聲典信州。蒼生今日困，
天子向時憂。井屋有煙起，瘡痍無血流。壞歌惟海甸，畫角自山樓。
白髮寐常早，荒榛農復秋。以上敘前事。解龜踰臥轍，遣騎覓扁舟。徐
榻不知倦，穎川何以酬。塵生彤管筆，寒膩黑貂裘。高義終焉在，斯
文去矣休。以上解任相訪。別離終雨散，行止各雲浮。林熱鳥開口，江

〔註3〕（清）朱鶴齡輯注《杜工部詩集輯注》（河北大學出版社2009年版，第790頁）：
　　　　《南史》：「梁劉慧斐嘗遊匡山，遂有終焉之志。因不仕，居東林寺，於山北
　　　　構園一所，號離垢園。」
〔註4〕《集千家注杜詩》卷十九《回棹》：「灌園曾取適，遊意可終焉。」

渾魚掉頭。尉佗雖北拜，太史尚南留。以上送別。軍旅應都息，寰區要盡收。九重思諫諍，八極念懷柔。徙倚瞻王室，從容仰廟謀。故人持雅論，絕塞豁窮愁。復見陶唐理，甘為汗漫遊。以上勉其入告。

　　往者以信州寇盜，故軍需孔亟，朝廷憂之。計得良二千石，下詔郎署，遂選爾出典其地。顧此信州，此日蒼生困於誅求者，正天子往時欲防其寇盜者也。爾蒞任以來，甦民困，紓主憂，井邑之間，煙火遂起，瘡痍之戶；兵燹無虞。民不苦兵，壤歌者自安海甸；兵不擾民，畫角者自吹山樓。白髮老人，得其休息；荒榛甌脫，行復有秋。信州治矣。今膺內召，訪余舟次。顧爾是劉真長，我非張孝廉；爾是陳穎川，我非徐孺子。乃遣騎覓舟，解懸下榻，我德何薄，爾義難酬。欲賦詩而閣筆經年，思解衣而披喪五月，亦奈之何！夫爾之高義，終不可忘；乃爾之斯文，忽焉已去。別情雨散，蹤跡雲浮。而況時當溽暑，鳥不出林而噫氣，魚猶沉江而掉頭乎！昔者陸賈使粵，尉佗稱臣。爾治信州，蠻獠胥服。是尉佗北拜送爾歸也。我則北歸無日，猶為太史之留滯周南耳。此去兵必盡銷，地無不闢。雖九重之上，還思舊臣；乃八極之人，正念嘉績。爾歸闕後，扶王室，贊廟謨，是故人之正論能持，即我絕塞之窮愁可豁矣。在爾此行，陶唐之化既不難復；在我此後，汗漫之遊亦何惜哉！○夔為信州，地接夜郎、六詔，故有「尉佗」句。時王必由夔出峽，覓公舟次也。

送重表姪王砅評事使南海

我之曾老姑，爾之高祖母。點明「表姪」。爾祖未顯時，歸為尚書婦。隋朝大業末，房杜俱交友。長者來在門，荒年自餬口。家貧無供給，客位但箕帚。俄頃羞頗珍，寂寥入散後。入怪髩髮空，吁嗟為之久。自陳剪髻鬟，鬻市充杯酒。上云天下亂，宜與英俊厚。向竊窺數公，經綸亦俱有。次問最少年，虬頷十八九。子等成大名，皆因此人手。下雲風雲合，龍虎一吟吼。願展丈夫雄，得辭兒女醜。秦王時在坐，真氣驚戶牖。及乎貞觀初，尚書踐台斗。夫人常肩輿，上殿稱萬壽。六宮師柔順，法則化妃后。至尊均嫂叔，盛事垂不朽。以上敘祖姑與尚書起家顛末。鳳雛非凡毛，五色非爾曹。往者胡作逆，乾坤沸螯螯。我客在馮翊，爾家同遁逃。爭奪至徒步，塊獨委蓬蒿。逗留熱爾腸，十里卻呼號。自下所騎馬，右持佩間刀。左牽紫遊韁，飛走使我高。苟活到今日，寸心銘佩牢。亂離又聚散，宿昔恨滔滔。水花笑白首，春草隨青袍。以上敘同患難時。廷評近要津，節制收英髦。北驅漢陽傳，南泛上

瀧舡。家聲肯墜地，利器當秋毫。番禺親賢領，籌運神功操。大夫出盧宋，寶貝休脂膏。洞主降接武，海胡舶千艘。以上奉使南海。我欲就丹砂，跋涉覺身勞。安能陷糞土，有志乘鯨鼇。或驂鸞騰天，聊作鶴鳴皋。以上自言。

　　評事為我表姪者，以我曾老姑即評事高祖母也。相傳我老姑歸爾祖時，時尚未顯。後來竟為尚書婦，豈無故哉？當爾祖貧賤時，隋朝末年，海內大亂，爾祖所交如房、杜諸公，皆賢豪長者，頻來相訪。爾祖此時，餬口不給，安能供客？門庭蕭然，箕帚之外，更無他物。俄而珍羞羅列，不知所自，至客散後，爾祖入室，始怪爾祖母，鬈髮一空，因自陳剪此鬻市，以充杯酒耳。蓋爾祖母謂天下荒亂，宜交英俊，我窺數公，皆經綸才。其中少年，貌虯顏而年十八九者，尤為非常。子與數公，他年功名，皆因此人而立。又言子等既得此人，風雲之會，定須有期。他年雲龍風虎，起而吟嘯，庶展丈夫之雄，一洗兒女之醜。乃爾祖母所云虯顏十八九者非他人，即太宗皇帝為秦王時也。此時在爾祖坐間，真人之氣已逼戶牖。洎乎貞觀初年，秦王登大寶，爾祖陟尚書。只因太宗微時常往來爾祖家，所以貞觀年間，爾祖母亦嘗肩輿入朝，上殿稱壽，六宮為師，后妃咸法，使至尊均叔嫂之稱。爾家世如此。鳳雛五色，非爾而誰？夫爾之家世，固歷歷可考。乃爾之高誼，尤耿耿難忘。當祿山作孽之年，乾坤鼎沸。我在馮翊，與爾同難。劫奪至於徒步，此身已委蓬蒿。賴爾熱腸，驚呼追及。自下所騎之馬以乘我，而又提刀衛我，策馬送我。苟活到今，莫非爾賜。只因亂離之後，聚散無常，宿昔之恩，缺然未報。今日流落至此，蒼蒼白髮，見笑水花；黯黯青袍，常隨春草。幸爾奉使南海，因得話舊。彼節度實要津也。爾為評事，已近要津；又為俊髦，必見收錄。而況廣州節度，親賢如李勉，其運籌必有神功者。昔盧奐、宋璟曾為此地節度，今大夫李勉必能超出其上。雖南海為寶貝區，大夫亮如孔奮，處脂膏不以自潤。以李勉親賢，爾為評事，必使番禺洞主接踵來降，千艘畢集。評事行矣。南海之地，實出丹砂。我有葛仙勾漏之想，無奈跋涉為勞何！然亦安能終陷糞土中，不思乘鯨鼇而直上。苟得丹砂，使身輕舉，縱不乘鯨鼇，或得驂鸞而騰天。不然，亦作鶴之鳴于九皋。評事為五色鳳雛，我不失為九皋鳴鶴。庶不至白首青袍，徒為水花青草所笑也。〇「剪髻鬟」一段，公取材於湛氏截髮，絡秀治具，〔註5〕以況祖姑貧能款客。「上云」、「下云」一段，公取材於

〔註5〕《世說新語‧賢媛第十九》：

　　　陶公少有大志，家酷貧，與母湛氏同居。同郡范逵素知名，舉孝廉，投侃宿。於時冰雪積日，侃室如懸磬，而逵馬僕甚多。侃母湛氏語侃曰：「汝但出外留

山濤之婦竊窺嵇、阮〔註6〕，何無忌之母能識劉裕〔註7〕，以摹寫祖姑賢能有識。至於「子等成名，皆因此人」，公取材於《漢高本紀》老父之謂高祖：「君相貴不可言。向者夫人、兒子之貴，皆以君」，〔註8〕以極言祖姑能識真主。考之《王珪傳》，止母李氏，於房、杜過家時窺之，知其必貴。非珪妻杜氏，且未嘗有秦王在坐事。〔註9〕公詩亦揚厲之詞耳。

客，吾自為計」湛頭髮委地，下為二髮，賣得數斛米，斫諸屋柱，悉割半為薪，剉諸薦以為馬草。日夕，遂設精食，從者皆無所乏。逵既歎其才辯，又深愧其厚意。明旦去，侃追送不已，且百里許。逵曰：「路已遠，君宜還。」侃猶不返，逵曰：「卿可去矣！至洛陽，當相為美談。」侃迺返。逵及洛，遂稱之於羊晫、顧榮諸人，大獲美譽。
又見《晉書》卷九十六《列女列傳·陶侃母湛氏》。

〔註6〕《世說新語·賢媛第十九》：
山公與嵇、阮一面，契若金蘭。山妻韓氏，覺公與二人異於常交，問公。公曰：「我當年可以為友者，唯此二生耳！」妻曰：「負羈之妻亦親觀狐、趙，意欲窺之，可乎？」他日，二人來，妻勸公止之宿，具酒肉。夜穿墉以視之，達旦忘反。公入曰：「二人何如？」妻曰：「君才致殊不如，正當以識度相友耳。」公曰：「伊輩亦常以我度為勝。」

〔註7〕《晉書》卷九十六《列女傳》：
何無忌母劉氏，征虜將軍建之女也。少有志節。弟牢之為桓玄所害，劉氏每銜之，常思報復。及無忌與劉裕定謀，而劉氏察其舉厝有異，喜而不言。會無忌夜於屏風裏制檄文，劉氏潛以器覆燭，徐登橙於屏風上窺之，既知，泣而撫之曰：「我不如東海呂母明矣！既孤其誠，常恐壽促，汝能如此，吾仇恥雪矣。」因問其同謀，知事在裕，彌喜，乃說桓玄必敗、義師必成之理以勸勉之。後果如其言。

〔註8〕《史記》卷八《高祖本紀》：
高祖為亭長時，常告歸之田。呂后與兩子居田中耨，有一老父過請飲，呂后因餔之。老父相呂后曰：「夫人天下貴人。」令相兩子，見孝惠，曰：「夫人所以貴者，乃此男也。」相魯元，亦皆貴。老父已去，高祖適從旁舍來，呂后具言客有過，相我子母皆大貴。高祖問，曰：「未遠。」乃追及，問老父。老父曰：「鄉者夫人嬰兒皆似君，君相貴不可言。」高祖乃謝曰：「誠如父言，不敢忘德。」及高祖貴，遂不知老父處。

〔註9〕《集千家注杜詩》卷十九《送重表姪王砅評事使南海》：
《西清詩話》：「《唐書·列女傳》：『王珪微時，母盧氏嘗云：子必貴，但未見汝與遊者。珪一日引房玄齡、杜如晦過之，母曰：汝貴無疑。』所載止此。質之少陵詩，乃珪之母杜氏，非盧氏也。能識真主於側微，尤偉甚。少陵詩上下詳諦如此，史乃失之。世號詩史，信矣。」《桐江詩話》云：「《西清詩話》辨王珪母姓杜，不姓盧，引少陵詩為證。今觀其詩，不特不姓盧，乃珪之妻，非母也。史氏之訛如此。」《容齋隨筆》云：「觀此詩，疑指王珪。珪相唐太宗，贈禮部尚書。然細考之史，大不合。蔡絛《詩話》引《唐·列女傳》，珪母盧氏識房、杜必貴。質之此時，則珪母乃杜氏也。《桐江詩話》不特不姓盧，

別張十三建封湖南觀察使韋之晉辟參謀

嘗讀唐實錄，國家草昧初。劉裏首建議，龍見在躊躇。秦王撥亂姿，一劍總兵符。汾晉為豐沛，暴隋竟滌除。八句敘文靜之功。宗臣則廟食，後嗣何疎蕪。彭城英雄種，宜膺將相圖。爾惟外曾孫，倜儻汗血駒。六句敘建封為文靜外孫。眼中萬少年，用意盡崎嶇。相逢長沙亭，乍問緒業餘。迺我故人子，童丱聯居諸。揮手漫衰淚，仰看八尺軀。內外名家流，風神蕩江湖。以上敘建封為張玠子。范雲堪結友，嵇紹自不孤。擇材征南幕，潮落回鯨魚。四句「辟參謀」。載感賈生慟，復聞樂毅書。主憂急盜賊，師老荒京都。舊丘復稅駕，大廈傾宜扶。君臣各有分，管葛本時須。雖當霰雪嚴，未覺栝柏枯。高議在雲臺，嘶鳴望天衢。羽人掃碧海，功業竟何如。以上勉其立功。

嘗讀有唐實錄，當國家草昧，首建謀者，劉文靜與裏寂。此時高祖尚在躊躇，秦王手提長劍，親總兵符。兵起晉陽，獨夫授首。即秦王亦曰：「昔在晉陽，文靜建

乃珪之妻，非母也。予按《唐‧列女傳》元無此事，《珪傳》末只云始隱居時，與房玄齡、杜如晦善。二人過其家，母李窺之，知其必貴。蔡說妄云有傳，又誤以李為盧，皆不足辨。但唐高祖在位日，太子建成與秦王不睦，以權相傾。珪為太子中允，說建成曰：『秦王功蓋天下，中外歸心，殿下但以長年，位居東宮，無大功以鎮服海內。今劉黑闥散亡之餘，宜自收之，以取功名。』建成乃請行。其後楊文幹之事起，高祖責以兄弟不睦，歸罪珪等而流之。太宗即位，乃召用之。一日宴近臣於丹霄殿，長孫無忌曰：『王珪、魏徵昔為仇讎，不謂今日得同此宴。』上曰：『珪、徵盡心所事，我故用之。』然則珪與太宗非素交，明矣。《唐書》載李氏事，亦採之小說，恐未必然。而杜公稱其祖姑事不應不定，且太宗時宰相別無姓王者，真不可曉也。」夢弼曰：「王珪母李氏，珪之婦杜氏，詩中所稱，則皆指李氏也。」
《錢注杜詩》卷八《送重表姪王砅評事使南海》「爾祖未顯時，歸為尚書婦」，注：「王珪也。」
後又箋「王珪」：
《新書》：「珪始隱居時，與房玄齡、杜如晦善。母李嘗曰：『爾必貴，但未知所與遊者何如人，而試與偕來。』會玄齡等過其家，李窺大驚，勑具酒食，歡盡日，喜曰：『二客公輔才，汝貴不疑。』」《復齋漫錄》：「房、杜舊不與太宗相識。太宗起兵，玄齡杖策謁軍門，乃薦如晦。珪則建成誅後始見召。以史傳參考，詩為誤也。」《西清詩話》：「以《新唐書》所載，質之子美是詩，則珪之婦杜，非其母李也。且一婦人識真主於側微，其事甚偉。史闕而不錄，是詩載之為悉。世號『詩史』，信不誣也。」《容齋隨筆》：「珪與太宗非素交，《唐書》載李氏事，亦採之小說，恐未必然。而杜公稱其祖姑事不應不實，且太宗朝宰相別無姓王者，真不可曉也。」趙傁曰：「珪與房、杜同遊文中子之門」，則交友可知矣。

非常之策。是有唐宗臣，宜世世廟食者。」高祖竟以裏寂言，謂其功高觖望，必為後患，至於被僇，後嗣疎蕪，良可歎也。夫以彭城英雄，其子孫必多將相。今無傳人，賴有外孫賢豪，足繼其業。如爾者，英姿倜儻，誠汗血駒。我眼中少年，所見頗多，大率用意崎嶇。駿異如爾，蓋絕少也。顧我與爾相逢，不自今日長沙始。蓋爾本我故人張玠子。昔年與我同客兗州，爾猶童卵，今昂昂八尺，遂成丈夫。爾外為文靜孫，內為張玠子，內外皆名家，宜乎風度汪汪，江湖千頃。但我為故人，不能為范雲急王駿之喪，山濤撫嵇康之子。猶幸韋公之晉，今日辟爾為參謀。爾雖弘才，不屑吏役，然鯨魚以大海為歸，擢為參謀，是亦隨潮赴海之秋也。況爾素負賈生、樂毅之志者，當此天下多故，正賈生痛哭、樂毅上書之日，可使賊遺君父、師老京都？夫舊丘雖可懷，大廈亦宜扶也。君臣之義，固有定分；管、葛之業，為時所須。況栝柏之姿，歲寒彌見。今日雲臺上、天衢間，舍爾孰能高議？誰為嘶鳴？爾為國士，勠力王家，以視羽人志神仙、掃碧海，勳業竟何如也！〇愚意「載感」以下，當是讚歎其父張玠。玠少豪俠，安祿山反，令偽將李庭暐率番兵脅下城邑，玠集鄉豪殺之。太守韓擇木遣使奏聞，玠流蕩江南，口不言功。賈生曰：「行臣之計，必能繫單于之頸而制其命。」祿山以胡雛而橫逆，亦賈生所慟也。樂毅書曰：「以天之道，先王之靈，河北之地，隨先王而舉之濟上。」祿山一叛，盡有河北，亦樂毅所憤也。當玠召與鄉兵，殺賊境上，其慟哭流涕，甚於賈生。且不顧身，期復舊土，猶之樂毅。此「主憂急盜賊」之義耳。當時兩京久為賊據，王師老矣。玠為南陽鄧州人，東都是其舊丘。玠去兗歸鄧，召集鄉兵，殺賊境上，是「舊丘復稅駕，大廈傾宜扶」也。遇合有分，立功以時。玠急主憂，誠知君臣分定也。玠建功後，口不言功，誠知管、葛之出為時也。夫栝柏之姿，不零霜雪。玠當患難而殺賊，是歲寒栝柏也。雲臺而下，方指建封。公以建封，不樂就幕，前以外祖勉之，後以父烈期之，俟博識者。

江閣臥病走筆寄呈崔盧兩侍御

客子庖廚薄，江樓枕席清。衰年祗病瘦，長夏想為情。四句「江閣臥病」。滑憶彫胡飯，香聞錦帶羹。溜匙兼暖腹，誰欲致杯罌。四句「寄呈」意。

　　庖廚而係客，子宜薄也。枕席而在江，樓真清矣。衰年之病，無過一瘦。當此長夏，何以為情。滑不過憶彫胡飯，香不過聞錦帶羹。二物雖薄，宜於老病，以其溜匙而暖腹也。此時冀得杯罌，誰欲致者，必兩侍御哉！

哭韋大夫之晉

悽愴邨瑕邑，差池弱冠年。士人叨禮數，文律早周旋。<small>四句少游。</small>臺閣黃圖裏，簪裾紫蓋邊。尊榮真不忝，端雅獨翛然。<small>四句敘韋。</small>貢喜音容間，馮招疾病牽。南歸駭倉卒，北思悄聯緜。鵩鳥長沙諱，犀牛蜀郡憐。素車猶慟哭，寶劍欲高懸。漢道中興盛，韋經亞相傳。沖融標世業，磊落映時賢。城府深朱夏，江湖渺霽天。綺樓關樹頂，飛旐泛堂前。帘幕疑風燕，笳簫咽暮蟬。興殘虛白室，跡斷孝廉船。童孺交遊盡，喧卑俗累牽。老來多涕淚，情在強詩篇。<small>以上「哭」。</small>誰繼方隅理，朝難將帥權。<small>二句言繼任無人。</small>春秋褒貶例，名器重雙全。<small>二句收足一篇。</small>

　　少年放浪齊、趙，客遊邨暇，今回首悽愴者，憶與韋公周旋日也。時我以儒服應鄉貢，叨公禮數，區區文律，蒙不鄙夷。未幾，公登臺閣，曳簪裾黃圖紫蓋間，位極尊崇，望尤端雅。我喜聞貢禹之彈冠，其如音容暌隔；公頻膺馮唐之見召，無奈疾病頓纏。今日南來，忽聞凶信；此時北望，倍為黯然。鵩鳥止門，賈生已死；犀牛留蜀，李守空傳。亘卿之素車，能無慟哭；延陵之寶劍，何處高懸。已矣！所惜者，漢道中興，正望韋賢作相，使其世業勿替，獨映時賢，如之何竟逝哉！今日城府沉沉，已當朱夏；江湖渺渺，如此霽天。而乃寂寞綺樓，空關樹頂；淒其飛旐，遠泛堂前。帘幕之內，風燕疑而不回；笳簫之聲，暮蟬聞而亦急。公逝而虛白之室，我興終殘；我在而孝廉之船，公迹亦斷。回首邨暇作客，弱冠論交時，不獨舊遊，已非童孺；兼之俗務，往往牽連。垂老之餘，但多涕淚；傷情之際，強作詩篇。自今以往，湖南重地，誰為作牧之人？朝廷乏賢，孰繼推轂之任？公位高望重，功崇業偉，據《春秋》褒貶之例，在所宜褒。孔子曰：「惟名與器不可假人。」若公功名德業，表表如此。其於爵號車服有雙全者，蓋棺論定，真無媿夫。

潭州送韋員外迢牧韶州

炎海韶州牧，風流漢署郎。分符先令望，同舍有輝光。<small>四句「送」。</small>白首多年疾，秋天昨夜涼。<small>二句自述。</small>洞庭無過雁，書疏莫相忘。<small>二句期之。</small>

　　韶州炎海，出牧非輕。特典署郎，重此任也。乃郎署亦不乏人，爾有令望，故先之耳。我舊為省郎，亦忝同舍。同舍而爾得分符，一輝光矣。同舍而爾以令望分符，更輝光矣。雖則輝光，歎我年老，有似馮唐，白首為郎，分符絕望。況頻年多病，幸而秋至涼生，得蘇肺氣，為差慰耳。此去洞庭湖外，衡嶽為鄰，雖曰回雁峰頭，鴻飛不到，爾之書疏，豈遂恝然？炎海茫茫，日望之矣。

酬韋韶州見寄〔註10〕

養拙江湖外，朝廷記憶疏。二句起下。深慚長者轍，重得故人書。白髮絲難理，新詩錦不如。四句「見寄」。雖無南過雁，看取北來魚。二句「酬」詩。

江湖則違魏闕，所以然者，甘心養拙也。爾寄我曰「故人湖外客，白首尚為郎」，安有湖外客尚為郎者，自分廢棄，君恩永絕耳。朝廷則疏，故人則否。前爾之任時，曾枉騎過存。今爾之任後，又貽書念我。所由白髮雖多，見爾新詩，用自慰也。但爾寄我曰「相憶無南雁，何時有報章」，不知雖無南雁可以寄書，亦有北魚可以將信。雁不過衡陽，瀟湘之水則北流者，爾但看北來有魚，是我書到日矣。

樓上

天地空搔首，頻抽白玉簪。皇輿三極北，身事五湖南。四句「樓上」。戀闕勞肝肺，論材媿杞柟。二句承「三極北」。亂離難自救，終是老湘潭。二句應「五湖南」。

天地之內，可為甚多。今俯仰樓頭，徒然搔首。「空搔首」，則頻抽簪矣。頻抽簪者，以長安遠在三極北，我身不能復北也；萍蹤久在五湖南，我身竟老於南也。丹心戀闕，空勞肺肝；白首論材，竊媿梓杞。「三極北」終遠矣。亂離之餘，救死不贍；不才之質，沒齒湘潭。「五湖南」將老矣。宜乎俯仰樓頭，不禁搔首哉！

千秋節有感　二首

玄宗以八月五日生，每年是日，宴百官花萼樓下。百官表請以每年八月五日為千秋節，王公以下獻寶鏡及承露囊。大曆四年，公在潭州，時千秋節久罷，有感賦此。

自罷千秋節，頻傷八月來。先朝常宴會，壯觀已塵埃。鳳紀編生日，龍池墊劫灰。以上「有感」往事。湘川新涕淚，秦樹遠樓臺。寶鏡群臣得，金吾萬國廻。衢尊不重飲，白首獨餘哀。以上「有感」今事。

玄宗自寶應元年建巳月賓天，千秋罷矣。往年八月，為臣民令節。賓天以來，八月為傷心之月。先朝此日，宴會常開。壯觀既非，塵埃日積。「常宴會」，故鳳紀有生日之編；「已塵埃」，故龍池成劫灰之墊。今日湘江，又逢八月。我來潭未久，湘川涕淚，新自今年。奈去國已遙，秦地樓臺，終遠萬里。憶昔玄宗在日，每逢是節，群臣

〔註10〕《杜工部草堂詩箋》卷三十八錄韋迢《早發湘潭寄杜員外院長》：
北風昨夜雨，江上早來涼。楚岫千峰翠，湘潭一葉黃。故人湖外客，白首尚為郎。故人指子美，老而為員外郎也。漢馮唐、顏駟皆白首為郎。相憶無南雁，何時有報章。《詩·大東》：「不成報章。」

獻寶鏡，自製《千秋鏡詩》，以賜群臣。群臣有寶鏡之得，又常置左右龍武軍。幸蜀後，金吾法駕，萬里言旋。雖居南內，千秋之節猶舉也。爾時，群臣皆得與宴，猶中衢之尊，人人斟酌。今寶鏡亡，金吾散，衢尊亦不復飲。白首老臣，惟有憶節神傷而已。

御氣雲樓敞，含風綵仗高。仙人張內樂，王母獻宮桃。羅襪紅蕖豔，金羈白雪毛。舞階銜壽酒，走索背秋毫。以上敘「千秋節」宴樂之事。**聖主他年貴，邊心此日勞。桂江流向北，滿眼送波濤。**四句感懷。

猶憶千秋節，玄宗設宴勤政諸樓，賜百官宴。一時樓上，御氣交敞，綵仗迎風，飄飄然如在天上。梨園弟子，聲樂大陳；王母宮桃，次第而獻。不獨此耳。百戲交集，妓則羅襪，有紅蕖之豔；馬則金羈，映白雪之毛。需此馬者，舞階為樂也。所奇者，四百蹄帶金羈，舞白雪，爭銜壽酒，以上至尊。需此妓者，走索為戲也。所奇者，兩妓女穿羅襪，踏紅蕖，相背而行於絙上，不失秋毫。當年千秋節如此。人知上壽以還，聖主有他年之貴；豈知蒙塵而後，邊心有此日之勞。至今日，千秋節遂罷也。桂水空流，波濤滿眼。水自北，人自南。回首先朝，祇增腸斷耳。

蘇大侍御渙靜者也旅於江側不交州府之客人事都絕久矣肩輿江浦忽訪老夫舟楫而已茶酒內余請誦近詩肯吟數首才力素壯詞氣動人接對明日憶其湧思雷出書篋几杖之外殷殷留金石聲賦八韻記異亦記老夫傾倒於蘇至矣

龐公不浪出，蘇氏今有之。二句「不交州府」。**再聞誦新作，突過黃初詩。**二句吟詩。**乾坤幾反覆，揚馬宜同時。**二句正見過於黃初。**今晨清鏡中，勝入齋房芝。余髮喜卻變，白間生黑絲。**四句言其「才力素壯，詞氣動人」。**昨夜舟接天，湘娥簾外悲。百靈未敢散，風破寒江遲。**四句言「其湧思雷出，留金石聲」，所謂「記異」。

此詩全寫題中「記異」二字。昔有龐公，不交州府。今不浪出者，惟蘇氏耳。人為龐公，詩亦過於鄴下。乾坤不知幾反覆，而才人自在天壤。彼黃初以前，有揚、馬。過黃初，則與揚、馬同時也。我讀渙詩，今晨照鏡，白髮為黑。彼物之能卻老者，莫如祥芝。渙詩何以異？是渙之「才力素壯，詞氣動人」，足以變我白髮。此一異也。轉憶昨夜，秋水盛大，舟接天際，忽聞湘娥悲聲出簾，一時百靈交集，不敢即散，而風為破，江為停。豈非渙詩「湧思雷出」，殷殷留金石聲故耶？尤異之至也。能勿傾

倒矣！○《唐志》：「渙少喜剽盜，後走交、廣，與哥舒晃反，伏誅。」〔註11〕其人大非靜者。公曰「靜者」，亦諷詞與？

奉贈盧五丈參謀琚公自注：時丈人使自江陵，在長沙待命，恩旨先支給錢米。
恭惟同自出，妙選異高標。入幕知孫楚，披襟得鄭僑。丈人藉才地，門閥冠雲霄。六句「盧五丈」。老矣逢迎拙，相於託契饒。二句應同自出。賜錢傾府待，爭米駐船遙。二句支給錢米。鄰好艱難薄，氓心杼軸焦。二句勉其恤民。客星空伴使，寒水不成潮。素髮乾垂領，銀章破在腰。說詩能累夜，醉酒或連朝。藻翰唯牽率，湖山合動搖。時清非造次，興盡卻蕭條。天子多恩澤，蒼生轉寂寥。休傳鹿是馬，莫信鵬為鴞。以上總寫「長沙待命」。未解依依袂，還斟泛泛瓢。流年疲蟋蟀，體物幸鶺鴒。孤負滄洲願，誰云晚見招。六句「奉贈」情事。

　　我祖母系盧氏，參謀與我蓋同自出也。朝廷妙選君者，蓋以君為行軍參謀，猶石

〔註11〕《容齋三筆》卷十六《蘇渙詩》：
　　杜子美贈蘇渙詩，序云：「蘇大侍御渙，靜者也，旅寓江側，凡是不交州府之客，人事都絕久矣。肩輿江浦，忽訪老夫，請誦近詩，肯吟數首，才力素壯，詞句動人，湧思雷出，書篋几杖之外，殷殷留金石聲。賦八韻記異，亦記老夫傾倒於蘇至矣。」詩有「再聞誦新作，突過黃初詩」之語。又有一篇《寄裴道州並呈蘇渙侍御》云：「附書與裴因示蘇，此生已媿須人扶。致君堯舜付公等，早據要路思捐軀。」其褒重之如此。《唐‧藝文志》有渙詩一卷，云：「渙少喜剽盜，善用白弩，巴蜀商人苦之，稱『白跖』，以比莊蹻。後折節讀書，進士及第。湖南崔瓘辟從事，繼走交、廣，與哥舒晃反，伏誅。」然則非所謂靜隱者也。渙在廣州作變律詩十九首，上廣府帥，其一曰：「養蠶為素絲，葉盡蠶不老。頃筐對空床，此意向誰道。一女不得織，萬夫受其寒。一夫不得意，四海行路難。禍亦不在大，禍亦不在先。世路險孟門，吾徒當勉旃。」其二曰：「毒蜂一巢成，高掛惡木枝。行人百步外，目斷魂為飛。長安大道邊，挾彈誰家兒？手持黃金丸，引滿無所疑。一中紛下來，勢若風雨隨。身如萬箭攢，宛轉送所之。徒有疾惡心，奈何不知幾！」讀此二詩，可以知其人矣。杜贈渙詩，名為記異，語意不與他等，厥有旨哉！
　　按：(唐) 高仲武《中興閒氣集》卷上《蘇渙》：
　　渙本不平者，善放白弩，巴中號曰白跖，實人患之，以比盜跖。後自知非，變節從學。鄉賦擢第，累遷至御史，佐湖南幕。崔中丞遇害，渙遂踰嶺，扇動哥舒，跋扈交、廣。此猶龍蛇見血，本質彰矣。三年中作變律詩九首，上廣州李帥。其文意長於諷刺，亦育陳拾遺一鱗半甲，故善之。或曰：「此子左右嬖臣，侵敗王略，今著其文可乎？」答曰：「漢著蒯通說詞，皇史錄列祖君彥檄書，此大所以容細也。夫善惡必書，《春秋》至訓；明言不廢，《孟子》格言。渙者其殆此乎？但不可棄其善，亦以深戒君子之意。」

苞用孫楚。今日使自江陵，猶鄭僑聘晉國，才地優矣。況范陽門閥，尤冠雲霄。我與世逢迎，不免於拙；與丈託契，意氣獨饒。亦曰「同自出」故耳。今丈在長沙，支給錢米。我見賜錢以恩旨，傾府而待；爭米以恩旨，駐船為遙。當此民窮財盡時，雖恩旨支給，而鄰好難全，民艱可念。況待命於此，我以客星，伴君使星，朝朝暮暮，寒水之上。而素髮已乾，銀章久破。所以伴君者，更無他事，惟說詩累夜，翰藻為之牽率；醉酒連朝，湖山不覺動搖耳。因歎時清非可造次，興盡不免蕭條。支給錢米，天子之恩澤雖多；杼軸焦勞，蒼生之寂寥堪念。凡此皆鹿馬之奸、鵬鴞之輩為之。必也指鹿奸除，為鴞吏去，庶恩澤徧，困苦甦也。我客星伴使，未忍即別；自歎流年遲暮，蟋蟀催人。猶幸體物依棲，鶺鴒有託。乃猶未能長往，孤負滄洲之願者，豈身為郎官，冀馮唐晚而見達乎？誰則云然也。

惜別行送劉僕射判官

聞道南行市駿馬，不限匹數軍中須。襄陽幕府天下異，主將儉省憂艱虞。祇收壯健勝鐵甲，豈因格鬥求龍媒。六句買馬之由。而今西北自反胡，騏驎蕩盡一匹無。龍媒真種在帝都，子孫未落西南隅。向非戎事備征伐，君肯辛苦越江湖。江湖凡馬多顦顇，衣冠往往乘蹇驢。八句買馬之役。梁公富貴於我疎，號令明白人安居。俸錢時散士子盡，府庫不為驕豪虛。以茲報主寸心赤，氣卻西戎廻北狄。網羅群馬藉馬多，氣在驅除出金帛。以上美梁公之賢。劉侯奉使光推擇，滔滔才略滄溟窄。杜陵老翁秋繫船，扶病相識長沙驛。強梳白髮提胡盧，手兼菊花路旁摘。九州兵革浩茫茫，三歎聚散臨重陽。當杯對客忍涕淚，不覺老夫神內傷。以上送別。

　　判官奉主將命而南行，間道有買馬之役。蓋為軍中乏馬，戎事孔亟耳。當今幕府，襄陽獨異。蓋以判官主將梁崇義能儉省，殫憂虞。儉省故有餘財以買馬，憂虞故預買馬以備非常。而所買之馬，但取壯健能勝甲，不為格鬥求龍媒也。所以然者，安、史叛亂以來，良馬蕩盡。其為龍媒，帝都或有。而西南一帶，未必有渥窪子孫耳。今日非為戎事，寧越江湖？況江湖間，凡馬顦顇，衣冠蹇驢。苟得勝甲者馬，亦云幸矣。夫梁公幕府為天下異，平日富貴，若無號令不爽，所由襄陽人得安堵無恙。而況輕財好士，折飾下人。居官如此，故能矢報主之赤心。欲「卻西戎，回北狄」，目前在庌，群馬日蕃；今日南征，金帛不惜。無非志在驅除，襄國難耳。判官才略滔滔，奉使買馬，於梁公推擇之舉，允足相副。今有南行之役，相逢驛畔。當此九州兵革，判官遄

行。正值重陽，又當分手。雖臨觴忍淚，神已黯傷。判官亦知我別情之苦否？○時襄陽節度梁崇義，史稱其以是褊兵少，法令最治。折節遇士，自振襄漢間。大曆九年，楊猷泝江而下，擅出境。復、郢諸州皆閉城自守，崇義獨發兵備之。平日能卻敵可知。此詩亦《春秋》善善之義云爾。考唐初得突厥馬二千匹，得隋馬三千於赤岸津，令太僕張禹歲葺其政。貞觀至麟德中，有馬七十餘萬匹。萬歲失職，馬政頗廢。開元初，以空名告身，易馬六胡，命王毛仲領內外閒廄，馬復蕃息。安祿山陰選勝甲馬歸范陽。至肅宗，詔百官以後乘助，又半資回紇之馬，繼市馬於回紇。回紇大半以羸瘠充數。在朝廷則數皮歸直，在回紇猶以馬既入而賄不足為辭。大曆三年，回紇詰蕭昕。四年，回紇詰李涵。可證也。至括民間馬為團練馬，唐之馬政遂不可問。此詩「而今西北自反胡，駃騠蕩盡一匹無」，感慨繫之矣。

重送劉十弟判官

分源豕韋派，別浦雁賓秋。年事推兄忝，人才覺弟優。四句總起。經過辨酆劍，意氣逐吳鉤。垂翅徒衰老，先鞭不滯留。四句承次聯。本枝凌歲晚，高義豁窮愁。他日臨江待，長沙舊驛樓。四句應首聯。

　　我呼判官為十弟者，以劉、杜同出，在商為豕韋氏也。今日作別，適當雁賓。以年事言，則兄忝；以人才言，則弟優。而為酆劍光芒、吳鉤銛利，此我自甘垂翅，讓弟先鞭耳。而況本支百世，歲晚不凋；高義絕倫，窮愁足破。他日事畢早旋，仍臨江繫船，得爾於長沙驛樓畔哉！

登舟將適漢陽

春宅棄汝去，秋帆催客歸。庭蔬尚在眼，浦浪已吹衣。四句「登舟」。生理飄蕩拙，有心遲暮違。中原戎馬盛，遠道素書稀。四句「登舟」之故。塞雁與時集，檣烏終歲飛。鹿門自此往，永息漢陰機。四句「將適漢陽」。

　　我二月至潭，寓居漁商市，今又棄春宅而去。蓋因秋風片帆，催我歸心耳。庭際之蔬，尚然在眼；浦中之浪，已覺霑衣。追維從前生理，飄蕩多拙；向日歸心，遲暮頻違。況盼戎馬於中原，紛紛未息；遡素書於遠道，杳杳愈稀。長安不得歸，漢陽亦我土。不見塞雁依依，又將時集；檣烏泛泛，從此終飛？襄陽故土，鹿門在焉。此行息機漢陰，潭州春宅焉得久留我也？

湖南送敬十使君適廣陵

相見各頭白，其如離別何。幾年一會面，今日復悲歌。四句總起。少壯

樂難得，歲寒心匪他。氣纏霜匣滿，冰置玉壺多。遭亂實漂薄，濟時曾琢磨。形容吾較老，膽力爾誰過。八句互說。秋晚岳增翠，風高湖湧波。騫騰訪知己，淮海莫蹉跎。四句「送適廣陵」。

人生各有頭白，所難為者，離別耳。幸而會晤，悲歌復作。是會晤暫，離別常也。回首少壯，樂難再得；歲寒之心，豈有他哉？使君則老而彌壯，其豪邁也，匣劍霜飛；其高潔也，冰壺玉貯。我則生遭亂離，頻經漂泊，才非濟勝，賴爾琢磨。所以頭顛胥白。我之形容較老，爾之膽力偏優耳。當此秋高風勁，岳峰添翠，湖光湧波，此去騫騰，將訪知己。淮海湯湯，幸勿蹉跎行色哉！

奉贈李八丈曛判官

我丈時英特，宗枝神堯後。珊瑚市則無，騄驪人得有。早年見標格，秀氣衝星斗。事業富清機，官曹正獨守。頃來樹嘉政，皆已傳眾口。艱難體貴安，冗長我敢取。區區猶歷試，炯炯更持久。討論實解頤，操割紛在手。篋書積誠諫，宮闕限奔走。入幕未展材，秉鈞孰為耦。以上敘判官。所親問淹泊，泛愛惜衰朽。垂白辭南翁，委身希北叟。真成窮轍鮒，或似喪家狗。秋枯洞庭石，風颯長沙柳。高興激荊衡，知音為回首。以上自敘。

丈於宗枝，卓然秀出，真珊瑚名寶，市上所無；騄耳奇姿，人不得有也。秀氣則衝星斗，龍光不掩；事業則富清機，泛應有餘。居官則守正不阿，布政則交口爭頌。處艱難而能安黎會，執簡要而勿取冗長。區區之職，在朝廷歷試其才；炯炯之心，在我丈持久而定。且其討古論今，則解頤如匡鼎；理煩治劇，則遊刃若庖丁。況乎身為外吏，心戀至尊，諫書滿懷，叩闇莫上。今入幕而為判官，未攄大略；苟秉鈞而相天子，庶展嘉謨。丈為時英如此。我今淹泊，衰朽疇憐，幸逢丈人，泛愛勿棄。久作南翁而思去，長懷北叟以委身。誠歎南方不可久居，長安終當歸去也。況涸轍之魚，監河莫貸；喪家之犬，尼父同譏。今日洞庭片石，秋色將枯；長沙衰柳，寒颷忽發。荊衡之興盡矣。丈知音者，一回首云爾。

晚秋長沙蔡五侍御飲筵送殷六參軍歸灃州覲省

佳士欣相識，慈顏望遠遊。二句「覲省」。甘從投轄飲，肯作置書郵。二句「飲筵」。高鳥黃雲暮，寒蟬碧樹秋。二句秋晚。湖南冬不雪，我病得淹留。二句「長沙」。

　　參軍佳士，相見恨晚，奈有母倚閭、望其遄歸何！在我欣相識之心，於侍御筵，甘為投轄飲；在參軍念慈顏之望，恐歸途日，難為置書郵。昔殷洪喬將人所寄書悉投水中，曰：「殷洪喬不能作置書郵。」今參軍固無此事，但迫於省親，或不暇寄書耳。秋晚矣，黃雲暮合，高鳥歸飛；碧樹寒侵，哀蟬輟響。此時殷母在家，有子遠遊，暮而未歸，倚閭之情為何如者？我在湖南，秋雖已晚，猶幸地暖，冬亦不雪，老病淹留，庶得少慰云。

送盧十四弟侍御護韋尚書靈櫬歸上都二十韻

素幡渡江遠，朱幡登陸微。悲鳴駟馬顧，失涕萬人揮。參佐哭辭畢，門闌誰送歸。從公伏事久，之子俊才稀。長路更執紼，此心猶倒衣。感恩義不小，懷舊禮無違。墓待龍驤詔，臺迎獬豸威。以上「侍御護櫬」。深衷見士則，此句結上。雅論在兵機，此句起下。戎狄乘妖氣，塵沙落禁闈。往年朝謁斷，他日掃除非。但促銅壺箭，休添玉帳旂。動詢黃閣老，肯慮白登圍。萬姓瘡痍合，群凶嗜慾肥。刺規多諫諍，端拱自光輝。儉約前王體，風流後代希。對揚期特達，衰朽再芳菲。以上勉侍御。空裏愁書字，山中疾采薇。撥杯要忽罷，抱被宿何依。眼冷看征蓋，兒扶立釣磯。清霜洞庭葉，故就別時飛。八句送別。

　　靈輀有素幕，有朱幡。靈輀渡江，素幕已遠。朱幡之影，遙望漸微。爾時駟馬悲鳴，萬人失涕。幕中參佐，哭辭既畢；門闌賓客，送歸何人。獨侍御在耳。侍御相從已久，伏事有年。不獨俊才，兼有意氣。依依長路，執紼追隨；耿耿寸心，牽衣顛倒。感知己之心，其義不小；懷故舊之誼，於禮無違。在尚書勳業，無異龍驤，詔墓尚須他日；而侍御霜威，真如獬豸，扶櫬因以還朝。此感恩懷舊之素，是深衷也，乃士則也。夫生死交情，不替於朋友，則安危大計，必殫於國家。吾知其立朝時，雅論在兵機矣。追維永、大年間，吐蕃犯闕，時大駕塵飛，宮闈灰燼；群臣離散，朝謁何人；寇盜橫行，掃除無策。此已事之可鑒者。今為朝廷計，但當早朝勤政，漏促銅壺；毋事增兵苑中，旂添玉帳。凡此神策禁軍，一切裁革。無奈黃閣之老，主辱不憂；白登之圍，頻年見告。中原百姓，只合瘡痍；河北群凶，恣意需索。猶望廣開言路，重見垂衣，使儉約繼前王，即風流貽後代矣。他日侍御還朝，對揚天子，以此特達，則余衰朽之年，猶芳菲之日也。所謂侍御「雅論在兵機」者以此。我窮愁書殷浩之空，臥病採西山之蕨。撥杯要飲，不覺停觴；抱被相依，有誰同宿。飄飄征蓋，何忍眼看；寂寂釣磯，可憐扶立。在尚書為故人之痛，在侍御有兄弟之

情。無奈霜前黃葉，故向人飛，其無情耶？抑有情也？○「朱幡」，即丹旒。「撥杯要忽罷」，言要飲而中止也。盧為公表弟，「抱被」句暗用姜肱事。〔註12〕

〔註12〕皇甫謐《高士傳》卷下《姜肱》：
　　姜肱，字伯淮，彭城廣戚人也。家世名族，兄弟三人皆孝行著聞。肱年最長，與二弟仲海、季江同被臥，甚相親友。及長各娶，兄弟相愛，不能相離。
　　《杜工部草堂詩箋》卷一《與李十二白同尋范十隱居》「醉眠秋共被」：
　　此暗用事也。後漢姜肱與弟仲海、季江同被而寢，不入房室。
　　卷十五《寄張十二山人彪三十韻》「歷下辭姜被」：
　　甫昔在歷下，曾與彪同被而寢也。後漢姜肱與二弟仲海、季江俱以行孝著聞，其友愛天至。謝承書曰：「兄弟同被而寢，不入房室，以慰母心。」
　　卷二十七《秋日荊南送石首薛明府辭滿告別奉薛尚書頌德敘懷斐然之作三十韻荊州記劉郎浦石首沙步》「姜被就離居」：
　　以姜比薛也。後漢姜肱，字伯維，與弟仲海、季江俱以孝行著聞，其友愛天至，嘗同被而寢。
　　《錢注杜詩》卷十《寄張十二山人彪三十韻》「姜被」：
　　《海內先賢傳》：「姜肱事繼母，年少，肱兄弟同被而寢，不入室，以慰母心。」

卷三十三

潭州詩 大曆四年

暮秋枉裴道州手札率爾遣興寄遞呈蘇渙侍御

久客多在友朋書，素書一月凡一束。虛名但蒙寒暄問，泛愛不救溝壑辱。齒落未是無心人，舌存恥作窮途哭。道州手札適復至，紙長要自三過讀。盈把那須滄海珠，入懷本倚崑山玉。撥棄潭州百斛酒，蕪沒瀟湘千株菊。使我晝立煩兒孫，令我夜坐費燈燭。一段「道州手札」。憶子初尉永嘉去，紅顏白面花映肉。軍符侯印取豈遲，紫燕騄耳行甚速。聖朝尚飛戰鬥塵，濟世宜引英俊人。黎元愁痛會蘇息，夷狄跋扈徒逡巡。授鉞築壇聞意旨，頹綱漏網期彌綸。郭欽上書見大計，劉毅答詔驚群臣。他日更僕語不淺，明公論兵氣益振。一段敘「裴道州」。傾壺簫管黑白髮，舞劍霜雪吹青春。宴筵曾語蘇季子，後來傑出雲孫比。茅齋定王城郭門，藥物楚老漁商市。市北肩輿每聯袂，郭南抱甕亦隱几。無數將軍西第成，早作丞相東山起。烏雀苦肥秋粟菽，蛟龍欲蟄寒沙水。天下鼓角何時休，陣前部曲終日死。一段敘「蘇侍御」。附書與裴因示蘇，此生已愧須人扶。致君堯舜付公等，早據要路思捐軀。四句總收。

　　故人念我，尺素雖多，大率虛名泛愛，無救於困者。彼寒暄之問，何嘗有心，我雖齒落，心未嘗無；滿壑之辱，不免於哭，我則舌存，哭猶不屑。道州非虛名，非泛愛。知我非無心人，亮我不作窮途哭。情長紙富，如海珠崑玉，故一捧讀而潭酒忘，

湘菊棄，晝坐夜立，三復不已也。猶憶送子初尉永嘉，正當年少。曾幾何時，便取軍符，懸侯印，較之紫燕、騄耳，絕塵而奔，神速猶是耳。所以急需子者，天下戰鬪，宜徵英俊。今日拯黎元，除跋扈，舍子而誰？會當授鉞築壇，聞子意旨；頹綱漏網，賴子彌縫。子忼愾上書，必如郭欽之徙戎狄，能見大計；激昂答詔，必如劉毅之舉桓靈，聳動群臣。我知更僕語不易盡，論兵氣益能伸也。乃英俊之宜引者，尚有人在。前此湘江餞宴時，傾壺而飲，簫管之聲，能黑白髮；舞劍而前，霜雪之氣，忽吹青春。此時蘇生亦在坐，酒酣齒及，以為是季子雲孫後來傑出者。與我同客潭州，蘇卜茅齋於定王郭門，我賣藥物於漁商市上。蘇來訪我於市北，喜其肩輿之不斬；我去訪蘇於郭南，見其隱几而蕭然。我誠已矣，蘇豈終老湘潭者？往者，將軍西第，無數成矣，蘇尚茅齋也；今者，丞相東山，幾人起矣，蘇尚郭門也。彼鳥雀微禽，但謀粟菽；蘇蛟龍大物，久蟄寒沙。豈知鼓角未休，正壯士奮袂之日；部曲都死，為豪傑枕戈之秋。蘇生勉乎哉！裴子尚引之哉！附書裴子，兼示蘇者。蓋致君堯舜，本我素志。我既老而無成，此事付與公等。公等及時濟世，早據要津，必須捐軀以報國。夫肥身家者，或不免殺身；思捐軀者，未必不保身。捐軀在一時，思捐軀在平日，蓋致君者必先致身也。○公《進三大禮賦表》〔註1〕中有「頃者賣藥都市」句。此詩「藥物楚老」，公自謂無疑。

風疾舟中伏枕書懷呈湖南親友三十六韻

軒轅休製律，虞舜罷彈琴。公自注：「伏羲造瑟，神農作琴，舜彈五弦，歌《南風》之篇。」尚錯雄鳴管，猶傷半死心。四句正見「風疾」。聖賢名古邈，羈旅病年侵。舟泊常依震，湖平早見參。如聞馬融笛，若倚仲宣襟。故國悲寒望，群雲慘歲陰。水鄉霾白蜃，楓岸疊青岑。鬱鬱冬炎瘴，濛濛雨滯淫。鼓迎方祭鬼，彈落似鴞禽。以上敘「湖南」。興盡終無悶，愁來遽不禁。生涯相汩沒，時物正蕭森。疑惑尊中菉，淹留冠上簪。牽裾驚魏帝，投閣為劉歆。狂走終奚適，微才謝所欽。我安藜不糝，汝貴玉為琛。烏几重重縛，鶉衣寸寸針。哀傷同庾信，公自注：「庾信作《哀江南賦》。」述作異陳琳。十暑岷山葛，三霜楚戶砧。叨陪錦帳坐，久放白頭吟。反樸時難遇，忘機陸易沉。應過數粒食，得近四知金。春草封歸恨，源花費獨尋。轉蓬憂悄悄，行藥病涔涔。瘞夭追潘岳，持危覓鄧林。蹉跎翻學步，感激在知音。卻假蘇張舌，高誇周宋鐔。

〔註1〕《杜詩詳注》卷二十四。

以上「伏枕書懷」。**納流迷浩汗，峻址得嶔崟。城府開清旭，松筠起碧潯。披顏爭倩倩，逸足競駸駸。朗鑒存愚直，皇天實照臨。**以上「呈湖南親友」。**公孫仍恃險，侯景未生擒。書信中原闊，干戈北斗深。畏人千里井，問俗九州箴。戰血流依舊，軍聲動至今。**八句時事。**葛洪尸定解，許靖力難任。家事丹砂訣，無成涕作霖。**以「書懷」結。

軒轅製律，協氣調風。今風疾，是律管不諧，休製律可也。虞舜彈五弦琴，歌「南風之薰兮」。今風疾，是非薰風，罷彈琴可也。其錯者，不獨「雄鳴管」。雄尚錯，即雌者可知。其傷者，又不獨「半死心」。半死猶傷，即半生者可知。蓋律有雌雄，龍門之桐，其根原半死半生耳。古聖既渺，音律難憑如此。況孤舟旅客，病與年侵。當此風疾，能無伏枕？我聞震澤有五湖，今湖南亦有五湖，是舟之泊，常依震也。參星冬半，黃昏已見，至丁夜則西沒。湖平早見，時屬冬矣。昔有雒客，為馬融吹笛。融去京踰年，聞笛甚悲。王仲宣客荊，登樓作賦，云：「憑軒檻以遙望兮，向北風而開襟。」我情猶是耳。寒望之中，竊悲故國；歲陰之際，更慘群雲。嗟此水鄉，常霾白蜃；淒其楓岸，空壘青岑。冬炎瘴，而鬱鬱何堪；雨滯淫，而濛濛彌困。伐鼓迎鬼，非我故鄉；枰弓落鴞，何關客興。我伏枕時，所見湖南風景如此。有時興盡，聊遣悶懷；輒復愁來，不禁潦倒。所以然者，生涯汨沒，時物蕭條。世路堪疑，須察杯中之蜇；宦情久淡，空留冠上之簪。當年疏救房琯，如辛毗諫魏帝而牽裾；既而觸忤肅宗，似揚雄為劉歆而投閣。於焉狂走，悵悵何之。自分微才，碌碌見棄。我如孔父，嘗啜不糝之藜羹；汝是宋纖，信矣為琛之美玉。一張烏幾，屢縛還穿；百結鶉衣，無針可著。哀同庾信，輒復望鄉；檄異陳琳，不能愈疾。披岷山之葛，十載御風；聽楚戶之砧，三霜在耳。郎官之錦帳坐，豈我思存；文君之《白頭吟》，似欲竊比。思返大庭之朴，未知何時；且忘漢陰之機，休悲胥溺。鷦鷯數粒之米，食不為貪；楊震四知之金，取未為過。王孫春草，歸恨嘗封；漁父桃源，問津何處。心憂悄悄，常歎飛蓬；頭病涔涔，還疑行藥。況痛罹潘岳，復銜瘞夭之悲；身遠鄧林，難覓持危之杖。擬學邯鄲之步，老矣蹉跎；苟知牙、曠之音，能無感激。我懷如此。因假蘇、張之舌，以遊諸侯；誇周、宋之鐔，以聳當事。以此詩呈湖南親友，在諸公能納細流，我也偏迷浩汗；在諸公自成峻址，我也但仰崎嶔。城府之中，非無清旭；松筠之際，亦起碧潯。爭倩倩以披顏，競駸駸之逸足。倘諸公朗鑒，存我愚衷；即是皇天並叨，覆照今日。蜀中叛將，如楊子琳者，即公孫也，猶然恃險；嶺南叛酋，如馮崇道者，即侯景也，尚未生擒。況極目中原，音書都斷；瞻言北斗，干戈正深。世亂畏人，到處如千里之井；浮生問俗，焉能盡九州之箴。戰血殷然，軍聲未已。倘如葛洪，以尸解証仙果，

— 687 —

我志定矣；若為許靖，因避難走交趾，我力豈能？自分丹砂一成，即與家事判訣。至今無成，能勿涕泗如雨哉？〇晉太守馬岌，造宋纖，不得見，銘曰：「丹崖千丈，青壁萬尋。其人如玉，為國之琛。」「汝貴玉為琛」句，正謂諸公貴不得見。莊子說趙文王曰：「天子之劍，以周、宋為鐔。」公自喻，誇大其說於諸親友前也。

暮秋將歸秦留別湖南幕府親友

舊編未陽後，今移此。

水闊蒼梧野，天高白帝秋。途窮那免哭，身老不禁愁。四句「暮秋將歸」。大府才能會，諸公德業優。北歸衝雨雪，誰憫弊貂裘。四句「別湖南親友」。

蒼梧萬里，水闊無垠；白帝三秋，天高難問。我出峽至今，途真窮矣，欲不哭而不能；身愈老矣，欲不愁而難禁。湖南大府，才能聚會。大府諸公，德業最優。宜有援我窮途，憐我衰老者。徒使我衝雪北歸，乃貂裘自敝，綈袍不聞哉！

長沙送李十一銜

舊編未陽後，今移此。

與子避地西康州，洞庭相逢十二秋。遠愧尚方曾賜履，竟非吾土倦登樓。久存膠漆應難並，一辱泥塗遂晚收。六句別後情事。李杜齊名真忝竊，朔雲寒菊倍離憂。二句「送」。

憶與汝寓居同谷，距今洞庭相逢，約略十二秋矣。中間我為臺郎，亦曾賜履；然未嘗供職，徒然抱慚。王粲《登樓賦》曰：「雖信美而非我土兮，曾何足以久留。」登樓之興，我亦倦矣。當年膠漆之情，何人可並？今日泥塗之內，誰復見收？子固李膺、李固，我非杜喬、杜密，從來李杜，本是齊名。今日齊名，誠為忝竊。當此暮秋，朔雲寒菊，離情倍添。子去矣，我從此逝矣。

舟中夜雪有懷盧十四侍御弟

時侍御扶櫬還京。

朔風吹桂水，大雪夜紛紛。暗度南樓月，寒深北渚雲。燭斜初近見，舟重夜無聞。六句「舟中夜雪」。不識山陰道，聽雞更憶君。二句「有懷」。

湖南冬不雪，今北風直吹桂水，夜雪紛紛下矣。此時南樓之月，暗中自度，不知有月與否。北渚之雲，為寒已深，不知雲行與否。不但雲月，即雪亦不見，偶於燭斜而覺；並亦不聞，直至舟重而知。昔王子猷山陰夜雪訪戴安道，今雪方紛紛，雖有山

陰，何從而識？惟有聽雞鳴，一憶君云爾。○「南樓」，非武昌南樓，亦非岳州之岳陽樓。按：《柳子厚集》有《長沙驛前南樓感舊》詩〔註2〕，是南樓即在潭州。

對雪

北雪犯長沙，胡雲冷萬家。隨風且間葉，帶雨不成花。四句「雪」。金錯囊垂罄，銀壺酒易賒。無人竭浮蟻，有待至昏鴉。公自注：「何遜詩：『城陰度塹黑，昏鴉接翅歸。』」○四句「對雪」。

　　長沙地暖，不宜雪而雪，是為犯，蓋北不可侵南也。既有北雪，則有胡雲，宜長沙萬家，一時寒極耳。方隨風而飄，或有或無，若間當空之葉；及帶雨而霏，半雪半雨，不成六出之花。此時對雪，那堪無酒。奈囊垂盡矣，金錯既盡。雖有銀壺，酒易賒乎？若酒而賒矣，對雪而飲，那堪無伴！誰為我共竭此浮蟻者，庶幾待至昏鴉。雪霽鴉歸，即客亦來，可與共竭也已。

暮冬送蘇四郎徯兵曹適桂州

飄飄蘇季子，六印佩何遲。早作諸侯客，兼工古體詩。爾賢埋照久，余病長年悲。六句贈蘇四。盧縮須征日，樓蘭要斬時。歲陽初盛動，王化久磷緇。為入蒼梧廟，看雲哭九疑。六句「適桂州」。

　　子即蘇季子，宜佩六印。今雖未佩，已客侯門。況詩工古體，此行何難賦詩卻寇耶？賢如兵曹，埋照既久；病若老夫，長年所悲。兵曹此行，須知桂州叛將猶盧縮也，桂州諸蠻即樓蘭也。征者征，斬者斬，更不可緩。蓋歲陽初動，臘盡春回，王化久衰，亂極思治。桂州有虞舜祠，九疑為舜葬處，兵曹此行，如入蒼梧廟中，能無慚及先帝乎？○桂州叛將朱濟，時糾合諸蠻，據險為亂，官軍討之不克。兵曹之行為此。蘇季子歷說諸侯合從伐秦，佩六國相印。公欲兵曹連結諸經略節度，並力討賊，如季子合從，故起有「六印」句。其後容管使王翊、藤州刺史李曉庭、義州刺史陳仁璀結盟討賊，賊方平。又徯父源明受眷玄肅，「二宗哭九疑」句亦非漫下。

歲晏行

歲云暮矣多北風，瀟湘洞庭白雲中。漁父天寒網罟凍，莫徭射雁鳴桑弓。四句「歲晏」。去年米貴闕軍食，今年米賤大傷農。高馬達官厭酒肉，此輩杼軸茅茨空。楚人重魚不重鳥，汝休枉射南飛鴻。況聞處處鬻男

〔註2〕《河東先生集》卷四十二。

女，割慈忍愛還租庸。往日用錢捉私鑄，今許鉛錫私青銅。刻泥為之最易得，好惡不合長相蒙。萬國城頭吹畫角，此曲哀怨何時終。以上諷時事。

北風一起，瀟湘洞庭，一望皆在雲裏。北風起而天寒，天寒而網罟凍，則漁父窮矣。漁父窮，莫徭出。長沙郡雜有夷蜑，自云先祖有功，常免徭役，莫徭以名。天寒風勁，風勁弓鳴，莫徭出而射雁矣。猶憶去年米貴，潭人詘於供而軍食乏；今年米賤，潭人詘於用而農夫傷。彼達官但知厭酒肉耳，焉知杼軸空也。或者射雁以需，乃楚人重魚不重鳥。莫徭雖張弓射雁，亦焉用此？當此天寒，魚窮於下，鳥窮於上，潭人「粥男女」、「還租庸」者，比戶皆然。唐制：授人以口分、世業田。凡授田者，丁歲納粟絹，謂之租。用人之力，歲不過二十日。不役者，日為絹三尺，謂之庸。今「粥男女」，租庸之廢久矣。「還租庸」者，徒存其名耳。本朝錢法，盜鑄者死。乾元間，錢法頗修。今私混公，偽亂真，好醜不分。國是如此，亂何由息？豈獨潭州，萬國城頭，皆吹畫角。欲望此曲終時，豈可得哉？○「莫徭射雁」，將以輸租，以見昔為莫徭，今亦不免於徭。

送覃二判官

先帝弓劍遠，老臣餘此生。二句提綱。蹉跎病江漢，不復謁承明。餞爾白頭日，永懷丹鳳城。遲遲戀屈宋，渺渺臥荊衡。魂斷舸艎失，天寒沙水清。肺肝若稍愈，亦上赤霄行。十句遞承首二句。

此生為先帝也，弓劍既遠。小臣此生，不過餘耳。所由伏枕江沱，違身廷闕。於白頭之日，餞爾上京；丹鳳之城，不禁繫懷也。自傷屈、宋何緣，暮年偏戀；荊、衡何意，臥宿不遷。乃送君舸艎，贍言沙水。繼又自壯曰：「苟一日焉，肺病稍愈，赤霄之行，豈終留哉？」

自潭入衡州復回潭岳詩大曆五年

追酬故高蜀州人日見寄

開文書帙中，檢所遺忘，因得故高常侍適。往居在成都時，任蜀州刺史。人日相憶見寄詩，淚灑行間，讀終篇末。自杠詩已十餘年，莫記存沒又六七年矣。老病懷舊，生意可知。今海內忘形故人，獨漢中王瑀與昭州敬使君超先。愛而不見，情見乎詞。大曆五年正月二十一日，卻追酬高公此作，因寄王及敬弟。

自蒙蜀州人日作，不意清詩久零落。今晨散帙眼忽開，迸淚幽吟事如昨。四句開帙見詩。嗚呼壯士多慷慨，合沓高名動寥廓。歎我悽悽求友篇，感時鬱鬱匡君略。錦里春光空爛熳，瑤墀侍臣已冥寞。瀟湘水國傍黿鼉，櫳杜秋天失鵰鶚。八句痛常侍。東西南北更堪論，白首扁舟病獨存。遙拱北辰纏寇盜，欲傾東海洗乾坤。邊塞西番最充斥，衣冠南渡多崩奔。六句自傷。鼓瑟至今悲帝子，曳裾何處覓王門。文章曹植波瀾闊，服食劉安德業尊。四句漢中王。長笛誰能亂愁思，昭州詞翰與招魂。二句敬使君。

　　我上元年間居草堂時，當人日，高公為蜀州刺史，題詩遙寄。數年以來，此詩零落。今晨忽見，迸淚長吟。蓋公為壯士，意氣過人，當時才名，震動天下。其貽我詩者，歎我悽悽不得志，求友情深也。乃我誠悽悽，君亦鬱鬱。蓋公慷慨有大略，如策永王無成，佐哥舒收九曲地，上疏論三城戍。若此類者，其感時匡君，素所蓄積，特未盡展耳。回首錦里，春光已非；憑弔瑤墀，侍臣安在？我既流落湖南，長與黿鼉為伍；公亦長辭鄂〔註3〕杜，不見鵰鶚高騫。公詩曰：「愧爾東西南北人」，不知我東西南北亦自有說耳。公詩曰「豈知書劍老風塵」，亦猶我白首扁舟，止餘老病身耳。所以然者，寇盜尚存，甲兵未淨。況西番邊塞，最多充斥；南渡衣冠，不免崩奔。然則東西南北，白首扁舟，我豈得已哉！公逝矣，存者漢中王瑀、敬使君超先耳。乃漢中雖在，汝陽已甍；鼓瑟空悲，曳裾難覓。獨漢中文章為今日曹植，其德業亦今日劉安也。至於使君詞翰，亦如宋玉。山陽之笛，空然思舊；宋玉之詞，庶足招魂哉！○漢中王嘗絕葷酒，必究心於服食神仙，如淮南王，故有「服食劉安」句。

奉贈蕭二十使君

昔在嚴公幕，俱為蜀使臣。艱危參大府，前後間清塵。公自注：「嚴再鎮蜀都，余後參幕府。」起草鳴先路，乘槎動要津。王鳧聊暫出，蕭雉只相馴。前四句同在嚴幕後，四句使君歷任。終始任安義，荒蕪孟母鄰。聯翩匍匐禮，意氣死生親。公自注：「嚴公既歿，老母在堂，使君溫清之問、甘脆之禮，名數若己之庭闈焉。及夫人傾逝，喪事又首諸孫。主典撫孤之情，真所謂一死一生，不減骨肉。則膠漆之契，可以見矣。」張老存家事，嵇康有故人。六句言使君能盡死生之誼。食恩慚鹵莽，鏤骨抱酸辛。二句自述。巢許山林誌，夔龍廊廟珍。鵬圖仍矯翼，熊軾且移輪。磊落衣冠地，蒼茫土木身。六句言

〔註3〕按：「鄂」，杜詩作「樗」。

升沉之別。**壞笢鳴自合，金石瑩逾新。重憶羅江外，同遊錦水濱。結歡隨過隙，懷舊益霑巾。**六句追敘交情。**曠絕含香舍，稽留伏枕辰。停驂雙闕早，廻雁五湖春。不達長卿病，從來原憲貧。監河受貸粟，一起涸中鱗。**八句自傷。

　　憶昔與公同在嚴公幕中，時方艱危，皆參大府。特君先我後，清塵稍間耳。君參幕而後入為中書，繼又奉使乘槎，致身要路。未幾，出為縣宰，飛葉今之鳧；入署臺郎，馴蕭芝之雉。乃公於嚴公，其高義則始終以之。昔衛青寵衰，門下多去，獨任安不去。嚴公逝後，君能始終其義，存歿不渝，是亦任安也。嚴母繼逝，門第荒蕪。君不惟嚴母在時，甘脆不缺；暨乎既歿，經紀靡遺。典喪撫孤，情義交至，比諸張老存趙武家事，山濤撫嵇康孤兒。而我獨負恩，為抱疢耳。君雖志在山林，欲為巢、許；然才堪廊廟，不異夔、龍。尚冀鵬圖，轉盼熊軾。王晁蕭雉，豈足久羈。夫鵬圖、熊軾，君既磊落衣冠之地；東西南北，我只蒼茫土木之身。今日升沉判矣。言念塤箎之誼，豈渝金石之盟。回首羅江，握手如咋；追維錦水，結歡未忘。惟是歲月如流，舊遊不再，不禁沾巾耳。況畫省違香，江樓伏枕，早年致仕，已停雙闕之驂；垂老他鄉，頻回五湖之雁。長卿之消渴難愈，原憲之藜羹不周。蒙叟長饑，監河誰貸？未卜使君能為我一起涸鱗否？

奉送二十三舅錄事之攝郴州

賢良歸盛族，我舅盡知名。徐庶高交友，劉牢出外甥。泥塗豈珠玉，環堵只柴荊。六句敘甥舅。**衰老悲人世，驅馳厭甲兵。氣春江上別，淚血渭陽情。舟鷁排風影，林烏反哺聲。永嘉多北至，勾漏且南征。**八句送之郴州。**必見公侯復，終聞盜賊平。郴州頗涼冷，橘井尚淒清。從役何蠻貊，居官志在行。**六句慰之勉之。

　　唐族盛於崔氏，凡係我舅，無不賢良。而知名者，漢末名士徐庶為尤。當年所交者，司馬、諸葛〔註4〕之流，舅氏是也。何無忌為劉牢之甥，舅是劉牢。我非無忌，然既為外甥，必似其舅。但我不能如衛玠，為王濟甥而似珠玉，但泥塗而已；又不能如魏舒為舅氏，成此宅相，但環堵而已。一身衰老，悲世無徒；窮年驅馳，厭亂未息。今日時氣當春，愴然江上之別；灑淚如血，淒其渭陽之情。痛舅氏在而母不見，母不見，舅氏又去也。舟鷁千群，已見排風之影；林烏一鳥，偏聞反哺之聲。晉永嘉之亂，元帝渡江，衣冠多自北至。至德後，兩京衣冠，多投荊南，有如永嘉。今日舅氏自北

〔註4〕「司馬諸葛」，二十一年本作「乃崔州平」。

南往郴州，不足戚也。昔年葛洪欲求丹砂，願為勾漏令。今日舅氏且南征耳。左氏云：「公侯子孫，必復其始。」亮崔係盛族，似此知名，豈終錄事？或者交、廣酋亂，密邇郴州，此則舅氏所憂，不知盜賊終當自平也。況郴州涼冷，橘井淒清，同是炎方，獨稱仙境。行矣舅氏，叱馭而往，蠻貊何憂。居官立志，在能自靖而已。

送趙十七明府之縣

連城為寶重，茂宰得才新。山雉迎舟楫，江花報邑人。四句「送明府」。論交翻恨晚，臥病卻愁春。惠愛南翁悅，餘波及老身。四句自述。

　　趙氏為連城壁，茂宰得此，卓然特出矣。明府未到治，魯恭馴雉，早迓舟前。明府將到治，潘岳名花，已開滿邑。我幸與論交，因遲暮反添其恨。況逢春日，因臥病，轉益其愁。明府到治後，必當惠愛南翁，俾之欣喜。后以餘波，徐及老身。庶今日「恨晚」、「愁春」，我心亦少慰夫。

送魏二十四司直充嶺南掌選崔郎中判官兼寄韋韶州

選曹分五嶺，使者歷三湘。二句「崔郎中」。才美膺推選，君行佐紀綱。二句「魏司直」。佳聲期共遠，雅節在周防。明白山濤鑒，嫌疑陸賈裝。四句勉之。故人湖外少，春日嶺南長。二句「送」。憑報韶州牧，新詩昨寄將。二句寄韋。

　　選司分於五嶺，以其遠也。朝廷以崔郎中為使者，掌選嶺南，已歷三湘去矣。夫推選非輕，才美堪任，崔固無愧。佐之者亦非易事。蓋選曹為紀綱地，判官以佐紀綱者。君行勉哉！當知紀綱以公明為主，而佳聲雅節之所關。明則甄拔不爽，如山濤之啟事，佳聲亦播。公則嫌疑不染，絕陸賈之裝橐，雅節彌章。此掌選與佐選當交勉者。君行矣。從此故人，湖外愈少；從此春日，嶺南愈長。此處有韋迢，為韶州牧，曾寄新詩。今憑判官往報。前所云「雖無南過雁，看取北來魚」〔註5〕者，此其驗矣。○「新詩」，即「養拙江湖外」一篇〔註6〕。陸賈使南粵，用於嶺南，甚切。

同豆盧峰貽主客李員外賢子棐知字韻

鍊金歐冶子，噴玉大宛兒。符彩高無敵，聰明達所為。夢蘭他日應，折桂早年知。爛熳通經術，光芒刷羽儀。以上美員外賢子。謝庭瞻不遠，點員外。潘省會於斯。點豆盧。唱和將雛曲，田翁號鹿皮。二句和詩意。

〔註5〕《杜詩闡》卷三十二《酬韋韶州見寄》。
〔註6〕《杜詩闡》卷三十二《酬韋韶州見寄》。

　　此員外賢子，利器則歐冶劍，神駿則大宛馬。符采橫發而無敵，精英早達而聰明。生而鍾祥，已應燕姞夢蘭之兆；長而對客，便膺郤詵折桂之知。況經術淹通，其學既富；羽儀卓犖，其表不凡。既為李員外子，是謝庭玉樹，式瞻不遠；會於豆盧峰家，是潘省雲閣，即會於斯。豆盧先有作，我從而和之。所唱和者，即將雛之曲。李員外攜子夾會，是為將雛。員外為鳳，賢子為雛。至於我，不過鹿皮翁耳。唱和之詩，於賢子何有哉！

歸雁　二首

萬里衡陽雁，今季又北歸。雙雙瞻客上，一一背人飛。雲裏相呼疾，沙邊自宿稀。六句「歸雁」。繫書無浪語，愁寂故山薇。二句故鄉之感。

　　我自去春來潭，衡陽之雁，兩度北歸矣。雁北歸者又北歸，人南征者更南征耶？初見其雙雙然瞻客而上，若有情於客者；徐見其一一焉背人而飛，若無意於人者。況欲歸而雲裏相呼，即信宿而沙邊已少。我欲繫書其足，一問故鄉，原不比上林浪語。無奈故山之信，寂寂不來。雖薇蕨關心，亮已無主。是我書亦無煩雁寄也已。

欲雪違胡地，先花別楚雲。卻過清渭影，高起洞庭群。塞北春陰暮，江南日暮曛。六句「歸雁」。傷弓流落羽，行斷不堪聞。二句借雁自傷。

　　雁畏寒，欲雪即違胡地，來何早也。雁畏暖，先花已別楚雲，去何速也。當其違胡地而來，曾留清渭之影；及其別楚雲而去，爭騫洞庭之群。計爾到時，塞北之春已暮；定知去後，江南之日早曛。嗟爾歸雁，其中豈無傷弓落羽、行斷難歸者？哀鳴之聲，奚忍聞耶！窮途之客，何以異是？

小寒食舟中作

佳辰強飲食猶寒，隱几蕭條戴鶡冠。二句「小寒食」。春水船如天上坐，老年花似霧中看。娟娟戲蝶間過幔，片片輕鷗下急湍。四句「舟中」。雲白山青萬餘里，愁看直北是長安。二句作詩之意。

　　佳辰不得不飲，亦只為佳辰強飲耳。飲則飲矣，食猶寒者，以小寒食也。此時隱几蕭然，鶡冠還戴。舟中何事，但見春水方壯，船力所浮，如在天上；春花雖發，老人看去，如在霧中。有花則有蝶，過間幔而戲人；有水則有鷗，下急湍而伴我。小寒食舟中如此。我心常在長安耳。長安在極北，以極南望極北，雲白山青，奚翅萬里。此萬里遙者，人道是何地耶？是長安也。普天之下，誰復知道是長安者。知道是長安，何忍置長安於度外哉？○「是長安」，「是」字極痛。當時逆節諸藩，昧於星共，若以

直北為不是長安者，故作此喚醒語。

燕子來舟中作

湖南為客動經春，提出「為客」，以下都作比況語。**燕子銜泥兩度新。舊入故園嘗識主，如今社日遠看人。**三句「燕子」。**可憐處處巢君室，何異飄飄托此身。暫語船檣還起去，穿花落水益霑巾。**四句「來舟中」。

　　我去春至潭，所見燕子銜泥，今已兩度。此燕子豈無故園？有故園則有主。舊日故園，亦曾識主。如今社日，竟遠看人於萬里外乎？誠舊主無不識也。惟其人，祇有看耳。最可憐者，君之室處處巢徧，奈終非故園何！雖曰君室，終難託身。既難託身，依然流落。所以船檣之際，暫來一語，忽還飛去，直至穿花不返，落水靡依。傷如之何哉！○「故園」比國。「識主」比得君而仕。「看人」即「薄俗防人面」〔註7〕意。公於歸雁悲「傷弓流落」〔註8〕，於社燕痛「穿花落水」，情見乎詞。

清明

著處繁華矜是日，長沙千人萬人出。渡頭翠柳豔明眉，爭道朱蹄驕齧膝。此都好遊湘西寺，諸將亦自軍中至。馬援征行在眼前，葛疆親近同心事。以上敘「清明」遊人。**金鐙下山紅日晚，牙檣捩拖青樓遠。古時喪亂皆可知，人世悲歡暫相遣。**以上游散。**弟姪雖存不得書，干戈未息苦離居。逢迎少壯非吾道，況乃今朝更祓除。**四句自傷。

　　清明當上巳，繁華矜是日矣。無處不然，亦無人不出。泛舟遊者，有渡頭佳人；騎馬遊者，有爭道俠客。勝地何在？湘西古寺是也。相傳湘西古渡，夾徑喬松，泉澗盤繞，諸峰疊秀，下瞰湘江，信都會也。此間士女，輻輳固宜；諸將何為，結隊爭至。其主將似馬援，雖征行在即而不顧；其佐將似葛疆，亦自恃親近而陪遊。一何河上逍遙耶！未幾遊倦，金鐙下山者，紅日已晚，爭道朱蹄亦去矣；牙檣捩拖者，青樓尚遙，渡頭明眉不見矣。長沙千人萬人出者，忽而千人萬人安在哉？因歎古時喪亂，大略可知；人世悲歡，偶然相遣。我長為楚客，寒食無家，寂寞於千人萬人中，潦倒於翠柳朱蹄際。所思者，弟姪耳，雖存而不得書；所苦者，干戈耳，久客而猶未息也。此少壯，非我思存，何事逢迎，相與征逐？夫清明而弟姪各方，我滋戚矣。又逢上巳，方祓除已往之不暇，又何暇於逢迎新進哉！

〔註7〕《杜詩闡》卷二十七《課小豎鉏斫舍北果林枝蔓荒穢淨訖移牀三首》之二。
〔註8〕此卷前《歸雁二首》之二。

贈韋七贊善

鄉里衣冠不乏賢，杜陵韋曲未央前。**爾家最近魁三象，**公自注：「斗魁下兩兩相比為三台。」**時論同歸尺五天。**公自注：「俚語曰：『城南韋杜，去天尺五。』」**北走關山開雨雪，南遊花柳塞風煙。洞庭春色悲公子，蝦菜忘歸范蠡船。**前四句家聲相若，後四句去住不同。

  韋、杜衣冠世族，代不乏賢，其地皆在未央宮左。雖爾家之象，最近三台，韋所獨也；乃時論言天，同歸尺五，杜所同也。爾北歸長安，關山春暖，雨雪若為爾開；我南滯湘潭，花柳春殘，雲煙若為我塞。豈洞庭之春色獨非，悲公子歸而故人留耳。昔范蠡扁舟，泛湖忘返。今杜陵遠客，滯此不歸。豈無鄉里衣冠之思，似有越人蝦菜之戀，亦何為哉？○越人呼海錯為蝦菜，即公《小白》〔註9〕詩「風俗當園蔬」之義。

風雨看舟前落花戲為新句

江上人家桃樹枝，春寒細雨出疏籬。影遭碧水潛勾引，風妒紅花卻倒吹。四句風雨落花。吹花困擩傍舟楫，水光風力俱相怯。赤憎輕薄遮人懷，珍重分明不來接。四句舟前看落花。濕久飛遲半欲高，縈沙惹草細於毛。蜜蜂蝴蝶生情性，偷眼蜻蜓避伯勞。四句諷辭。

  此桃樹枝為江上人家之物，宜自愛矣。當此春雨，漫出疏籬，能免取侮哉？影遭碧水，潛來勾引之嫌；風妒紅花，不免倒吹之虛。我於舟前，見此花情困擩，聊賴無依。既怯勾引之水光，又怯倒吹之風力，何狼籍哉！豈不憐之？生憎此花，當其漫出疏籬，自取輕薄，所以雖飄懷袖，眼裏分明，不復來接，誠自待珍重，不屑與輕薄者為緣耳。未幾，傍舟楫者，濕久飛遲，或去縈沙，或往惹草。嗟此桃枝，竟與沙草為伍耶？此時不獨見棄於人，並見棄於物。彼愛花香者惟蜂蝶，今似生情性而不來；偷眼窺者有蜻蜓，忽然避伯勞而飛去。落花輕薄，自取見棄耳。失身當戒，即落花可鏡矣。

岳麓山道林二寺行

玉泉之南麓山殊，道林林壑爭盤紆。寺門高開洞庭野，殿腳插入赤沙湖。五月寒風生佛骨，六時天樂朝香爐。地靈步步雪山草，僧寶人人滄海珠。塔劫宮牆壯麗敵，香廚松道清涼俱。蓮花交響共命鳥，金榜雙廻三足烏。以上賦「嶽麓山道林」。方丈涉海費時節，玄圃尋河知有無。

〔註9〕《杜詩闡》卷二十五《白小》。

暮年且喜經行近，春日兼蒙暄暖扶。飄然斑白身奚適，旁此煙霞茅可誅。桃源人家易制度，橘洲田土仍膏腴。潭府邑中甚淳古，太守庭內不喧呼。昔遭衰世皆晦迹，今幸樂國養微軀。依止老宿亦未晚，富貴功名焉足圖。久為謝客尋幽慣，細學何顒免興孤。一重一掩吾肺腑，山鳥山花吾友于。以上卜居。宋公放逐曾題壁，物色分留與老夫。公自注：「之問也。」

　　玉泉南有麓山寺，與道林寺林壑紆廻爭勝。二寺之門，其高開處，皆向洞庭野。二殿之腳，其插入處，皆至赤沙湖。高大如此，所以佛骨冷五月之風，湖山無寒暑也；香爐朝六時之樂，天人無晝夜也。地靈產肥，雪山之草，步步而生，二寺同也。僧賢性慧，滄海之珠，人人而得，二寺一也。以言塔劫，其宮牆壯麗，麓山與道林悉敵。以言香廚，其松道清涼，道林與麓山俱然。其共命鳥鳴拂蓮花者，二寺交響；其三足鳥照耀金榜者，二寺雙回。景象如此。此即方丈，何必入海而求，空費時節。此即玄圃，更欲尋源而訪，焉知有無？而況二寺即在西岸，勝遊正值豔陽。斑白之身，捨此奚適？諫茅之地，捨此焉求？且桃源人家，制度易於為力；橘洲水鄉，膏腴足以資生。人民有淳樸之風，大守無喧呼之擾哉！因歎昔人避亂，晦迹遐方。今我微軀，此地可適，從此依止老宿而未晚，更何富貴功名之可圖。謝客尋幽，從來本慣；何顒逸興，忍令其孤。而況此山，其為境，一重一掩，即我肺腑，信乎「尋幽慣」矣；其為物，山鳥山花，即我友于，信可「免興孤」矣。豈獨我哉！當年宋公放逐，經，此其題壁遺跡，至今分留物色，以資老犬之遊。老夫存此題詠，使後人憑弔老夫，亦猶老夫憑弔宋公云爾。

奉酬寇十侍御錫見寄四韻復寄寇

往別郇瑕地，於今四十年。來簪御府筆，故泊洞庭船。四句敘別。詩憶傷心處，春深把臂前。二句酬詩。南瞻按百越，黃帽符君偏。二句送別。

　　我少游郇瑕，別君四十年矣。彼時一命猶微，今已簪筆御府。夫君奉天子簡書至此，是王言不宿時；而泊船洞庭湖者，為訪我故耳。且貽我四韻，其中寫到郇瑕別況，使人難讀。今日泊船把臂，正當洞庭春深時。四十年中，豈繫無春？似四十年來之春，偏深於今日「把臂前」也。君此來，為按百粵，行見簪筆南去。我客湘江，引領待君，能勿黃帽欹斜哉？

白馬

　　時崔瑾見殺於臧玠。白馬，瑾所乘馬。

白馬東北來，空鞍雙貫箭。可憐馬上郎，意氣今誰見。四句被殺。近時主將僭，中夜商於戰。喪亂死多門，嗚呼淚如霰。四句傷之。

　　崔瓘被殺，白馬從東北來者，但貫雙箭，馬上郎意氣不復見矣。昔楚人貪商於而絕齊，秦人負商於而敗楚。商於地止六百，構釁無已。今主將被僭，賊臣交戰，中夜未休，蓋意在據潭，猶楚人貪商於地也。夫喪亂之時，死者多門，或得其正，或不得其正。崔瓘之死，誠得其正者，使我淚下如霰耳。○按：臧玠犯州城時，以殺達奚覯為名。崔瓘惶遽，走逢玠兵，遂遇害。「白馬東北來」，正合道逢遇害之說。

入衡州

　　時衡州刺史陽濟同道州刺史裴虬合兵討臧玠，公避亂入衡，兼依濟。且由衡及郴，時公二十四舅攝郴州也。

兵革自久遠，興衰看帝王。漢儀甚照耀，胡馬何猖狂。老將一失律，清邊生戰場。君臣忍瑕垢，河嶽空金湯。重鎮如割據，輕權絕紀綱。軍州體不一，寬猛性所將。以上舉往事說入，以見致亂之故。嗟彼苦節士，素於圓鑿方。寡妻從為郡，兀者安堵牆。凋敝惜邦本，哀矜存事常。旌麾非其任，府庫實過防。恕己獨在此，多憂增內傷。偏裨限酒肉，卒伍單衣裳。元惡迷是似，聚謀洩康莊。竟流帳下血，大降湖南殃。烈火發中夜，高煙燒上蒼。至今分粟帛，殺氣吹沅湘。福善理顛倒，明徵天莽茫。以上敘崔瓘被殺。銷魂避鋒鏑，累足穿豺狼。隱忍枳棘刺，遷延胼胝瘡。遠歸兒侍側，猶乳女在旁。久客幸脫免，暮年慚激昂。蕭條同水陸，汩沒隨漁商。報主身已老，入朝病轉妨。悠悠垂薄俗，鬱鬱回剛腸。參錯走洲渚，春容轉林篁。片帆在郴岸，通郭前衡陽。華表雲鳥埤，名園花草香。旗亭壯邑屋，烽櫓蟠城隍。以上敘避亂入衡。中有古刺史，盛才冠巖廊。扶顛持柱石，獨坐飛風霜。昨者間瓊樹，高談隨羽觴。無論再繾綣，已是安蒼黃。劇孟七國畏，馬卿四賦良。門闌蘇生在，勇銳白起強。公自注：「蘇生，侍御渙。」問罪富形勢，凱歌懸否臧。氛埃期必掃，蚊蚋焉能當。以上頌美衡守。橘井舊地宅，仙山引舟航。此行厭封雨，厥土聞清涼。諸舅剖符近，開緘書札光。頻繁命屢及，磊落字百行。江總外家養，謝安乘興長。下流匪珠玉，擇木羞鸞凰。我師嵇叔夜，世美張子房。公自注：「彼椽張勸。」柴荊寄樂土，鵬路看翱翔。以上入郴州。

國家用兵久矣，其興衰之故，亦看帝王所為何如耳。昔者漢家威儀，甚是照耀。
祿山一動，遂至猖狂。老將如哥舒翰者，潼關失守，兩京隨陷，從此清邊皆生戰場。
夫潼關失律，雖翰之咎，而祿山敢作亂者，明皇優容之故耳。甚矣！匿瑕忍垢，適以
長亂。河嶽金湯，不足恃也。今日河北重鎮，割據一方，駕馭權輕，紀綱廢墜。以至
軍州將帥，各自為制，寬猛任性，往往失宜。何怪偏裨驕悍，不能復馭，篡弒公行哉！
崔瓘本苦節士，與世寡合。其為郡，無論其他，即如寡妻，人所易虐者，自崔瓘為郡，
使之得所，如兀者安於堵牆。蓋由潭俗凋敝，民為邦本，故哀矜以為常。乃馭將則非
其任也。夫府庫之財，支給軍士，無須過防者，況於己則恕，待人則苛，能無召多憂，
增內傷與？府庫封，賜予吝，偏裨卒伍，衣食不給，因而元惡以似是之言，煽惑帳下，
逆謀洩，主將僇，湖南罹殃矣。向者限酒肉，單衣裳；今也劫府庫，分粟帛。不獨火
焚徹夜，甚而殺氣吹湘。夫福善禍淫，天道明徵，亂臣賊子，難逃冥譴。今何顛倒渺
茫也！潭亂如此，我將安適？於時銷魂避鋒鏑之加，重跰穿豺狼之窟。行藏不定，進
退維谷。猶幸兒歸免禍，女乳在懷。雖已脫虎口而遄行，似屬僥倖；不能叱白刃而使
散，有愧激昂。蕭條水陸之程，地不暇卜矣；汨沒漁商之侶，人不暇擇矣。報主年衰，
入朝路阻。明知薄俗，悠悠且隨；亦有剛腸，鬱鬱坐困。計惟衡州是適耳。俄而路窮
洲渚，帆轉林篁，遂由郴岸達衡陽焉。城頭華表，雲鳥高騫；宅裏名園，花香撲鼻。
而況旗亭壯，樓櫓雄，入其境，知刺史矣。刺史何人？陽中丞濟是也。巖廊重望，彈
壓邊疆。蓋刺史而兼中丞，則以推扶顛。既為柱石，以標獨坐，更凜風霜。我舊歲入
衡，已親瓊樹；今茲繾綣，定慰蒼黃。而問誰似劇孟之俠，為七國所畏；似馬卿之才，
更四賦皆長。刺史門闌，有蘇生在。夫蘇生，俠是劇孟，才是馬卿。乃其勇銳，又是
白起，以坑賊臣，何難之有？今日各州刺史，協力討賊，問罪之師，形勢已富。夫師
出以律，否臧則凶，果爾凱歌，則與否臧懸絕。是氛埃立掃，臧玠蚊蚋，不足當其撲
滅也。我由郴岸達衡州，更由衡州往郴州焉。蓋郴州橘井，從來古蹟；蘇躭仙山，足
引舟航。我此行正厭暑雨，乃此地最為清涼。況諸舅當州事頻繁之時，有書札屢及之
誼。彼江總原托外家，是莫親於舅氏也；謝安從來乘興，是莫美於仙山也。自愧下流，
難為外家珠玉；縱然擇木，羞稱舅氏鸞凰。然所師者嵇叔夜，所依者張子房。此處崔
公，實叔夜一輩；幕中張橡，亦子房一流。我柴荊樂土，若將終身；舅鵬路翱翔，會
須拭目。郴州攝事，豈足老我舅氏耶？○按：崔瓘以士行修謹聞，為湖南觀察使。將
吏寬弛不奉法，少以禮法繩之，下多怨者。此詩直從朝廷御將，寬猛失道說來，以見
悍將驕卒，習以為常，宜乎不服崔瓘繩束，有此禍也。當年明皇忍瑕垢，召介狄，浸

假至肅、代，習為故事。崔旰殺郭英義〔註 10〕，而優容之；朱希彩殺李懷仙，反以為留後。今臧玠殺崔瓘，偏裨上表，欲以節鉞歸玠，無非君臣忍瑕垢之過耳。故歷言之。馬卿、劇孟，舊比刺史〔註 11〕，未合。但張儀願為門闌之廝，白起盡坑長平之卒，繼又以兩人比渙，則渙為人可知。

舟中苦熱遣懷奉呈陽中丞通簡臺省諸公

愧為湖外客，看此戎馬亂。中夜混黎甿，脫身亦奔竄。平生方寸心，反當帳下難。嗚呼殺賢良，不叱白刃散。我非丈夫特，沒齒埋冰炭。恥以風疾辭，胡然泊湘岸。入舟雖苦熱，垢膩可溉灌。痛彼道邊人，形骸改昏旦。以上「舟中苦熱遣懷」。中丞連帥職，封內權得按。身當問罪先，縣實諸侯半。士卒既輯睦，啟行促精悍。似聞上游兵，稍逼長沙館。鄰好彼克修，天機自明斷。南圖卷雲水，北拱戴霄漢。美名光史臣，長策何壯觀。以上「奉呈陽中丞」。驅馳數公子，咸願同伐叛。聲節哀有餘，夫何激衰懦。四句「通簡臺省諸公」。偏裨表三上，鹵莽同一貫。始謀誰其間，回首增憤惋。四句言臧玠之黨。宗英李端公，守職甚昭煥。變通迫脅地，謀畫焉得筭。王室不肯微，凶徒略無憚。此流須卒斬，神器資強幹。六句誦李勉。扣寂豁煩襟，皇天照嗟歎。二句自言。

我自愧為湖外客，無討賊權，坐視此亂混黎甿，徒奔竄耳。彼崔瓘平生心事，無愧無怍，反遭帳下之難。我不能一叱元惡，出賢良於白刃，安在其為丈夫特，亦沒齒埋沒而已。雖曰風疾，豈不抱疢？但既以風疾為辭，不得又泊湘岸，逗遛其地，故遂脫身奔竄也。夫舟熱雖苦，垢膩喜灟，道暍難堪，蒼生宜救。猶幸中丞有連帥之職，封內事無大小，其權皆得親按，非我湖外客比。前驅問罪，整旅啟行，率此勁師，直搗賊窟，一中丞已足當之。況上游健卒，將集長沙；鄰好克修，獨斷在我。南圖封豕，卷雲水而直殲渠魁；北拱朝廷，戴霄漢而共獎王室。美名著，長策紓矣。我既奉呈陽公，因而通簡臺省。若裴公虯，若李公勉，今皆會師於衡。數公子者，或臺，或省，皆有伐叛之心，起懦激衰，共矢將伯之義。所望中丞，能帥先耳。況偏裨諸將，同惡共濟，三次上表，以明臧玠之無罪，欲以節鉞歸之。其商莽無知，略同一貫。此始謀之人，不知為誰。不禁回首增憤耳。若諸公不早除凶，使賊臣據

〔註 10〕按：「義」，當作「乂」。
〔註 11〕《補注杜詩》卷十六《入衡州》：
　　　　趙曰：「劇孟、馬卿，以比刺史。」

有節鉞，事不可為矣。諸公中，李端公尤屬宗英，其守曦昭煥，必能出奇制勝，料敵如神。於迫脅之地，變通不格。其所謀畫，豈由人籌？中丞有維翰之託，宗英有維城之寄，扶王室，殲凶徒，決不使王室卑微，凶徒驕橫。其凶徒必盡殺乃止，然後神器奠，強幹張，即王室不微矣。我懷憤惋，尺寸無權，扣寂賦詩，豁煩自遣。耿耿此心，付之長歎。皇天在上，實鑒臨之而已。○呈陽中丞曰「此流須卒斬」，呈聶令曰「興在北坑趙」〔註12〕，曰「斬」、曰「坑」，盡絕之辭。蓋亂臣賊子，不容覆載。當時朝廷姑息養亂，公慮諸君復有杜鴻漸調停崔旰、衛伯玉調停楊子琳之事，故切齒言之。唐藩鎮有事，皆用偏裨上表，假眾論以脅制朝廷，故有「偏裨上表」句。三上言，其要求不已也。或曰〔註13〕：「初，崔旰殺英，又楊子琳起兵討旰，杜鴻漸各授官以和解之。及子琳攻旰敗還，縱兵涪夔。衛伯玉請於朝，以為峽州團練。及臧玠投崔瓘，子琳聲言問罪，取略而還。公詩所謂『偏裨表三上，鹵莽同一貫』者，合前後三叛言之。」按：子琳兵時初發澧州，取略而還，事尚在後，未合。

江閣對雨有懷行營裴二端公

南紀風濤壯，陰晴屢不分。野流行地日，江入度山雲。四句雨前。層閣憑雷殷，長空面水文。二句「江閣對雨」。雨來銅柱北，應洗伏波軍。二句「有懷裴公」。

　　江漢為南國之紀，風濤甚壯。無奈陰晴之象，久而不分。使行地之日為流，度山之雲亦濕也。未幾，雷鳴層閣，雨布長空。雨何來耶？自銅柱北也。伏波之軍，得雨應洗，端公到而義旗所指，罪人得，凱歌作，其此象與？

題衡山縣文宣王廟新學堂呈陸宰

旄頭彗紫微，無復俎豆事。金甲相排蕩，青衿一憔悴。嗚呼已十年，

〔註12〕此卷後《聶耒陽以僕阻水書致酒肉療饑荒江詩得代懷興盡本韻至縣呈聶令陸路去方田驛四十里舟行一日時屬江漲泊於方田》。
〔註13〕按：即錢《箋》。
　　　《錢注杜詩》卷八《舟中苦熱遣懷奉呈楊中丞通簡臺省諸公》「始謀」：
　　　《通鑑》：「臧玠之亂澧州，刺史楊子琳起兵討之，取略而還。」初，崔旰殺郭英乂，子琳起兵討旰，杜鴻漸各授官以和解之。及子琳攻旰敗還，縱兵涪夔。衛伯玉請於朝，以為峽州團練使。及臧玠殺崔瓘，子琳聲言問罪，取略而還。公詩所謂「偏裨表三上，鹵莽同一貫。始謀誰其間，迴首增憤惋」者，合前後三叛言之也。始謀蓋追論鴻漸、伯玉，故曰「迴首增憤惋」。唐藩鎮有事，俱用偏裨上表，假眾論以脅制朝廷也。

儒服敝於地。征夫不遑息，學者淪素志。以上學校久衰。我行洞庭野，
歘得文翁肆。俅俅胄子行，若舞風雩至。周宣宜中興，孔門未應棄。
是以資雅才，渙然立新意。衡山雖小邑，首唱恢大義。因見縣尹心，
根源舊宮閟。講堂非曩構，大廈加塗塈。下可容百人，牆隅亦深邃。
何必三千徒，始壓戎馬氣。林木在庭戶，密幹疊蒼翠。有井朱夏時，
轆轤凍堦戺。耳聞讀書聲，殺伐災髣髴。以上新學堂成。故國延歸望，
衰顏減愁思。南紀收波瀾，西河共風味。采詩倦跋涉，載筆尚可記。
高歌激宇宙，凡百慎失墜。以上寫所呈之意。

　　自安、史作亂，旄頭久彗紫微矣，先師俎豆委於草莽。金甲盛，青衿衰，十年於
茲，儒服難問。金甲盛則征夫之休息無期，儒服敝則學者之素志不振。當時國學室堂，
半居軍士；成均重地，委諸宦官。鄉學可知矣。不謂洞庭忽開文翁之肆，旋見胄子來
詠舞雩之風。豈非周室中興，聖道未墜，雅才足賴，渙然更新與？夫十室之邑，必有
忠信。衡山雖小，大義首恢，具見縣尹之心，根源舊宮之地。其講堂則新建，非曩構
也。其大廈則舊製，加塗塈也。其牆高宮廣，則百人可容，一望深也。夫詩書可為干
櫓，衣冠可禦強暴。魯僖修泮，淮夷率服。當此亂賊充斥，安在文教不足革心？今日
雖無三千之徒，乃戎馬之氣，即此可壓矣。於時林木蒼翠於戶庭，若見杏壇之茂；清
泉澄湛於朱夏，若挹洙泗之源。書聲徹，殺氣消，則紫微耀，旄頭滅矣。夫下邑儒生，
得與文翁之肆；豈長安胄子，終外孔父之門？我繫懷故國，幸見新學，忽減愁思耳。
南紀波瀾，指日應收；西河風教，從此共聞。雖太史軒車，采風不至；乃老成文獻，
載筆寧忘。所為感激高歌，勿使仲尼之道，將來墜地，則陸宰明德，亦與此堂俱遠也。
○時臧玠作亂於潭，篇中「戎馬」、「殺伐」、「南紀波瀾」，皆傍此說。「髣髴」，謂殺
伐之氣在若有若無間。

朱鳳行

　　公以朱鳳比陽濟。

君不見瀟湘之山衡山高，山巔朱鳳聲嗷嗷。側身長顧求其曹，翅垂口
噤心甚勞。四句求曹。下愍百鳥在羅網，黃雀最小猶難逃。願分竹實及
螻蟻，盡使鴟鴞相怒號。四句求曹之故。

　　瀟湘之山多矣，衡山為高。猶陽濟有連帥之職，為諸侯長。衡山有朱鳳，群鳥隨
之。衡山有陽濟，諸刺史從之。乃朱鳳之聲，嗷嗷然若有所求矣。聲嗷嗷者，如控大
邦，哭秦廷，為求其曹耳。求其曹者，懼勢孤力弱，故側身長顧；又恐其曹不協力，

而嗷嗷愈急也。陽公身攝連帥，同爾兄弟，詢爾仇方，其移檄乞師，情有如此者。人但見其翅垂口噤，不過側身聲嗷嗷耳，豈知其為心，誠甚勞哉！心甚勞者，豈私一己，其心愍百鳥在羅網也。其心愍百鳥中，黃雀最小，猶難逃也。願分竹實，以及螻蟻，使不為鴟鴞所殘。是則朱鳳之心耳。陽公之思急拯百姓，何以異是。至於鴟鴞，若臧玠輩，盡撲殺之，使相怒號。亦不惜矣。

聶耒陽以僕阻水書致酒肉療饑荒江詩得代懷興盡本韻至縣呈聶令陸路去方田驛四十里舟行一日時屬江漲泊於方田

耒陽馳尺素，見訪荒江渺。二句總起。義士烈女家，風流我賢紹。昨見狄相孫，許公人倫表。前朝翰林後，屈跡縣邑小。六句美聶令。知我礙湍濤，半旬獲浩漾。麾下殺元戎，湖邊有飛旐。孤舟增鬱鬱，僻路殊悄悄。側驚猿猱捷，仰羨鸛鶴矯。禮過宰肥羊，愁當置清醥。以上書致酒肉之故。以下敘阻水心事。人非西喻蜀，興在北坑趙。方行郴岸靜，未話長沙擾。崔師乞已至，澧卒用矜少。問罪消息真，開顏憩亭沼。〔註14〕
公自注：「臧玠殺崔瓘，長沙擾亂。聞崔侍御漢乞師於洪府，師已至袁州。比楊中丞子琳問罪，將士自澧上達長沙。」

　　耒陽有令，忽馳尺素，訪我荒江，出意外矣。蓋因此令非他人，係義士聶政烈女姊縈之家。其風流不同，令能紹其美烈，有此訪耳。即狄相孫名兼薈者，亦以人倫之表相推。惜令以翰林後人，屈於州縣也。今日訪我，豈非知我哉？知我荒江阻水，已值半旬。為值臧玠之亂，殺元戎，飛白旐。我之孤舟，鬱鬱難開；處此僻路，悄悄殊甚。不能如猿猱捷足，馳於山巔；鸛鶴矯翅，翔於雲際。窮途甚矣，酒肉見遺。斯禮也，視宰肥羊而過之。此愁也，得置清醥而可釋，殲賊之興，因而勃發。顧此賊臣，非如司馬於巴蜀，可喻以檄；當如武安於趙卒，悉委諸坑。我思與賢宰一話此事，奈方行郴岸，江漲難前。但聞侍御乞師，自洪州來，已至袁州。中丞勁卒，自澧水下，已臨潭境。側耳聽之，消息已真。對此亭沼，喜動顏色。我且泊此方田驛，側耳聞滅賊好音也。〇公率於耒陽，未嘗回潭。考鄭谷詩「耒陽江口春山綠，慟哭應尋杜甫墳」〔註15〕，鄭去公不遠，卒於耒陽，墓於耒陽，似為有據。不獨元積墓誌，竟以寓卒為證也。

〔註14〕以下文字，大通書局本闕。
〔註15〕（唐）鄭谷《鄭守愚文集》卷一《送田光》。

附錄一：《杜詩闡》相關評論

一、錢佳《題識》〔註1〕

向者予學詩於瓣香居士，亟稱盧文子《杜詩闡》一編，既而從外從祖再生翁遊西泠，見其笈中有是書，受而讀之。考據精確，脈絡分明，洵善本也。翁又加以丹鉛，眉目更覺楚楚，不啻少陵之覿面也。因遍購諸書肆，三年始得之。今歲辛巳，自暮春至仲秋，往來於南湖、西泠之間，篷窗寂坐，目擊雲山變幻，魚鳥出沒，應接不窮，不覺又作讀杜詩之想，重請再生翁原編，仿其圈點，凡一百三十有四日，未卒業。冬，以病杜門，續所未竟，又月餘，始得告竣，病亦隨愈。昔人云杜詩可愈瘧，余未敢信，然予兩月之病，始殆天之假我以成是書歟？因喜而識之。時康熙四十年十有二月上浣三日呼凍書。

（中國社會科學院文學研究所藏清錢佳過錄再生翁批點盧元昌《杜詩闡》）

二、方功惠《跋》〔註2〕

（前缺一頁）摭拾舛誤者，亦復不少。從未有以四書講章、時文批語之例而注杜者。此本為國初盧元昌注，《提要》列於《附存目》中。每篇不注出處，詮釋文義，貫穿一氣，間用排偶，或引時事，作為講章，如《四書味根錄》之例，亦創見之格，用心亦良苦矣，毋怪為《提要》所譏。因其雕鏤精良，紙墨佳妙，故亦什襲藏之，而撮其大旨，識於此，並錄《四庫提要》於書首云。

〔註1〕孫微輯校《清代杜集序跋匯錄》，人民文學出版社 2017 年版，第 90 頁。
〔註2〕孫微輯校《清代杜集序跋匯錄》，人民文學出版社 2017 年版，第 91 頁。

光緒十有八年九月立冬前一日，巴東方功惠柳橋甫識於碧琳琅館，時年六十有四。

（方功惠藏《杜詩闡》）

三、《杜詩詳注》〔註3〕

若盧元昌之《杜闡》，徵引時事，間有前人所未言。

四、《四庫全書總目》〔註4〕

《杜詩闡》三十三卷（江蘇周厚堉育家藏本）

國朝盧元昌撰。元昌有《左傳分國纂略》，已著錄。是書成於康熙壬戌。前有《自序》，稱杜詩有因注而顯者，有因注反晦者。一晦於訓詁之太雜，一晦於講解之太鑿，一晦於援引之太繁。反是者，又為膚淺凡庸之詞曰：「吾以杜注杜也則太陋。」其持論甚當。然其注如《四書講章》，其評亦如時文批語。說詩不當如是，說杜詩尤不當如是也。

五、《來燕榭讀書記》〔註5〕

《杜詩闡》

余將為杜陵傳，頗收注杜舊本。所儲如明初黑口本、汪士鍾藏影宋本、嘉靖本、淨芳亭白文本等不下數十種。清刻之佳者，有舊人批校朱鶴齡本、吳兔牀批本偶評、康熙刻杜詩會粹。至舊批錢注及知本堂讀杜，則已失去。清初舊刻注杜最夥，將肆全力以收之。此本有乾隆中杜氏過吳日千批筆，精好可愛，見於徐紹樵許，還價未諧。今日除夕，而天頗晴暖，偕小燕閒遊坊市，忽發興得此以歸。家藏杜陵集乃又多一善本。除日收書，意興大快，漫識卷尾。黃裳。

乙未除夕收於海上。丙申三月初五日更閱，已春深矣。黃裳記。

庚子新春，歸自奉賢，重理故業，研朱點閱故籍，得片刻閒，自謂無上樂事。明日又將歸去。酒後微醺，燈前閱此，因跋數行，漫記歲月。憶得此書

〔註3〕（清）仇兆鰲《杜詩詳注》卷首《杜詩凡例》「近人注杜」，中華書局 2015 年版，第 27 頁。

〔註4〕（清）永瑢《四庫全書總目》卷一百七十四集部二十七別集類存目一。

〔註5〕黃裳《來燕榭讀書記》，遼寧教育出版社 2001 年版，第 283～284 頁。按：丙申為 1956 年，庚子為 1960 年。

恍如昨日，而光陰荏苒，瞬已四載。嘘，可慨也已。黃裳記。

杜詩闡三十三卷，康熙刻，十行，二十二字。上下黑口，單邊。前有年家社弟魯超序。「康熙壬戌夏日盧元昌文子氏題於思美廬」自序。卷尾有朱筆跋三行「乾隆三十二年十月朔日，依吳騏日千氏藏本評閱，凡越三月而竟。余時株守在家，閒窗無事，然俗冗匆匆，不免時作時輟，故多不成字者。後人或有餘閒，必須另寫一部以藏，此作腳本可也。戊子春王，後學杜芳榮敬志。」下鈐「望齡」朱白文聊珠印。收藏有「小李山房圖籍」（白方）、「柯溪藏書」（白方）、「杭州王氏九峰舊廬藏書之章」（朱方）。

六、洪業《杜詩引得序》〔註6〕

華亭盧元昌文子《杜詩闡》三十三卷。刻本自序於康熙壬戌（1682）。據云：

> 乙巳〔1665〕秋余邁瘧甚，客告曰世傳杜少陵「子璋髑髏血模糊」句，誦之可止瘧，予怪之。繼而稽諸集，乃少陵《戲作花卿歌》中句也。遂輟藥杵，將全集從頭潛詠之，未兩卷，予忘乎瘧，瘧竟止。因知非《花卿歌》中之句之能止瘧，而心乎少陵詩忘乎瘧者之能自己其瘧也。……病間，遂從事於《少陵集》。……古今注家，奚翅數十……予於雜者芟之，使歸於一；於鑿者核之，使確；於繁者約之，使不多指而亂視；於陋者澤之，使雅；於簡者櫛比而遍識之，使不罣漏。而又加以鎔鑄組織之功焉。以意逆志，既又發其言中之意，意中之言，使當年幽衷苦調，曲傳紙上。而又旁羅博採，凡注家所未及者，約千有餘條，名之曰《杜詩闡》。蓋自己巳至壬戌〔1682〕凡十八年矣，何朝夕，何寒暑，不手是編？今日得授梓也，
> 亦曰吾生之憂患多矣，借是以忘其所苦，而得其所樂焉云爾。

此自述其於《杜詩》之經驗也，非鶩名好事者之比。書中錄詩，不載校文，編次與諸家皆不同，但亦大略以地時為先後。詩中輒注出段落後，則先譯詩為文，時亦抑揚可誦，更勝吳見思所作；又輒更綴一小論，多是引證史事，或別舉杜詩他篇，以求闡發杜意無遺云。間有發明，如於《鳳凰臺》「安得萬丈梯，

〔註6〕洪業著；曾祥波譯《杜甫：中國最偉大的詩人》附錄二洪業《杜詩引得序》，上海古籍出版社 2014 年版，第 334～335 頁。

為君上上頭。恐有無母雛，飢寒聲啾啾」，則謂鳳雛比太子俶，杜甫欲效園、綺之功，使免於張良娣之害。如於《奉贈韋左丞丈二十二韻》「騎驢三十載」，則云「當是騎驢十三載，時杜公年未四十」。類此之屬，皆好學深思所得。《四庫・存目》僅知貶「其注如四書講章，其評亦如時文批語」，非持平之見也。

七、葉嘉瑩《秋興八首集說・引用書目》〔註7〕

二九、杜詩闡三十卷十九冊清盧元昌撰〔詩闡〕

清康熙思美盧藏版，卷首有康熙壬戌（公元 1682 年）盧元昌自序。（按此書亦不注字句，但於每詩之後，以散文加以評說，與《杜詩論文》同，惟所說較論文為精深可取。）

八、《杜甫評傳》〔註8〕

除了上述六種〔註9〕之外，清代較有特色、較有價值的杜詩注本還有金聖歎《杜詩解》、吳見思《杜詩論文》、盧元昌《杜詩闡》、黃生《杜詩說》等，不勝枚舉。就學術水準而言，清代注本後來居上，是對歷時千年的杜詩闡釋學的總結。

九、《中國詩學大辭典》〔註10〕

《杜詩闡》杜詩評注本。三十三卷。清盧元昌撰。元昌字文子，華亭（今上海松江）人，生活於清初，生平事蹟不詳。據此書自序之「憶余丁壯盛，沉溺於雞林之業者垂二十年」，知其曾長期為一書商。盧氏勤奮好學，治學亦尚嚴謹，著有《左傳分國纂略》。盧元昌自康熙四年（1665）開始撰寫《杜詩闡》，至康熙二十一年始告完工。此書重點在於闡釋詩意，故名。錄詩以作年之先後為序，不分古近體，少數詩篇之繫年與諸家不同。盧氏對於前人之評注，有所不滿，他認為：「有因注反晦者：一晦於訓詁之太雜；一晦於講解之太鑿；一晦於援證之太繁。反是者，又為膚淺凡庸之詞，曰『吾以杜注杜也』，則太陋！況長篇而所發明者只一二言，數首而所發明者只一二言，其眾所曉者及

〔註7〕葉嘉瑩《秋興八首集說》，北京大學出版社 2014 年版，第 7 頁。

〔註8〕莫礪鋒《杜甫評傳》，南京大學出版社 1993 年版，第 414 頁。

〔註9〕按：指《杜臆》十卷、《錢注杜詩》二十卷、《杜工部集輯注》二十卷、《杜詩詳注》二十五卷、《讀杜心解》六卷、《杜詩鏡銓》二十卷。

〔註10〕傅璇琮等主編《中國詩學大辭典》，浙江教育出版社 1999 年版，第 1348 頁。

之，眾所不曉者仍置焉，如是者又太簡。余於雜者芟之使歸於一，於鑿者核之使確，於繁者約之使不多指而亂視，於陋者澤之使雅，於簡者櫛比而遍識之使不罣漏，而又加以鎔鑄組織之功焉。以意逆志，既又發其言中之意，意中之言，使當年幽衷苦調曲傳紙上，而又旁羅博採，凡注家未及者約千有餘條。」（見其自序）全書之評注，概出於己而不援引他人。詩題之下，偶有解說；句段之間，也時加數語，說明其意；詩後則綴一短文，串解全詩，時加闡發，並作評論。《四庫全書存目》著錄了此書，其《總目提要》譏此書曰：「其注如《四書》講章，其評亦如『時文』批語，說詩不當如是，說杜詩尤不當如是也。」洪業《杜詩引得序》則謂此書不無好學深思之所得，《四庫全書總目提要》之評，「非持平之見也」。周采泉《杜集書錄》亦謂此書「所闡發者，正有發人所未發也」，「可取資者不少」，與吳見思《杜詩論文》同為清初杜集注本中有獨創風格之作。按盧氏說詩，固有如《四庫全書總目提要》所譏之陋習，但總體而論，當以洪、周二說為是。此書現存清康熙二十五年書林刊本，1974 年臺灣大通書局影印此本，收入《杜詩叢刊》。（朱寶清）

十、《中國古典詩歌要籍叢談》〔註11〕

《杜詩闡》

杜詩注本，三十三卷，清盧元昌注釋。元昌（生卒年不詳）字文子，華亭（上海市松江縣）人。清諸生，生活於康熙時期。

此書是杜詩的編年注本，它吸取了前人的注杜成果，用通俗的文字對杜詩作了闡釋，事典不另注，而是夾在串講之中。盧氏認為杜詩有因注反晦者，這是因為「訓詁之太雜」「講解之太鑿」「援引之太繁」，盧注引典則儘量從簡，在串講之中對杜詩的思想內容和藝術特點作了一些較平實的分析。盧氏也常以史證詩，把杜詩中一些描寫落實到某件具體的歷史事件上。如《投簡咸華兩縣諸子》中的「南山豆苗早荒穢，青門瓜地新凍裂」釋為「前此李林甫擅權蔽主，妒賢嫉能，為南山豆苗荒穢之象；今日楊國忠謬收人望，無論賢不肖，依資注官，是瓜地新凍之象」。在釋《鳳凰臺》時，謂杜甫將「鳳雛」比太子俶，言杜公欲效園、綺使太子免受張良娣之害。這些都失之穿鑿。當然，也有新的發明較為合理。在分析詩句時受到批點時文的影響，多以起

〔註11〕王學泰編著《中國古典詩歌要籍叢談》，天津古籍出版社 2004 年版，第 247頁。

承轉合論詩。

有康熙二十一年（1682）刻本。

十一、《杜集書錄》〔註12〕

盧元昌在明季已得幾社名士，且邃於《左氏》之學，以十八年之精力成此稿，不曰「注」，不曰「箋釋」，而曰「闡」，其自負自信可知矣。是書句下有注或批，每篇末有總評，總評有長達千餘言者，故尋常杜詩全集僅分二十卷，此獨分成三十三卷，「凡注家所未及者約千有餘條」，亦可見其闡發之多。在仇《注》以前清初之杜學家，吳見思之《杜詩論文》及盧氏《杜詩闡》，均是獨創風格。兩書雖優劣互見，可取資者不少，《四庫》存目不存書，失之過嚴。各注家所引往往稱盧元昌或盧文子，不稱書名，如查弘道補輯之《虞趙二注》本引盧文子頗多，即此書也。仇《注》所引，雖標出盧元昌，但與原書互勘，大致均非原文。舉《新婚別》詩為例，「盧元昌曰」云云，經仇氏竄改後面目全非，此或由於注家引書求體例統一，偶有刪節，情猶可說；而盧氏所揭出：「一篇中『君』字，凡七喚，……一呼一淚」一節，仇氏卻攫為己有，掠人之美，集注者不應如此！故今後如欲採盧說者，當取證於原書，其他各書亦復如是。若僅據仇《注》轉引，則一誤再誤矣。在全書中，如解《天育驃騎歌》等，率有新意。《自序》譏以往注者「眾所曉者及之，眾所不曉者仍置焉」，可見其所闡發者，正有發人所未發也。

十二、《清代杜詩學史》〔註13〕

盧元昌《杜詩闡》

盧元昌（1616～1693 後），字文子，號觀堂，華亭（今上海松江）人。明諸生，為幾社名士。崇禎十五年（1642）與彭賓、王廣心、顧大申等在華亭舉贈言社。康熙七年（1668），與顧景星、周茂源、董含、董俞等會沈麟洞莝草堂。康熙十九年（1680）遊武林還，作《年譜引》，自述家世。康熙二十五年（1686）同里曹重召其作和會，有詩與吳綺等唱和。康熙三十年（1691）與張彥之、錢穀等以高年作冬會。著有《半林詩集》三卷、《杜詩闡》三十三卷、《左傳分國纂略》十六卷、《明紀本末》、《半林詞》、《稀餘留稿》、《東柯鼓離

〔註12〕周采泉《杜集書錄》，上海古籍出版社 1986 年版，第 183 頁。
〔註13〕孫微《清代杜詩學史》第二章《清初的杜詩學研究》（順治—雍正朝）第四節《重要注本評介》二《全集校注本》，齊魯書社 2004 年版，第 144～146 頁。

草》、《思美廬刪存詩》等，編有《唐宋八大家文選》。生平事蹟見《國朝詩人徵略》初編卷五，張慧劍《明清江蘇文人年表》。

《杜詩闡》又名《思美廬杜詩闡全集》。盧氏博學多覽，尤嗜杜詩，自序云：「自乙巳（康熙四年，1665）至壬戌（康熙二十一年），凡十八年矣，何朝夕，何寒暑，不手是編？」知此書，是其潛心學杜，發為著述，幾近二十年之研治成果。他評前人注杜，以為「有因注反晦者，一晦於訓詁之太雜，一晦於講解之太鑿，一晦於援證之太繁。反是者，又為膚淺凡庸之詞。」因此盧氏所注，不事博引，務求闡明大義而已，繼而又云：「予以雜者芟之，使歸於一；於鑿者核之，使確；於簡者櫛比而編識之，使不罣（開林按：「罣」，孫書誤作「墨」，據《杜詩闡》改）漏，而又加以鎔鑄組織之功焉。以意逆志，又發其言中之意，意中之言，使當年幽衷苦調，曲傳紙上，而又旁羅博採，凡注家所未及者，約千有餘條。」故在其闡述之中，時有發見，如《奉贈韋左丞丈二十二韻》注云：「『騎驢三十載』當是『騎驢十三載』，時公年未四十。」便為以前注家所未發，其後注家多從之〔註14〕。全書以編年為次，收詩 1447 首，不錄文賦。是書句下有注有批，詩題下偶有說明。詩後釋詩為文，有類申講，最後加以評論。詩後總評有長達千餘言者。其注、釋、評，均出以己語，概不據引前人舊注。其所闡發，確有發人所未發者，故頗為注杜者推重。仇兆鰲《杜詩詳注·凡例》云：「若盧元昌之《杜闡》，徵引時事，間有前人所未言。」如卷十四《客夜》「客睡何曾著，秋天不肯明。捲簾殘月影，高枕遠江聲。計拙無衣食，途窮仗友生。老妻書數紙，應悉未歸情。」盧元昌評曰：「睡本易著，客睡則難著；天亦易明，秋天則難明。何曾著，非無故也；不肯明，似有意也。此時簾間月影，去矣難留；枕上江聲，來於何處？我客夜如此者，自傷計拙途窮耳。計拙，難望衣食於友生；途窮，又以友生為衣食，顧我未歸之情，亮無人悉，庶幾老妻，題書數字，曾達與否，未可知也。」解說就明白暢達，對詩意的闡釋十分清晰。盧注之失，誠如《四庫全書總目》所評：「其注如四書講章，其評亦如時文批語，說詩不當如是，說杜詩尤不當如是也。」此書有康熙二十五年（1686）刊本，1974 年臺灣大通書局據之影印《杜詩叢刊》本。

〔註14〕按：孫氏原書有腳注，稱：

盧元昌《杜詩闡》將「三十」改為「十三」並沒有任何版本依據，此前杜集各版本均作「三十」。杜甫《壯遊》曾自云：「往昔十四五，出遊翰墨場。」若從 725 年算起，則至《奉贈韋左丞丈二十二韻》的作年天寶七載（748），已歷二十四年，則作「三十」亦可通。

收入齊魯書社 1999 年編輯出版的《四庫全書存目叢書》。

十三、《杜集敘錄》〔註15〕

杜詩闡三十三卷〔清〕盧元昌撰

盧元昌（1616～1693 後），字文子，號觀堂。華亭（今上海松江）人。明諸生，為幾社名士。崇禎十五年（1642）與彭賓、王廣心、顧大申等在華亭舉贈言社。康熙七年（1668），與顧景顯、周茂源、董含、董俞等會沈麟洞莖草堂。十九年遊武林還，作《年譜引》，自述家世。二十五年同里曹重召其作和會，有詩與吳綺等唱和。三十年與張彥之、錢穀等以高年作冬會。著有《半林詩集》三卷、《杜詩闡》三十三卷、《左傳分國纂略》十六卷、《明紀本末》、《半林詞》、《稀餘留稿》、《東柯鼓離草》、《思美廬刪存詩》等，編有《唐宋八大家文選》。生平事蹟見《國朝詩人徵略》初編卷五、張慧劍《明清江蘇文人年表》。

《杜詩闡》，又名《思美廬杜詩闡全集》。《清文獻通考》、《四庫全書總目》、《清史稿・藝文志四》、《（嘉慶）松江府志・藝文志》均予著錄。有康熙二十五年（1686）書林刊本，是本首頁題「康熙二十五年盧文子著　思美廬杜詩闡全集　書林王萬育、孫敬南梓行」。卷前有魯超序、盧元昌康熙二十一年自序。各卷分列目錄，各卷次下署「華亭盧元昌文子代述」，並標明作詩時、地。詩正文頂格，注文小字雙行。詩以編年為次，共收詩 1447 首。盧氏注杜，始於康熙四年，成於康熙二十一年，經歷十八個寒暑。自序云：「以意逆志，既又發其言中之意，意中之言，使當年幽衷苦調，曲傳紙上。而又旁羅博採，凡注家所未及者，約千有餘條，名之曰《杜詩闡》。蓋自乙巳至壬戌，凡十八年矣，何朝夕，何寒暑，不手是編！」故頗多新見。是書句下有注有批，詩題下偶有說明。詩後釋詩為文，有類申講，最後加以評論。詩後總評有長達千餘言者。其注、釋、評，均出以己語，概不據引前敘人舊注。其所闡發，確有發人所未

〔註15〕張忠綱、趙睿才、綦維、孫微編著《杜集敘錄》，齊魯書社 2008 年版，第 264 ～265 頁。按：此一篇介紹全同孫微《清代杜詩學文獻考》一《順治、康熙、雍正卷・見存書目》（鳳凰出版社 2007 年，第 25～26 頁），當是據之錄文。（當然，肇始於《清代杜詩學史》）其後，《清代杜詩學文獻考》出版增訂本，字數由出版的 25.2 萬字增加到 30.7 萬字。關於《杜詩闡》的介紹，僅於「故頗多新見」之前增「因用功甚勤」一句。（上海古籍出版社 2019 年版，第 33 ～34 頁）

發者，故頗為注杜者推重。仇兆鰲《杜詩詳注・凡例》云：「若盧元昌之《杜闡》，徵引時事，間有前人所未言。」仇注徵引盧氏頗多，但與原書互勘，大致均非原文，或經仇氏竄改，至有面目全非者。盧注之失，誠如《四庫全書總目》所評：「其注如四書講章，其評亦如時文批語，說詩不當如是，說杜詩尤不當如是也。」是書又有 1974 年臺灣大通書局據康熙二十五年書林刊本影印《杜詩叢刊》本，1999 年齊魯書社據吉林省圖書館藏清康熙刻本影印《四庫全書存目叢書》本，上海古籍出版社據清康熙刻本影印《續修四庫全書》本。

十四、《美國哈佛大學哈佛燕京圖書館藏中文善本書志》〔註16〕

清康熙刻本杜詩闡

《杜詩闡》三十三卷，清盧元昌撰。清康熙刻本。八冊。半頁十行二十二字，四周單邊，黑口，單魚尾。框高 18 釐米，寬 12.7 釐米。題「華亭盧元昌文子氏述；同學王日藻卻非氏閱；武林弟璉漢華氏訂」。前有魯超序，康熙二十一年（1682）盧元昌序。

盧元昌，字文子，上海松江人。諸生。又有《春秋分國左傳》、《稀餘留稿》、《半林詞》。

盧氏注杜始於康熙四年，至二十一年止，凡十八年，此書乃其自述注杜詩之經驗，非騖名好事者之比。其自序云：「何朝夕，何寒暑，不手是編，今日得授梓也，亦曰吾生之憂慮多矣，藉是以忘其所苦，而得其所樂焉云爾。」又云：「世稱少陵詩之難讀也，古今注家奚翅數十，顧有因注得顯者，亦有因注反晦者，一晦於訓詁之太雜，一晦於講解之太鑿，一晦於援證之太繁。反是者又為膚淺凡庸之詞，曰吾以杜注杜也，則太陋，況長篇而所發明者只一二言，數首而所發明者只一二首，其眾所曉者及之，眾隸所不曉者仍置焉，如是者又太簡。予於雜者芟之，使歸於一；於鑿者核之，使確；於繁者約之，使不多指而亂視；於陋者澤之，使雅；於簡者櫛比而遍識之，使不罣漏；而又加以鎔鑄組織之功焉。以意逆志，既又發其言中之意、意中之言，使當年幽衷苦調曲傳紙上，而又旁羅博探，凡注家所未及者約千有餘條，名之曰《杜詩闡》。」

魯超序云：「盧子文子，潛心學杜二十餘年，所著《杜闡》一書，穿穴鉤

〔註16〕沈津主編《美國哈佛大學哈佛燕京圖書館藏中文善本書志》4 集部上，廣西師範大學出版社 2011 年版，第 1390 頁。

摘，直能取古人精意於千百載之上，舉前此諸家，卮詞曲說、牽合傅會之陋，一掃而空之。事類意義，兩者兼盡，可謂至當而無遺議者……若盧子之注杜，不逞臆解，不務鑿空，語而詳，擇而精，斯可尚也已矣！舊注叢雜蕪穢，幾如霧霧之翳白日，得盧子一為湔洗，而古人之精神始出。少陵有知，當莫逆於千載之前，不獨令後之觀者曠若發矇已也。」

近人洪業撰《〈杜詩引得〉序》云：「書中錄詩，不載校文，編次與諸家皆不同，但亦大略以地時為先後。詩中輒注出段落，後則先譯詩為文，時亦抑揚可誦，更勝吳見思所作，又輒更綴一小論，多是引證史事，或別舉杜詩他篇，以求闡發杜意無遺云。」然《四庫全書總目》則有所批評，有云：「其注如四書講章，其評亦如時文批語，說詩不當如是，說杜詩尤不當如是也。」

卷一目錄後刻「男智心、孫守仁仝較」，並有「馬均梁梓」。卷三三末頁抄補。據陳伯海、朱易安《唐詩書錄》，是書又有清康熙二十五年書林刻本。1974 年，臺灣大通書局據清康熙二十五年書林刻本影印，入《杜詩叢刊》第三輯中。按，清康熙二十五年書林王萬育、孫敬南刻本，實即此清康熙刻本，為得板重印本，兩本同版。書林本卷一第一頁上剜去「後學王日藻卻非氏閱；武林弟璉漢華氏訂」兩行，同時又剜去卷一目錄後刻「男智心、孫守仁仝較」字樣。書林本有扉頁，刻「思美盧杜詩闡全集。康熙二十五年盧文子著。左鈔選即出。書林王萬育、孫敬南梓行」。

《四庫全書總目》入集部別集類存目。《中國古籍善本書目》著錄，上海國書館、湖北省圖書館等十一館及臺北「國家圖書館」入藏。日本《內閣文庫漢籍分類目錄》著錄。

鈐印有「知非樓」、「知非樓所藏書」、「曾為祝小雅閱」、「小雅珍愛之籍」。

十五、《續修四庫全書總目提要》（集部）〔註17〕

杜詩闡三十三卷（清）盧元昌撰（第 1308 冊）

盧元昌（1616～？），字文子，號半亭，華亭（今上海松江）人，清諸生，有盛名，為當時著名選家兼書賈，著有《左傳分國纂略》、《四書淺說》、《半亭詩稿》等。元昌工詩，學杜甫，多愁苦之音。生平事蹟見《國朝詩人微略》卷五。

〔註17〕傅璇琮主編《續修四庫全書總目提要》（集部），上海古籍出版社 2014 年版，第 21 頁。

此書為杜詩編年注本，吸取前人注杜成果，以通俗文字對杜詩加以闡說，事典不另注，夾於串講之中。魯超序云：「盧子之注杜，不逞臆解，不務鑿空，語而詳，擇而精，斯可尚也已矣。舊注叢雜燕穢，幾如雲霧之翳白日。得盧子一為湔洗，而古人之精神始出。」元昌自序亦謂：杜詩有「因注反晦者」，「晦於訓詁之太離」，「講解之太鑿」，「援證之太繁」。盧注引典儘量從簡，解說也較平實。然盧氏以史證詩，亦每有附會。如釋《投簡咸華兩縣諸子》「南山豆苗早荒穢之象」為「李林甫擅權蔽主，姑賢嫉能」，「瓜地新凍裂之象」為「楊國忠謬收入望」。釋《鳳凰堂》，謂「鳳雛」以比太子俶，言杜公欲效園綺使太子免受張良娣之害。此類皆不免失之穿鑿。其分析詩句亦受當時批點八股文影響，多以起承轉合論詩，不免膠柱鼓瑟。

此本據清康熙二十一年刻本影印。（王學泰）

十六、《中國歷代唐詩書目提要》〔註18〕

《杜詩闡》

唐詩別集，清盧元昌撰。盧元昌，字文子，華亭（今上海松江）人，清初人，其生平事蹟不詳。沈德潛《清詩別裁集》卷八云：「盧元昌，字文子，江南華亭人。諸生。文子衡門兩版，下帷著書，選定古文，不脛而走。為詩少歡娛之詞，多愁苦之言，由生平遭際使然，而頌法常在少陵，故憂傷感憤，不知其然而然也。上海陳生龍巖為余述其梗概如此。」《嘉慶松江府志》卷五六介紹茅起翔之時，涉及到盧元昌：「茅起翔，字旦戈，金山衛人。有聲幾社中，與盧元昌等操選政者四十年，一時知名之士群相引重。晚歲築奇松閣，讀書以終其身。當時文社中有茅、沈、胡、盧之目，沈謂子凡，胡謂椀竹，盧謂文子，茅則旦戈也。」元昌好學，治學嚴謹，著有《左傳分國纂略》傳世。《清詩別裁集》選有盧元昌的一首《哭箕兒》，中有四句云：「翻教衰祖為嚴父，休道無兒幸有孫。白首未拋苦海累，黃昏孰問寢門溫。」從中知其中年經喪子之痛。其《杜詩闡》一書自序中有云：「憶余丁壯盛，沉溺於雞林之業者垂二十年。」又可知他長時間以販書為業，是一名書商。本書共三十三卷，始於康熙四年（1665），終於康熙二十一年（1682），費時十七年。其動因是他不滿以往的杜詩注本，認為杜詩有的因注而顯，有的因注反晦。造成這種狀況的原

〔註18〕張宏生、于景祥《中國歷代唐詩書目提要》第五編《清人編選唐詩書目提要》，遼海出版社 2017 年版，第 665～666 頁。

因，他認為一是訓詁之太雜，二是講解太穿鑿，三是援引太繁。與此相反的注本，又為膚淺凡庸之詞。本書的編撰體例是以作品產生的時間先後為序，逐次排列，不分古體近體，少數詩篇之繫年特殊處理。其主要宗旨是闡釋杜詩本意，所以名為《杜詩闡》。但是此書本身問題也很突出，對此，《四庫全書總目提要》中有所批評：「《杜詩闡》三十三卷（江蘇周厚堉家藏本），國朝盧元昌撰。元昌有《左傳分國纂略》，已著錄。是書成於康熙壬戌。前有《自序》，稱杜詩有因注而顯者，有因注反晦者。一晦於訓詁之太雜，一晦於講解之太鑿，一晦於援引之太繁。反是者，又為膚淺凡庸之詞曰：『吾以杜注杜也則太陋。』其持論甚當。然其注如《四書講章》，其評亦如時文批語。說詩不當如是，說杜詩尤不當如是也。」「其注如《四書講章》，其評亦如時文批語」，確實抓住了本書的要害。

附錄二：《杜詩詳注》錄杜甫文

卷二十四〔註1〕

進三大禮賦表

臣甫言：臣生長陛下淳樸之俗，行四十載矣。與麞鹿同群而處，浪跡於陛下豐草長林，實自弱冠之年矣。豈九州牧伯，不歲貢豪俊於外；豈陛下明詔，不仄席思賢於中哉？臣之愚頑，靜無所取，以此知分，沉埋盛時，不敢依違，不敢激訐，默以漁樵之樂自遣而已。頃者，賣藥都市，寄食朋友，竊慕堯翁《擊壤》之謳，適遇國家郊廟之禮，不覺手足蹈舞，形於篇章。漱吮甘液，游泳和氣，聲韻浸廣，卷軸斯存，抑亦古詩之流，希乎述者之意。然詞理野質，終不足以拂天聽之崇高，配史籍以永久，恐倏先狗馬，遺恨九原。臣謹稽首，投延恩匭，獻納上表。進明主《朝獻太清宮》、《朝享太廟》、《有事於南郊》等三賦以聞。臣甫誠惶誠恐，頓首頓首，謹言。

朝獻太清宮賦

冬十有一月，天子既納處士之議，承漢繼周，革弊用古，勒崇揚休。明年孟陬，將攄大禮以相籍，越彝倫而莫儔，歷良辰而戒吉，分祀事而孔修。營室主夫宗廟，乘輿備乎冕裘。甲子王以昧爽，春寒薄而清浮。虛閶闔，逗蚩尤，張猛馬，出騰虯，捎熒惑，墮旄頭，風伯扶道，雷公挾輈。通天台之

〔註1〕據文淵閣四庫全書本《杜詩詳注》錄文，仇兆鰲注不錄。

雙闕，警溟漲之十洲。浩劫礨砢，萬仙颺飀。欻臻於長樂之舍，崒入乎崑崙
之丘。太一奉引，庖犧在右，堯步舜趨，禹馳湯驛。鬱閟宮之崔崒，拆元氣
以經構。斷紫雲而竦牆，撫流沙而承霤。紛隮珠而陷碧，爛波錦而浪繡。森
青冥而欲雨，茈光炯而初晝。於是翠蕤俄的，藻藉舒就。祝融擲火以焚香，
溪女捧盤而盥漱。群有司之望幸，辨名物之難究。瓊漿自開於粢盛，羽客先
來於介胄。爛聖祖之儲祉，敬雲孫而及此。詔軒轅使合符，敕王喬以視履。
積昭感於嗣續，柴正辭於祝史。若胕蠁而有憑，肅風飆而乍起。揚流蘇於浮
柱，金英霏而波靡。擬雜珮於曾巔，芝蓋敧以颯纚。中淰淰以迴復，外蕭蕭
而未已。上穆然，注道為身，覺天傾耳。陳僭號於五代，復戰國於千祀。曰：
嗚呼！昔蒼生纏孟德之禍，為仲達所愚。鑿齒其俗，竊窬其孤。赤烏高飛，
不肯止其屋；黃龍哮吼，不肯負其圖。伊神器杌兀，而小人呴喻。歷紀大
破，瘡痍未蘇，尚攫挐於吳蜀，又顛躓於羯胡。縱群雄之發憤，誰一統於亨
衢？在拓跋與宇文，豈風塵之不殊。比聰庬及堅特，渾貙豹而齊驅。愁陰鬼
嘯，落日梟呼，各擁兵甲，俱稱國都。且耕且戰，何有何無。唯累聖之徽典，
恭淑慎以允緝，茲火土之相生，非符讖之備及。煬帝終暴，叔寶初襲，編簡
尚新，義旗爰入，既清國難，方睹家給。竊以為數子自誣，敢正乎五行攸執。
而觀者潛晤，或喜至於泣。鱗介以之鳴簨，昆蚑以之振蟄。感而遂通，罔不
具集。仡神光而甜闛，羅詭異以戢孴。地軸傾而融洩，洞宮儼以巑岏。九天
之雲下垂，四海之水皆立。鳳凰威遲而不去，鯨魚屈矯以相吸。掃泰始之含
靈，卷殊形而可挹。則有虹蜺為鉤帶者，入自於東，揭莽蒼，履崆峒，素髮
漠漠，至精濃濃。條弛張於鉅細，凱披寫於心胸。蓋修竿無際，而庂席已容。
裂手中之黑簿，睨堂下之金鐘。得非擬斯人於壽域，明返樸於玄蹤。忽翳日
而翻萬象，卻浮雲而留六龍。咸躄跼而壯茲應，終蒼黃而昧所從。上猶色若
不足，處之彌恭。天師張道陵等，泊左玄君者，前千二百官吏謁而進曰：今
王巨唐，帝之苗裔，坤之紀綱。土配君服，宮尊臣商，起數得統，特立中央。
且大樂在懸，黃鐘冠八音之首；太昊斯啟，青陸獻千春之祥。曠哉勤力耳
目，宜乎大帶斧裳。故風后孔甲充其佐，山稽岐伯翼其旁。至於易製取法，
足以朝登五帝，夕宿三皇。信周武之多幸，存漢祖之自強。且近朝之濫吹，
仍改卜乎嗣堂。初降素車，終勤恤其後。有客白馬，固漂淪不忘。伊庶人得
議，實邦家之光。臣道陵等試本之於青簡，探之於縹囊。列聖有差，夫子聞
斯於老氏；好問自久，宰我同科於季康。取撥亂返正，乃此其所長。萬神開，

八駿回，旗掩月，車奮雷，騫七曜，燭九垓。能事穎脫，清光大來。或曰：今太平之人，莫不優游以自得，況是蹴魏踏晉，批周抶隋之後，與夫更始者哉！

朝享太廟賦

　　初高祖、太宗之櫛風沐雨，勞身焦思，用黃鉞白旗者五年，而天下始一。歷三朝而戮力，今庶績之大備，上方采麗俗之謠，稽正統之類，蓋王者盛事。臣聞之於里曰：「昔武德已前，黔黎蕭條，無復生意。遭鯨鯢之蕩汨，荒歲月而沸渭，袞服紛紛，朝廷多閏者，仍互乎晉魏。」臣竊以自赤精之衰歇，曠千載而無真人，及黃圖之經綸，息五行而歸厚地，則知至數不可以久缺，凡材不可以長寄。故高下相形，而尊卑各異。惟神斷繫之於是，本先帝取之以義。壬辰，既格於道祖，乘輿即以是日致齋於九室，所以昭達孝之誠，所以明繼天之質。具禮有素，六官咸秩。大輅每出，或黎元不知。豐年則多，而筐筥甚實。既而太尉參乘，司僕扈蹕。望重闈以肅恭，順法駕之徐疾。公卿淳古，士卒精一。黙宗廟之愈深，抵職司之所密。宿翠華於外戶，曙黃屋於通術。氣淒淒於前旒，光靡靡於嘉栗。階有賓阼，帳有甲乙。升降之際，見玉柱生芝；擊拊之初，覺鈞天合律。笋簴儿以碼碻，干戚宛而婆娑。鞉鼓塤篪為之主，鍾磬竽瑟以之和。《雲門》《咸池》取之至，空桑孤竹貴之多。八音修通，既比乎旭日升而氛埃滅；萬舞陵亂，又似乎春風壯而江海波。鳥不敢飛，而玄甲峥嶸以岳峙；象不敢去，而鳴珮剡爝以星羅。已而上乾豆以登歌，美休成之既饗。璧玉儲精以稠疊，門欄洞豁而森爽。黑帝歸寒而激昂，蒼靈戒曉而來往。熙事莽而充塞，群心噓以振盪。桐花未吐，孫枝之鸞鳳相鮮；雲氣何多，宮井之蛟龍亂上。若夫生弘佐命之道，死配貴神之列，則殷、劉、房、魏之勳，是可以中摩伊、呂，上冠夔、卨。代天之工，為人之傑，丹青滿地，松竹高節。自唐興以來，若此時哲，皆朝有數四，名垂卓絕。向不遇反正撥亂之主，君臣父子之別，奕葉文武之雄，注意生靈之切，雖前輩之溫良寬大，豪俊果決，曾何以措其筋力與韜鈐，載其刀筆與喉舌，使祭則與，食則血，若斯之盛而已。爾乃直於主，索於祊，警幽全之物，散純道之精。蓋我后常用，惟時克貞，膋以蕭合，酌以茅明，覷以慈告，祝以孝成。故天意張皇，不敢殄其瑞，神姦妥帖，不敢秘其精，而撫絕軌，享鴻名者矣。于以奏永安，于以奏王夏，福穰穰於絳闕，芳霏霏於玉斝。沛枯骨而破聾盲，施夭胎而逮鰥寡。園陵動色，躍在

— 719 —

藻之泉魚；弓劍皆鳴，汗鑄金之風馬。霜露堪吸，禎祥可把。曾宮歔欷，陰事儼雅。薄清輝於鼎湖之山，靜餘響於蒼梧之野。上窅然漠漠，惕然兢兢，紛益所慕，若不自勝。瞰牙旗而獨立，吟翠駮而未乘。五老侍祠而精駭，千官逖聽以思凝。於是二丞相進曰：「陛下應道而作，惟天與能。澆訛散，淳樸登，尚猶日慎業業，孝思烝烝，恐一物之失所，懼先王之咎徵。如此之勤恤匪懈，是百姓何以報夫元首，在臣等何以充其股肱。且如周宣之教親不暇，孝武之淫祀相仍，諸侯敢於迫脅，方士奮其威稜。一則以微弱內侮，一則以輕舉虛憑。又非陛下恢廓緒業，其瑣細亦曷足稱？」丞相退，上跼天蹐地，授綏登車。伊鴻洞槍纍，先出為儲胥。本枝根株乎萬代，睿想經緯乎六虛。甲午，方有事於綵壇紺席，宿夫行所如初。

有事於南郊賦

蓋主上兆於南郊，聿懷多福者舊矣。今茲練時日，就陽位之美，又所以厚祖考，通神明而已。職在宗伯，首崇禋祀。先是春官修頌衹之書，獻祭天之祀，令泰龜而不昧，俟萬事之將履，掌次閱氈邸之則，封人考壝宮之旨，司門轉致乎牲牢之繫，小胥專達乎懸位之使。二之日，朝廟之禮既畢，天子蒼然視於無形，澹然若有所聽。又齊心於宿設，將旰食而匪寧。旄門坡陀以前騖，轂騎反覆以相經。頓曾城之軋軋，軼萬戶之熒熒。馳道端而如砥，浴日上而如萍。掣翠旄於華蓋之角，彗黃屋於鉤陳之星。神仙戍削以落羽，魍魎幽憂以固扃。戰岐栗華，擺渭掉涇。地回回而風淅淅，天泱泱而氣清清。甲胄乘陵，轉迅雷於荊門巫峽；玉帛清迴，霽夕雨於瀟湘洞庭。於是乘輿霈然乃作，翳夫鸞鳳將至，以沖融寥廓，不可乎彌度。聲明通乎純粹，溟涬為之垠堮。駟蒼螭而蜿蜒，若無骨以柔順；奔烏攫而黝繆，徒有勢於殺縛。朱輪竟野而杳冥，金鏤成陰以結絡。吹堪輿以軒轅，搶寒暑以前卻。中營密擁乎太陽，宸眷眇臨乎長薄。熊羆弭耳以相舐，虎豹高跳以虛攫。上方將降帷宮之綝縭，屏玉（車+犬）以蠼略。人門行馬，以拱乎合沓之場；皮弁大裘，始進於穹崇之幕。衝牙鏘鏘以將集，周衛轇轕以咸若。月窟黑而扶桑寒，田燭稠而曉星落。肅定位以告潔，藹嚴上而清超。雲菡萏以張蓋，春葳蕤以建杓。簪裾斐斐，樽俎蕭蕭。方面曲折，周旋寂寥。必本於天，王宮與夜明相射；動而之地，山林與川谷俱標。於是乎官有御，事有職，所以敬鬼神，所以勤稼穡，所以報本反始，所以度長立極。玄酒明水之上，越席疏布之則。

必取先於稻秫麴蘗之勤，必取著於紛純文繡之飾。雖三牲八簋，豐備以相沿，而蒼璧黃琮，實歸乎正色。先王之丕業繼起，信可以永其昭配，群望之遍祭在斯，示有以明其翼戴。由是播其聲音以陳列，從乎節奏以進退。《韶》、《夏》、《濩》、《武》，採之於訓謨；鍾、石、陶、匏，具之於梗概。變方形於動植，聽宮徵於砰磕。英華髮外，非因乎簨簴之高；和順積中，不在乎雷鼓之大。既而脺脅胉胃、柴燎窟塊。騔壁舂赫，葩斜晦潰。電纏風升，雪颯星碎。拂勿俋㵸，眇溟葰淬。聖慮岑寂，玄黃增霈。蒼生顒昂，毛髮清籟。雷公河伯，或駓駼以修耸；霜女江妃，乍紛綸而晻曖。執籥秉翟，朱干玉戚。鼓瑟吹笙，金支翠旌。神光倏斂，祀事虛明。於是澔溔乎渙汗，紆餘乎經營。浸朱崖而灑朔漠，洶暘谷而濡若英。耆艾涕而童子儺，叢棘圻而狴犴傾。是率土之濱，覃酺醵以涵泳；非奉郊之縣，獨宴慰以縱橫。玄澤淡潭乎無極，殷薦絪縕乎至精。稽古之時，屢應符而合契。聖人有作，不逆寡而雄成。爾乃孤卿侯伯，雜群儒三老，儼而絕皮軒，趨帳殿，稽首曰：臣聞燧人氏已往，法度難知，文質未變。太昊氏繼天而王，根啟閉於厥初，以木傳子，攄終始而可見。洎虞夏殷周，茲煥炳蒽蒨。秦失之於狼貪蠶食，漢綴之以蛇斷龍戰。中莽茫夫何從，聖蓄縮曾不眷。伏惟道祖，視生靈之礦裂，醜害馬之蹄齧，呵五精之息肩，考正氣之無轍。協夫貽孫以降，使之造命更挈，累聖昭洗，中祚觸躓。氣慘黷乎脂夜之妖，勢回薄乎龍蛇之孽。伏惟陛下勃然憤激之際，天關不敢旅拒，鬼神為之嗚咽。高衢騰塵，長劍吼血。尊卑配，宇縣刷。插紫極之將頹，拾清芬於已缺。爐以之仁義，鍛以之賢哲。聯祖宗之耿光，卷戎狄之影撇。蓋九五之後，人人自以遭唐虞；四十年來，家家自以為稷卨。王綱近古而不軌，天聽貞觀以高揭。蠢爾差僭，燦然優劣。宜其課密於空積忽微，刊定於興廢繼絕。而後睹數統從首，八音六律而惟新；日起算外，一字千金而不滅。上曰：吁！昊天有成命，惟五聖以受。我其夙夜匪遑，寔用素樸以守。吁嗟乎麟鳳，胡為乎郊藪？豈上帝之降鑒及茲，玄元之垂裕于後？夫聖以百年為鶉鷇，道以萬物為芻狗。今何以茫茫臨乎八極，眇眇註乎群后，端策拂龜於周漢之餘，緩步闊視於魏晉之首。斯上古成法，蓋其人已朽，不足道也。於是天子默然而徐思，終將固之又固之，意不在抑殊方之貢，亦不必廣無用之祠。金馬碧雞，非理人之術；珊瑚翡翠，此一物何疑。奉郊廟以為寶，增忧惕以孜孜。況大庭氏之時，六龍飛御之歸。

進封西嶽賦表

臣甫言：臣本杜陵諸生，年過四十，經術淺陋，進無補於明時，退嘗困於衣食，蓋長安一匹夫耳。頃歲國家有事於郊廟，幸得奏賦，待罪於集賢，委學官，試文章，再降恩澤，仍猥以臣名實相副，送隸有司，參列選序。然臣之本分，甘棄置永休，望不及此。豈意頭白之後，竟以短篇隻字，遂曾聞徹宸極，一動人主，是臣無負於少小多病貧窮好學者已。在臣光榮，雖死萬足，至於仕進，非敢望也。日夜憂迫，復未知何以上答聖慈，明臣子之效。況臣常有肺氣之疾，恐忽復先草露，塗糞土，而所懷冥寞，孤負皇恩。敢攄竭憤懣，領略不則，作《封西嶽賦》一首以勸，所覬明主覽而留意焉。先是御製西嶽碑文之卒章曰：「待余安人治國，然後徐思其事。」此蓋陛下之至謙也。今茲人安是已，今茲國富是已。況符瑞翕集，福應交至，何翠華之默默乎！維岳固陛下本命，以永嗣業；維岳授陛下元弼，克生司空。斯又不可寢已。伏惟天子需然留意焉。春將披圖視典，冬乃展采錯事，日尚浩闊，人匪勞止，庶可試哉！微臣不任區區懇到之極，謹詣延恩匭獻納，奉表進賦以聞。臣甫誠惶誠恐，頓首頓首，謹言。

封西嶽賦 並序

上既封泰山之後，三十年間，車轍馬跡，至於太原，還於長安。時或謁太廟，祭南郊，每歲孟冬，巡幸溫泉而已。聖主以為王者之體，告厥成功，止於岱宗可矣。故不肯到崆峒，訪具茨，驅八駿於崑崙，親射蛟於江水，始為天子之能事壯觀焉爾。況行在供給，蕭然煩費，或至作歌有慚於從官，誅求坐殺於長吏，甚非主上執玄祖醇醴之道，端拱御蒼生之意。大哉聖哲，垂萬代則，蓋上古之君，皆用此也。然臣甫愚，竊以古者疆埸有常處，贊見有常儀，則備乎玉帛而材不匱乏矣，動乎車輿而人不愁痛矣。雖東岱五嶽之長，足以勒崇垂鴻，與山石無極，伊太華最為難上，至於封禪之事，獨軒轅氏得之。夫七十二君，罕能兼之矣。其餘或蹎蹐風雲，碑版祠廟，終么麼不足追數。今聖主功格軒轅氏，業纂七十君，風雨所及，日月所照，莫不砥礪。華，近甸也，其可惡乎？比歲鴻生巨儒之徒，誦古史，引時義，云：「國家土德，與黃帝合；主上本命，與金天合。而守關者亦百數。」天子寢不報，蓋謙如也。頃或詔厥群國，掃除曾巔，雖翠蓋可薄乎蒼穹，而銀字未藏於金氣。臣甫誠薄劣，不勝區區吟詠之極，故作《封西嶽賦》以勸。賦之義，預述上將展禮焚柴者，實覬

聖意，因有感動焉。其詞曰：

惟時孟冬，乃休百工。上將陟西嶽，覽八荒，御白帝之都，見金天之王。既刊石乎岱宗，又合符乎軒皇。茲事體大，越不可載已。先是，禮官草具其儀，各有典司，俯叶吉日，欽若神祇。而千乘萬騎，已蠭略佁儗，屈矯陸離，惟君所之。然後拭翠鳳之駕，開日月之旗。撞鴻鐘，發雷輴。辨格澤之脩竿，決河漢之淋灕。彍天狼之威弧，墜魍魎之霏霏。赤松前驅，彭祖後馳。方明夾轂，昌寓侍衣。山靈秉鉞而踉蹡，海若護蹕而參差。風馭冉以縱巘，雲螭縒而遲跠。地軸軋軋，殷以下折；原隰草木，儼而東飛。岐梁閃倏，涇渭反覆，而天府載萬侯之玉，上方具左纛黃屋，已焜煌於山足矣。乘輿尚鳴鑾和，儲精澹慮，華蓋之大角低回，北斗之七星皆去。屆蒼山而信宿，屯絕壁之清曙。既臻夫陰宮，犀象硉兀，戈鋋審窣，飄飄蕭蕭，洶洶如也。於是太一抱式，玄冥司直。天子乃宿祓齋，就登陟，駢素虯，超崱屴。天語祕而不可知，代欲聞而不可得。柴燎上達，神光充塞。泥金乎菡萏之南，刻石乎青冥之北。上意由是茫然，延降天老，與之相識。問太微之所居，稽上帝之遺則。颮弭節以徘徊，撫八紘而賦黑。忽風翻而景倒，澹殊狀而異色，悶若褰袪開帷，下辯宸極者。久之，雲氣翕以迴複，山呼燀而未息。祀事孔明，有嚴有翼。神保是格，時萬時億。爾乃駐飛龍之秋秋，詔王屬以中休。觀群后於高掌之下，張大樂於洪河之洲。芬樹羽林，莽不可收。千人舞，萬人謳。騏驎跛跛而在郊，鳳凰蔚跂而來遊。雷公伐鼓而揮汗，地祇被震而悲愁。樂師拊石而具發，激越乎湣阪。群山為之相（山+爽），萬穴為之倒流。又不可得載已。久而景移樂闋，上悠然垂思曰：嗟乎！余昔歲封泰山，禪梁父，以為王者成功，已纂終古。嘗覽前史，至於周穆漢武，豫遊寥闊，亦所不取。惟此西嶽，作鎮三輔，非無意乎！頃者猶恐百姓不足，人所疾苦，未暇瘞斯玉帛，考乃鍾鼓。是以視嶽於諸侯，錫神以茅土。豈唯壯設險於甸服，報西成之農扈，亦所以感一念之精靈，答應時之風雨者矣。今茲家宰庶尹，醇儒碩生，僉曰：黃帝、顓頊，乘龍游乎四海，發軔匝乎六合。竹帛有云，得非古之聖君，而太華最為難上，故封禪之事，鬱沒罕聞。以予在位，發祥隤祉者，焉可勝紀，而不得已，遂建翠華之旗，用塞雲臺之議。矧乎殊方奔走，萬國皆至，玄元從助，清廟歡歆也。臣甫舞手蹈足曰：大哉爍乎！真天子之表，奉天為子者已。不然，何數千萬載，獨繼軒轅氏之美。彼七十二君，又疇能臻此！蓋知明主聖罔不克正，功罔不克成，放百靈，歸華清。

進鵰賦表

臣甫言：臣之近代陵夷，公侯之貴磨滅，鼎銘之勳不覆照曜於明時。自先君恕、預以降，奉儒守官，未墜素業矣。亡祖故尚書膳部員外郎先臣審言，修文於中宗之朝，高視於藏書之府，故天下學士到於今而師之。臣幸賴先臣緒業，自七歲所綴詩筆，向四十載矣，約千有餘篇。今賈、馬之徒，得排金門、上玉堂者甚眾矣。惟臣衣不蓋體，嘗寄食於人，奔走不暇，祇恐轉死溝壑，安敢望仕進乎！伏惟明主哀憐之，倘使執先祖之故事，拔泥塗之久辱，則臣之述作，雖不足以鼓吹《六經》，先鳴數子，至於沈鬱頓挫，隨時敏捷，而揚雄、枚皋之流，庶可企及也。有臣如此，陛下其舍諸？伏惟明主哀憐之，無令役役，便至於衰老也。臣甫誠惶誠恐，頓首頓首，死罪死罪。臣以為雕者，鷙鳥之殊特，搏擊而不可當，豈但壯觀於旌門，發狂於原隰。引以為類，是大臣正色立朝之義也。臣竊重其有英雄之姿，故作此賦，實望以此達於聖聰耳。不揆蕪淺，謹投延恩匭進表獻賦以聞，謹言。

鵰賦

當九秋之淒清，見一鶚之直上。以雄材為己任，橫殺氣而獨往。梢梢勁翮，蕭蕭逸響。杳不可追，俊無留賞。彼何鄉之性命，碎今日之指掌。伊鷙鳥之累百，敢同年而爭長？此雕之大略也。若乃虞人之所得也，必以氣稟冬冥，陰乘甲子，河海蕩潏，風雲亂起，雪洿山陰，冰纏樹死。迷向背於八極，絕飛走於萬里。朝無以充腸，夕違其所止。頗愁呼而踜蹬，信求食而依倚。用此時而椓杙，待尤者而綱紀。表狃羽而潛窺，順雄姿之所擬。歘捷來於森木，固先擊於利觜。解騰攫而竦神，開網羅而有喜。獻禽之課，數備而已。及乎閹隸受之也，則擇其清質，列在周垣。揮拘攣之掣曳，挫豪梗之飛翻，識畋遊之所使，登馬上而孤騫。然後綴以珠飾，呈於至尊，搏風槍櫐，用壯旌門。乘輿或幸別館，獵平原，寒蕪空闊，霜仗喧繁。觀其夾翠華而上下，卷毛血之崩奔，隨意氣而電落，引塵沙而晝昏。豁堵牆之榮觀，棄功效而不論。斯亦足重也。至如千年孽狐，三窟狡兔，恃古冢之荊棘，飽荒城之霜露。回惑我往來，趑趄我場圃。雖有青骹戴角，白鼻如瓠，蹙奔蹄而俯臨，飛迅翼而遌寓，而料全于果，見迫寧遽。屢攬之而穎脫，便有若於神助。是以曉哮其音，颯爽其慮。續下韝而繚繞，尚投跡而容與。奮威逐北，施巧無據。方蹉跎而就擒，亦造次而難去。一奇卒獲，百勝昭著。夙昔多端，蕭條何處。斯又足稱也。爾其鷦鴣

鴟鴞之倫，莫益於物，空生此身，聯拳拾穗，長大如人，肉多奚有，味乃不珍。輕鷹隼而自若，託鴻鵠而為鄰。彼壯夫之慷慨，假強敵而逡巡。拉先鳴之異者，及將起而遄臻。忽隔天路，終辭水濱。寧掩群而盡取，且快意而驚新。此又一時之俊也。夫其降精於金，立骨如鐵。目通於腦，筋入於節。架軒楹之上，純漆光芒；掣梁棟之間，寒風凜冽。雖趾蹻千變，林嶺萬穴，擊叢薄之不開，突枒杈而皆折。又有觸邪之義也。久而服勤，是可籲畏。必使烏攫之黨，罷鈔盜而潛飛；梟怪之群，想英靈而遠墜。豈比乎虛陳其力，叨竊其位，等摩天而自安，與搶榆而無事者矣。故其不見用也，則晨飛絕壑，暮起長汀，來雖自負，去若無形。置巢巉岏，養子青冥。倏爾年歲，茫然闕廷。莫試鉤爪，空回斗星。眾雛倘割鮮于金殿，此鳥已將老於岩扃。

天狗賦 並序

天寶中，上冬幸華清宮，甫因至獸坊，怪天狗院列在諸獸院之上。胡人云：「此其獸猛健無與比者。」甫壯而賦之，尚恨其與凡獸相近。瞻華清之莘莘漠漠，而山殿戍削，縹焉天風，崛乎回薄。上揚雲旆兮，下列猛獸。夫何天狗嶙峋兮，氣獨神秀。色似狻猊，小如猿狖。忽不樂雖萬夫不敢前兮，非胡人焉能知其去就。向若鐵柱欹而金鎖斷兮，事未可救。瞥流沙而歸月窟兮，斯豈逾晝。日食君之鮮肥兮，性剛簡而清瘦。敏於一擲，威解兩鬪。終無自私，必不虛透。嘗觀乎副君暇豫，奉命於畋，則蚩尤之倫，已腳渭戟涇，提挈丘陵，與南山周旋，而慢圍者戮，實禽有所穿。伊鷹隼之不制兮，呵犬豹以相躔。懋乾坤之翕習兮，望麕鹿而飄然。由是天狗捷來，發自於左。頓六軍之蒼黃兮，劈萬馬以超過。材官未及唱，野虞未及和。閟骭矢與流星兮，圍要害而俱破。洎千蹄之迸集兮，始拗怒以相賀。真雄姿之自異兮，已歷塊而高臥。不愛力以許人兮，能絕甘以為大。既而群有噉咋，勢爭割據。垂小亡而大傷兮，翻投跡以來預。劃雷殷而有聲兮，紛膽破而何遽。似爪牙之便禿兮，無魂魄以自助。各弭耳低徊，閉目而去。每歲，天子騎白日，御東山，百獸蹴蹡以皆從兮，肆猛仡銛銳乎其間。夫靈物固不合多兮，胡役役隨此輩而往還？惟昔西域之遠致兮，聖人為之豁迎風，虛露寒，體蒼螭，軋金盤。初一顧而雄材稱是兮，召群公與之俱觀。宜其立閶闔而吼紫微兮，卻妖孽而不得上干。時駐君之玉輦兮，近奉君之渥歡。使臭處而誰何兮，備周垣而辛酸。彼用事之意然兮，匪至尊之賞闌。仰千門之峻嶒兮，覺行路之艱難。懼精爽之衰落兮，驚歲月之忽殫。顧同儕之甚

少兮，混非類以摧殘。偶快意於校獵兮，尤見疑於蹻捷。此乃獨步受之於天兮，孰知群材之所不接。且置身之暴露兮，遭縱觀之稠疊。俗眼空多，生涯未愜。吾君倘憶耳尖之有長毛兮，寧久被斯人終日馴狎已！

畫馬贊

韓幹畫馬，毫端有神。驊騮老大，騕褭清新。魚目〔註2〕瘦腦，龍文長身。雪垂白肉，風蹙蘭筋。逸態蕭疏，高驤縱恣。四蹄雷電，一日天地。御者閒敏，云何難易。愚夫乘騎，動必顛躓。瞻彼駿骨，實惟龍媒。漢歌燕市，已矣茫哉。但見駑駘，紛然往來。良工惆悵，落筆雄才。

卷二十五

為閬州王使君進論巴蜀安危表

臣某言：伏自陛下平山東，收燕薊，泊海隅萬里，百姓感動，喜王業再康，瘡痍蘇息，陛下明聖，社稷之靈，以至於此。然河南河北，貢賦未入，江淮轉輸，異於曩時。惟獨劍南，自用兵已來，稅斂則殷，部領不絕，瓊林諸庫，仰給最多。是蜀之土地膏腴，物產繁富，足以供王命也。近者賊臣惡子，頻有亂常，巴蜀之人，橫被煩費，猶相勸勉，充備百役，不敢怨嗟。吐蕃今下松、維等州，成都已不安矣。楊琳師再脅普合，顒顒兩川，不得相救。百姓騷動，未知所裁。況臣本州，山南所管，初置節度，庶事草創，豈暇力及東西兩川矣。伏願陛下聽政之餘，料巴蜀之理亂，審救援之得失，定兩川之異同，問分管之可否，度長計大，速以親賢出鎮，哀罷人以安反仄。犬戎侵軼，群盜窺伺，庶可遏矣。而三蜀，大府也，徵取萬計，陛下忍坐見其狼狽哉！不即為之，臣竊恐蠻夷得恣屠割耳。實為陛下有所痛惜，必以親王，委之節鉞，此古之維城磐石之義明矣，陛下何疑哉？在選擇親賢，加以醇厚明哲之老，為之師傅，則萬無覆敗之跡，又何疑焉？其次付重臣舊德，智略經久，舉事允愜，不隕獲於蒼黃之際，臨危制變之明者，觀其樹勳庸於當時，扶泥塗於已墜，整頓理體，竭露臣節，必見方面小康也。今梁州既置節度，與成都足以久遠相應矣。東川更分管數州於內，幕府取給，破弊滋甚，若兵馬悉付西川，梁州益坦為聲援，是重斂之下，免至多門，西南之人，有活望矣。必以戰伐未息，

〔註2〕「目」，四庫本誤作「日」。

勢資多軍，應須遣朝廷任使舊人，授之使節留後之寄，綿歷歲時，非所以塞
眾望也。臣於所守封界，連接梓州，正可為成都東鄙，其中別做法度，亦不足
成要害哉，徒擾人矣。伏惟明主裁之。勅天下徵收赦文，減省軍用外諸色雜
賦名目，伏願損之又損之。劍南諸州，亦困而復振矣。將相之任，內外交遷，
西川分閫，以仗賢俊。愚臣特望以親王總戎者，意在根固流長，國家萬代之
利也，敢輕易而言。次請慎擇重臣，亦願任使舊人，鎮撫不缺。借如犬戎俶
擾，臣素知之。臣之兄承訓，自沒蕃已來，長望生還，偽親信於贊普，探其深
意，意者報復摩彌青海之役決矣。同謀誓眾，於前後沒落之徒，曲成翻動，陰
合應接，積有歲時。每漢使回，蕃使至，帛書隱語，累嘗懇論。臣皆封進上
聞，屢達臣兄承訓憂國家緣邊之急，願亦勤矣。況臣本隨兄在蜀，向二十年，
兄既辱身蠻夷，相見無日，臣比未忍離蜀者，望兄消息時通，所以戮力邊隅，
累踐班秩，補拙之分淺，待罪之日深，蜀之安危，敢竭聞見。臣子之義，貴有
所盡於君親。愚臣迂闊之說，萬一少裨聖慮，遠人之福也，愚臣之幸也。昨竊
聞諸道路云，吐蕃已來，草竊岐隴，逼近咸陽。似是之間，憂憤隕迫，益增尸
祿寄重之懼，寤寐報效之懇。謹冒死具巴蜀成敗形勢，奉表以聞。

為夔府柏都督謝上表

臣某言：伏奉月日制，授臣某官，祗拜休命。內顧殞越，策駑馬之力，
冒累踐之寵，自數勳力，萬無一稱，再三怵惕，流汗至踵，謹以某月日到任
上訖。臣某誠戰誠懼，頓首頓首，死罪死罪。伏以陛下君父任使之久，掩臣
子不逮之過，就其小效，復分深憂。察臣劍南區區，恐失臣節如彼；加臣頻
煩階級，鎮守要衝如此。勉勵疲鈍，伏揚陛下之聖德，愛惜陛下之百姓，先
之以簡易，閒之以樂業，均之以賦斂，終之以敦勸，然後畢禁將士之暴，弘
洽主客之宜，示以刑典難犯之科，寬以困窮計無所出。哀今之人，庶古之道。
內救惸獨，外攘師寇。上報君父，曲盡庸拙之分；下循臣子，勤補失墜之目。
灰粉骸骨，以備守官。伏惟恩慈，胡忍容易，愚臣之願也，明主之望也。限
以所領，未遑謁對，無任兢灼之極，謹遣某官奉表陳謝以聞。臣誠喜誠懼，
死罪死罪。

為補遺薦岑參狀

宣議郎、試大理評事、攝監察御史、賜緋魚袋岑參。右臣等竊見岑參識
度清遠，議論雅正，佳名蚤立，時輩所仰。今諫諍之路大開，獻替之官未備，

恭惟近侍，實藉茂材。臣等謹詣閣門，奉狀陳薦以聞，伏聽進止。

至德二載六月十二日，左拾遺內供奉臣裴薦等狀

左拾遺內供奉臣杜甫

左補闕臣韋少游

右拾遺內供奉臣魏齊聃

右拾遺內供奉臣孟昌浩

奉謝口敕放三司推問狀

右臣甫，智識淺昧，向所論事，涉近激訐，違忤聖旨，既下有司，具已舉劾，甘從自棄，就戮為幸。今日巳時，中書侍郎平章事張鎬奉宣口勅，宜放推問，知臣愚戀，赦臣萬死，曲成恩造，再賜骸骨。臣甫誠頑誠蔽，死罪死罪。臣以陷身賊庭，憤惋成疾，實從間道，獲謁龍顏。猾逆未除，愁痛難遏，猥廁衰職，願少裨補。竊見房琯以宰相子，少自樹立，晚為醇儒，有大臣體。時論許琯，必位至公輔，康濟元元。陛下果委以樞密，眾望甚允。觀琯之深念主憂，義形於色，況畫一保太，素所蓄積者已。而琯性失於簡，酷嗜鼓琴。董庭蘭今之琴工，遊琯門下有日，貧病之老，依倚為非，琯之愛惜人情，一至於玷污。臣不自度量，歎其功名未垂，而志氣挫衄，覬望陛下棄細錄大，所以冒死稱述，何思慮未竟，闕於再三。陛下貸以仁慈，憐其懇到，不書狂狷之罪，復解網羅之急，是古之深容直臣，勸勉來者之意。天下幸甚！天下幸甚！豈小臣獨蒙全軀，就列待罪而已。無任先懼後喜之至，謹詣閣門進狀奉謝以聞。謹進。

至德二載六月一日，宣議郎行左拾遺臣杜甫狀進。

為華州郭使君進滅殘寇形勢圖狀

右臣竊以逆賊束身檻中，奔走無路，尚假餘息，蟻聚苟活之日久。陛下猶覬其匍匐相率，降款盡至，廣務寬大之本，用明惡殺之德，故大軍雲合，蔚然未進。上以稽王師有徵無戰之義，下以成古先聖哲之用心。茲事玄遠，非愚臣所測。臣聞《易》載隨時，不俟終日。先王之用刑也，抑亦小者肆諸市朝，大者陳諸原野。今殘孽雖窮蹙日甚，自救不暇，尚慮其逆帥望秋高馬肥之便，蓄突圍拒轍之謀。大軍不可空勤轉輸之粟，諸將宜窮犄角之進。頃者河北初收數州，思明降表繼至，實為平盧兵馬在賊左脅，賊動靜乏利，制不由己，則降附可知。今大軍盡離河北，逆黨意必寬縱，若萬一軼略河縣，草竊

秋成，臣伏請平盧兵馬及許叔冀等軍從鄆州西北渡河，先衝收魏，或近軍志避實擊虛之義也。伏惟陛下圖之，遣李銑、殷仲卿、孫青漢等軍邐迤渡河佐之，收其貝博。賊之精銳，撮在相魏衛之州。賊用仰魏而給，賊若抽其銳卒渡河救魏博，臣則請朔方、伊西、北庭等軍渡沁水，收相衛。賊若回戈距我兩軍，臣又請郭口、祁縣等軍鶱嵐馳屯，據林慮縣界，候其形勢漸進，又遣李廣琛、魯炅等軍進渡河，收黎陽、臨河等縣，相與出入掎角，逐便撲滅，則慶緒之首可翹足待之而已。是亦恭行天罰，豈在王師必無戰哉！愚臣聞見淺狹，承乏待罪，未精慎固之守，輕議擒縱之術，抑臣之夢寐，貴有裨補，謹進前件圖如狀，伏聽進止。

乾元元年七月日，某官臣狀進。

乾元元年華州試進士策問 五首

問：山林藪澤之地，各以肥磽多少為差。故供甲兵士徒之役，府庫賜與之用，給郊廟宗社之祀，奉養祿食之出，辨乎名物，存乎有司，是謂公賦知歸，地著不撓者已。今聖朝紹宣王中興之洪業於上，庶尹備山甫補袞之能事於下，而東寇猶小梗，率土未甚闢，總彼賦稅之獲，盡贍軍旅之用，是官御之舊典闕矣，人神之攸序乖矣。欲使軍旅足食，則賦稅未能充備矣；欲將誅求不時，則黎元轉罹於疾苦矣。子等以待問之實，知新之明，觀志氣之所存，於應對乎何有，佇渴救敝之道術，願聞強學之所措意，蓋在此矣，得游說乎？

問：國有輶車，廬有飲食，古之按風俗，遣使臣，在王官之一守，得馳傳而分命，蓋地有要害，郊有遠近，供給之比，省費相懸。今茲華惟襟帶，關逼輦轂，行人受辭於朝夕，使者相望於道路，屬年歲無蓄積之虞，職司有愁痛之歎。況軍書未絕，王命急宣，插羽先翥於騰鷹，蔽帷不供於埋馬，豈芻粟之勤獨爾，實驂騑之價闕如。人主之軫念，屢及於茲；邦伯之分憂，何嘗敢怠！乞恩難再，近日已降水衡之錢；積骨頗多，無暇更入燕王之市。欲使軿軒有喜，主客合宜，閭閻罷杼軸之嗟，官吏得從容之計，側佇新語，當聞濟時。

問：通道陂澤，隨山濬川，經啟之理，疏奠之術，抑有可觀，其來尚矣。初聖人盡力溝洫，有國作為堤防，洎後代控引淮海，漕通涇渭，因舟楫之利，達倉庾之儲，又賴此而殷，亦行之自久。近者有司相土，決彼支渠，既潰渭而亂河，竟功多而事寢。人實勞止，岸乃善崩。遂使委輸之勤，中道而棄。今軍用蓋寡，國儲未贍，雖遠方之粟大來，而助挽之車不給。是以國朝仗彼天使，

徵茲水工，議下淇園之竹，更鑿商顏之井。又恐煩費居多，績用莫立，空荷成雲之鍤，復擁填淤之泥。若然，則舟車之用，大小相妨矣；軍國之食，轉致或闕矣。矧夫人煙尚稀，牛力不足者已。子等飽隨時之要，挺賓王之資，副乎求賢，敷厥讜議。

問：足食足兵，先哲雅誥，蓋有兵無食，是謂棄之。致能掉鞅麾旌，斯可用矣。況寇猶作梗，兵不可去，日聞將軍之令，親睹司馬之法。關中之卒未息，灞上之營何遠。近者鄭南訓練，城下屯集，瞻彼三千之徒，有異什一而稅。竊見明發教以戰鬥，亭午放其庸保，課乃菽麥，以為尋常。夫悅以使人，是能用古，伊歲則云暮，實慮休止，未卜及瓜之還，交比翳桑之餓。群有司自救不暇，二三子謂之何哉！

問：昔唐堯之為君也，則天之大，敬授人時，十六升自唐侯者已。昔帝舜之為臣也，舉禹之功，克平水土，三十登為天子者已。本之以文思聰明，加之以勞身焦思，既睦九族，協和萬邦，黜去四凶，舉十六相，故五帝之後，傳載唐虞之美，無得而稱焉。《易》曰：「君子終日乾乾。」《詩》曰：「文王小心翼翼。」竊觀古之聖哲，未有不以君唱於上，臣和於下，致乎人和年豐，成乎無為而理者也。主上躬仁孝之聖，樹非常之功，內則拳拳然事親如有闕，外則悸悸然求賢如不及，伊百姓不知帝力，庶官但恭己而已。寇孽未平，咎徵之至數也；倉廩未實，物理之固然也。今大軍虎步，列國鶴立，山東之諸將雲合，淇上之捷書日至。二三子議論弘正，詞氣高雅，則遭袚蕩滌之後，聖朝砥礪之辰，雖遭明主，必致之於堯舜；降及元輔，必要之於稷卨。驅蒼生於仁壽之域，反淳樸於羲皇之上。自古哲王立極，大臣為體，眇然坦途，利往何順，子有說否？庶復見子之志，豈徒瑣瑣射策，趨競一第哉！頃之問孝廉，取備尋常之對，多忽經濟之體，考諸詞學，自有文章在，束以徵事，曷成凡例焉。今愚之粗徵，貴切時務而已。夫時患錢輕，以至於量資幣，權子母。代復改鑄，或行乎前榆莢，後契刀。當此之際，百姓蒙利厚薄，何人所制輕重。又穀者，所以阜俗康時，聚人守位者也。下至十室之邑，必有千鍾之藏。苟凶穰以之，貴賤失度，雖封丞相而猶困，侯大農而謂何。是以繼絕表微，無或區分逾越，蒙實不敏，仁遠乎哉！

唐興縣客館記

中興之四年，王潛為唐興宰，修厥政事。始自鰥寡惸獨，而和其封內，

非侮循循，不畏險膚，而行而一。諮於官屬，於群吏，於眾庶，曰：邑中之
政，庶幾繕完矣。惟賓館上漏下濕，吾人猶不堪其居，以容四方賓，賓其謂
我何？改之重勞，我其謂人何？咸曰：誕事至濟，厥載，則達觀於大壯。作
之閴閣，作之堂構，以永圖。崇高廣大，逾越傳舍，通梁直走，嵬將墜壓，
素柱上承，安若泰山。兩傍序開，發洩霜露，潛靚深矣。步櫩復霤，萬瓦在
後，匪丹艭為，實疏達為。迴廊南注，又為覆廊，以容介行人，亦如正館，
制度小劣。直左階而東，封殖修竹茂樹；挾右階於南，環廊又注，亦可以行
步風雨。不易謀而集事，邑無妨工，亦無匱財，人不待子來，定不待方中矣。
宿息井樹，或相為賓，或與之毛。天子之使至，則曰邑有人焉，某無以栗階；
州長之使至，則曰某非敢賓也，子無所用俎；四方之使至，則曰子覾某多矣，
敢辭贄。或曰：明府君之侈也，何以為人？皆曰：我公之為人也，何以侈！
子徒見賓館之近夫厚，不知其私室之甚薄。器物未備，力取諸私室，人民不
知賦斂。乃至於館之醯醢闕，出於私廚；使之乘駟闕，辦於私廏。君豈為亨
長乎？是躬親也。若館宇不修，而觀臺榭是好，賓至無所納其車，我浩蕩無
所措手足，獲高枕乎？其誰不病吾人矣！玼瑕忽生，何以為之，是道也，施
捨不幾乎先覺矣。杖之友朋歎曰：美哉！是館也成，人不知，人不怒，廨署
之福也，府君之德也。府君曰：古有之也，非吾有也，余何能為是！亦前州
府君崔公之命也，余何能為是！自辛丑歲秋分，大餘二，小餘二千一百八十
八。杜氏之老記已。

雜述

杜子曰：凡今之代，用力為賢乎？進賢為賢乎？進賢為賢，則魯之張叔
卿、孔巢父二才士者，聰明深察，博辯閎大，固必能伸於知己，今問不已，任
重致遠，速於風飆也。是何面目黧黑，常不得飯飽吃，曾未如富家奴，茲敢望
縞衣乘軒乎？豈東之諸侯深拒於汝乎？豈新令尹之人未汝之知也？由天乎？
有命乎？雖岑子、薛子，引知名之士，月數十百，填爾逆旅，請誦詩，浮名
耳。勉之哉！勉之哉！夫古之君子，知天下之不可蓋也，故下之；又知眾人
之不可先也，故後之。嗟乎叔卿！遣辭工於猛健，放蕩似不能安排者，以我
為聞人而已，以我為益友而已。叔卿靜而思之。嗟乎巢父！執雌守常，吾無
所贈若矣。泰山冥冥崒以高，泗水漻漻彌以清。悠悠友生，復何時會於王鎬
之京，載飲我濁酒，載呼我為兄。

秋述

　　秋，杜子臥病長安旅次，多雨生魚，青苔及榻。常時車馬之客，舊雨來，今雨不來。昔襄陽龐德公，至老不入州府，而揚子雲草《玄》寂寞，多為後輩所藝，近似之矣。嗚呼！冠冕之窟，名利卒卒，雖朱門之塗泥，士子不見其泥，矧抱疾窮巷之多泥乎？子魏子獨踽踽然來，汗漫其僕夫，夫又不假蓋，不見我病色，適與我神會。我，棄物也，四十無位，子不以官遇我，知我處順故也。子，挺生者也，無矜色，無邪氣，必見用，則風后、力牧是已。於文章則子游、子夏是已，無邪氣故也，得正始故也。噫！所不至於道者，時或賦詩如曹、劉，談話及衛、霍，豈少年壯志未息俊邁之機乎？子魏子今年以進士調選，名隸東天官，告余將行，既縫裳，既聚糧，東人忧惕，筆札無敵，謙謙君子，若不得已。知祿仕此始，吾黨惡乎無述而止。

說旱 初，中丞嚴公節制劍南日，奉此說。

　　《周禮・司巫》：「若國大旱，則率巫而舞雩。」《傳》曰：「龍見而雩。」謂建巳之月，蒼龍宿之體，昏見東方，萬物待雨盛大，故祭天遠為百穀祈膏雨也。今蜀自十月不雨，抵建卯非雩之時，奈久旱何！得非獄吏只知禁繫，不知疏決，怨氣積，冤氣盛，亦能致旱，是何川澤之乾也，塵霧之塞也，行路皆菜色也，田家其愁痛也！自中丞下車之初，軍郡之政，罷弊之俗，已下手開濟矣。百事冗長者，又以革削矣。獨獄因未聞處分，豈次第未到，為獄無濫繫者乎？穀者，百姓之本，百役是出，況冬麥黃枯，春種不入，公誠能暫輟諸務，親問囚徒，除合死者之外，下筆盡放，使囹圄一空，必甘雨大降，但怨氣消則和氣應矣。躬自疏決，請以兩縣及府繫為始，管內東西兩川各遣一使，兼委刺史縣令，對巡使同疏決，如兩縣及府等囚例處分，眾人之望也，隨時之義也。昔貞觀中，歲大旱，文皇帝親臨長安、萬年二赤縣決獄，膏雨滂足。即嶽鎮方面歲荒札，皆連帥大臣之務也，不可忽。凡今徵求無名數，又耆老合侍者，兩川侍丁，得異常丁乎？不殊常丁賦斂，是老男老女死日短促也。國有養老，公遽遣吏存問其疾苦，亦和氣合應之義也，時雨可降之徵也。愚以為至仁之人，常以正道應物，天道遠，去人不遠。

東西兩川說

　　聞西山漢兵食糧者四千人，皆關輔山東勁卒，多經河隴幽朔教習，慣於

戰守，人人可用。兼差堪戰子弟向二萬人，實足以備邊守險。脫南蠻侵掠，邛雅子弟不能獨制，但分漢勁卒助之，不足撲滅，是吐蕃馮陵，本自足支也。推量西山邛雅兵馬，卒畔援形勝明矣。頃三城失守，罪在職司，非兵之過也，糧不足故也。今此輩見闕兵馬使，八州素歸心於其世襲刺史，獨漢卒自屬裨將主之。竊恐備吐蕃在羌，漢兵小眤，而釁郤隨之矣。況軍需不足，奸吏減剝未已哉！愚以為宜速擇偏裨主之。主之勢，明其號令，一其刑賞，申其哀恤，致其歡忻，宜先自羌子弟始，自漢兒易解人意，而優勸旬月，大浹洽矣。仍使兵羌各繫其部落，刺史得自教閱，都受統於兵馬使，更不得使八州都管，或在一羌王，或都關一世襲刺史。是羌之豪族，發源有遠近，世封有豪家，紛然聚藩落之議於中，肆予奪之權於外已。然則備守之根危矣，又何以藉其為本，式遏雪嶺之西哉？比羌族封王者，初以拔城之功得，今城失矣，襲王如故，總統未已，奈諸董攘臂何，王尹之獄是矣。由策嗣羌王，關王氏舊親，西董族最高，怨望之勢然矣。誠於此時便宜聞上，使各自統領，不須王區分易置，然後都靜聽取別於兵馬使，不益元戎氣壯，部落無語哉！縱一部落怨，獲群部落喜矣。無爽如此處分，豈惟邛南不足憂，八州之人，願賈勇復取三城不日矣。幸急擇公所素諳明於將者，正色遣之。獠賊內編屬自久，數擾背亦自久，徒惱人耳，憂慮蓋不至大。昨聞受鐵券，爵祿隨之，今聞已小動，為之奈何？若不先招諭也，穀貴人愁，春事又起，緣邊耕種，即發精卒討之甚易，恐賊星散於窮谷深林，節度兵馬，但驚動緣邊之人，供給之外，未免見劫掠，而還賃其地，豪俗兼有其地而轉富。蜀之土肥，無耕之地，流冗之輩，近者交互其鄉村而已，遠者漂寓諸州縣而已，實不離蜀也，大抵秖與兼併豪家力田耳。但均畝薄斂，則田不荒，以此上供王命，下安疲人可矣。豪族轉安，是否非蜀，仍禁豪族受賃罷人田，管內最大，誅求宜約，富家辦而貧家創痍已深矣。今富兒非不緣子弟職掌，盡在節度衙府州縣官長手下哉！村正雖見面，不敢示文書取索，非不知其家處，獨知貧兒家處。兩川縣令刺史有權攝者，須盡罷免，苟得賢良，不在正授權，在進退聞上而已。

前殿中侍御史柳公紫微仙閣畫太乙天尊圖文

石鱉老放神乎始清之天，遊目乎浩劫之家，泠泠然馭乎風，熙熙然登乎臺。進而俯乎寒林，退而極乎延閣。見龍虎日月之君，互於疏梁，塞於高壁，骨者鬣者，晳者黝者，視遇之間，若寇嚴敵者已。伊四司五帝天之徒，青節崇

然，綠輿駢然，仙官洎鬼官，無央數眾。陽者近，陰者遠，俱浮空不定，目所向如一。蓋知北闕帝君之尊，端拱侍衛之內，於天上最貴矣。已而左玄之屬吏三洞弟子某進曰：經始續事，前柱下史河東柳涉，職是樹善，損於而家，優於而國，剗私室之匱，渴蒸人之安，志所至也。請梗概帝君救護之慈，朝拜之功，曰：若人存思我主籙生之根、死之門，我則制伏妖之興、毒之騰。凡今之人，反側未濟。柳氏，柱史也，立乎老君之後，獲隱默乎？忍塗炭乎？先生與道而遊，與學而遊，可上以昭太一之威神於下，下以昭柱史之告訴於上，玉京之用事也，率土之發祥也，惡乎寢而？庸詎仰而？先生薾然若往，頹然而止，曰：噫！夫鳥亂於雲，魚亂於河，獸亂於山，是罼弋鉤罟削格之智生，是機變繳射攫拾之智極。故自黃帝已下，干戈崢嶸，流血不乾，骨蔽平原，乖氣橫放，淳風不返。雖《書》載蠻夷率服，《詩》稱徐方大來，許其慕中夏與。夫容成、中央氏、尊盧氏輩結繩而已，百姓至死不相往來，茲茂德困矣。矧賢主趣之而不及，庸主聞之而不曉，浩穰崩蹙，數千古哉。至使世之仁者，蒿目而憂世之患，有是夫！今聖主誅干紀，康大業，物尚疵癘，戰爭未息，必揆當時之變，日慎一日，眾之所惡與之惡，眾之所善與之善，敕有司寬政去禁，問疾薄斂，修其土田，險其走集，以此馭賊臣惡子，自然百祥攻百異有漸。天下洶洶，何其撓哉！已登乎種種之民，舍夫哼哼之意，是巍巍乎北闕帝君者，肯不乘道腴，卷黑簿，詔北斗削死，南斗注生。與夫圓首方足，施及乎蠢蠕之蟲，肖翹之物，盡驅之更始，何病乎不得如昔在太宗之時哉！石鱉老畢辭，三洞弟子某又某，靜如得，動如失，久而卻走，不敢貳問。

祭遠祖當陽君文

維開元二十九年，歲次辛巳月日，十三葉孫甫，謹以寒食之奠，敢昭告於先祖晉駙馬都尉鎮南大將軍當陽成侯之靈。初陶唐氏，出自伊祁，聖人之後，世食舊德。降及武庫，應乎虬精。恭聞淵深，罕得窺測。勇功是立，智名克彰。繕甲江陵，祓清東吳。邦於南土，建侯於荊。河水活活，造舟為梁。洪濤莽沆，未始騰毒。《春秋》主解，稾隸躬親。嗚呼筆跡，流宕何人。蒼蒼孤墳，獨出高頂。靜思骨肉，悲憤心胸。峻極於天，神有所降。不毛之地，儉乃孔昭，取象邢山。全模祭仲多藏之誠，焯序前文。小子築室首陽之下，不敢忘本，不敢違仁。庶刻豐石，樹此大道。論次昭穆，載揚顯號。于以采蘩，於彼中園。誰其尸之，有齊列孫。嗚呼！敢告茲辰，以永薄祭。尚饗。

祭外祖祖母文

維年月日，外孫滎陽鄭宏之、京兆杜甫，謹以寒食庶羞之奠，敢昭告於外王父母之靈。嗚呼！外氏當房，祭祀無主。伯道何罪，陽元誰撫？緬惟夙昔，追思艱屯。當太后秉柄，內宗如縷。紀國則夫人之門，舒國則府君之外父。聿以生居貴戚，釁結狂豎。雌伏單棲，雄鳴折羽。憂心惙惙，獨行踽踽。悲夫逝景分飛，忽間於鳳皇；咄彼讒人有詞，何異於鸚鵡。初，我父王之遘禍，我母妃之下室。深狴殊塗，酷吏同律。夫人於是布裙屝屨，提餉潛出。昊天不傭，退藏於密。久成凋瘵，溘至終畢。蓋乃事存於義陽之誅，名播於燕公之筆。嗚呼哀哉！宏之等從母昆弟，兩家因依。弱歲俱苦，慈顏永違。豈無世親，不如所愛；豈無舅氏，不知所歸。誓以偏往，惻戀光輝。漸漬相勖，居諸造微。幸遇聖主，願發清機。以顯內外，何當奮飛。洛城之北，邙山之曲，列樹風煙，寒泉珠玉。千秋古道，王孫去兮不歸；三月晴天，春草萋兮增綠。頃物將牽，累事未遂，欲使淚流頓盡，血下相續者矣。捧奠遲回，炯心依屬。庶多載之灑掃，循茲辰之軌躅。

祭故相國清河房公文

維唐廣德元年，歲次癸卯，九月辛丑朔，二十二日壬戌，京兆杜甫敬以醴酒茶藕蕈鯽之奠，奉祭故相國清河房公之靈曰：嗚呼！純樸既散，聖人又沒。苟非大賢，孰奉天秩。唐始受命，群公間出。君臣和同，德教充溢。魏、杜行之，夫何畫一。婁、宋繼之，不墜故實。百餘年間，見有輔弼。及公入相，紀綱已失。將帥干紀，煙塵犯闕。王風寢頓，神器圮裂。關輔蕭條，乘輿播越。太子即位，揖讓倉卒。小臣用權，尊貴倏忽。公實匡救，忘餐奮發。累抗直詞，空聞泣血。時遭祾祲，國有征伐。車駕還京，朝廷就列。盜本乘弊，誅終不滅。高義沉埋，赤心蕩折。貶官厭路，讒口到骨。致君之誠，在困彌切。天道闊遠，元精茫昧。偶生賢達，不必際會。明明我公，可去時代。賈誼慟哭，雖多顛沛。仲尼旅人，自有遺愛。二聖崩日，長號荒外。後事所委，不在臥內。因循寢疾，憔悴無悔。夭閼泉塗，激揚風概。天柱既折，安仰翼戴。地維則絕，安放夾載。豈無群彥，我心忉忉。不見君子，逝水滔滔。泄洟寒谷，吞聲賊壕。有車爰送，有緋爰操。撫墳日落，脫劍秋高。我公戒子，無作爾勞。斂以素帛，付諸蓬蒿。身瘞萬里，家無一毫。數子哀過，他人鬱陶。水漿不入，日月其慆。州府救喪，一二而已。自古所歎，罕聞知己。曩者書札，

望公再起。今來禮數，為態至此。先帝松柏，故鄉枌梓。靈之忠孝，氣則依倚。拾遺補闕，視君所履。公初罷印，人實切齒。甫也備位此官，蓋薄劣耳。見時危急，敢愛生死！君何不聞，刑欲加矣。伏奏無成，終身愧恥。乾坤慘慘，豺虎紛紛，蒼生破碎，諸將功勳。城邑自守，鼙鼓相聞。山東雖定，灞上多軍。憂恨展轉，傷痛氤氳。玄豈正色，白亦不分。培塿滿地，崑崙無群。致祭者酒，陳情者文。何當旅櫬，得出江雲。嗚呼哀哉！尚饗。

唐故德儀贈淑妃皇甫氏神道碑

后妃之制古矣，而軒轅氏、帝嚳氏次妃之跡，最有可稱，傳乎舊史。然則其義隱，其文略。《周禮》王者內職大備，而陰教宣。詩人《關雎》，風化之始，樂得淑女。蓋所以教本古訓，發皇婦道。居具燕寢之儀，動有環珮之節，進賢才以輔佐君子，不淫色以取媚閨房。雖彤管之地，功過必紀，而金屋之寵，流宕一揆。稽女史之華實，嗣嬪則之清高，亦時有其人，偉夫精選。淑妃諱瑛，字淑玉，姓皇甫氏，其先安定人也。惟卨封商，於赫有光。伊玄祖樹德，於今不忘。必宋之子，莫之與比。伊清風繼代，惠此餘美。夫其系緒蕃衍，紱冕所興，列為公侯，古有皇父充石，則其宗可知也。夫其體元消息，經術之美，刊正帝圖，中有玄晏先生，則其家可知矣。嗟乎！我有奕葉，承權輿矣。我有徽猷，展肅雍矣。積群玉之氣，自對白虹之天；生五色之毛，不離丹鳳之穴。曾祖烜，皇朝宋州刺史。祖粹，皇朝越州刺史、都督諸軍事。父曰休，皇朝左監門衛副率。妃則副率府君之元女也。粵在襁褓，體如冰雪，氣象受於天和，詩禮傳乎胎教。故列我開元神武之嬪御者，豈易其容止法度哉！今上昔在春宮之日，詔詰良家女，擇視可否，充備淑哲。太妃以內秉純一，外資沉靜，明珠在蚌，水月鮮白，美玉處石，崖岸津潤，結褵而金印相輝，同輦而翠旗交影。由是恩加婉順，品列德儀，雖掖庭三千，爵秩十四，掩六宮以取俊，超群女以見賢。豈渥澤之不流，曾是不敢以露才揚己，卑以自牧而已。夫如是，言足以厚人倫，化風俗，彌縫坤載之失，夾輔元亨之求。嗚呼！彼蒼也常與善，何有初也不久好，奈何！況妃亦既遘疾，怗如慮往。上以之服事最舊，佳人難得，送藥必經於御手，見寢始回於天步。月氏使者，空說返魂之香；漢帝夫人，終痛歸來之像。以開元二十三年歲次乙亥十月癸未朔，薨於東京某宮院，春秋四十有二。嗚呼哀哉！望景向夕，澄華微陰。風驚碧樹，霧重青岑。天子悼履綦之蕪絕，惜脂粉之凝冷。下麟鳳之銀床，到梧桐之金井。

嗚呼哀哉！厥初權殯於崇政里之公宅，後詔以某月二十七日己酉，卜葬於河南縣龍門之西北原，禮也。制曰：故德儀皇甫氏，贊道中壼，肅事後庭。孰云疾疢，奄見凋落。永言懿範，用愴於懷。宜登四妃之列，式旌六行之美，可冊贈淑妃。喪事所須，並宜官供。河南尹李适之充使監護。非夫清門華胄，積行累功，序於王者之有始有卒，介於嬪御之不僭不濫，是何存榮沒哀，視有遇之多也。有子曰鄂王，諱瑤，兼太子太保，使持節幽州大都督事，有故在疢而卒。豈無樂國，今也則亡，匪降自天，云何吁矣。有女曰臨晉公主，出降代國長公主子榮陽潘曜，官曰光祿卿，爵曰駙馬都尉。昔王儉以公主恩，尚帝女為榮；何晏兼關內侯，是亦晉朝歸美。公主禮承於訓，孝自於心。霜露之感，形於顏色；享祀之數，關於灑掃。嘗戚然謂左右曰：自我之西，歲陽載紀，彼都之外，道里遐絕。聖慈有蓬萊之深，異縣有松檟之阻。思欲輕舉，安得黃鵠！未議巡豫，徒瞻白雲。望闕塞之風煙，尋常涕泗；懷伊川之陵谷，恐懼遷移。於是下教邑司，爰度碑版。甫忝鄭莊之賓客，遊竇主之園林。以白頭之嵇、阮，豈獨步於崔、蔡。而野老何知，斯文見託；公子泛愛，壯心未已。不論官閥，游、夏入文學之科；兼敘哀傷，顏、謝有后妃之誄。銘曰：

積氣之清，積陰之靈。漢曲迴月，高堂麗星。驚濤洶洶，過雨冥冥。洗滌蒼翠，誕生娉婷。婉彼柔惠，迥然開爽。綢繆之故，昔在明兩。恩渥未渝，康哉大往，展如之媛，孰與爭長。珩珮是加，翬褕克備，先德後色，累功居位。壼儀孔修，宮教咸遂。王於獎飾，禮亦尊異。小苑春深，離宮夜逼。池畔臨風，花間度月。同輦未歸，焚香不息。嗚呼變化，惠好終極。馮相視祲，太史書氛。藏舟晦色，逝水寒文。翠幄成彩，金爐罷燻。燕趙一馬，瀟湘片雲。恍惚餘跡，蒼茫具美。王子國除，匪他之恥。公主愁思，永懷於彼。日居月諸，丘隴荊杞。岩岩禹鑿，彌彌伊川。列樹拱矣，豐碑闕然。爰謀述作，欻就雕鑴。金石照地，蛟龍下天。少室東立，繚垣西走。佛寺在前，宮橋在後。維山有麓，與碑不朽。維水有源，與詞永久。

唐故萬年縣君京兆杜氏墓誌

甫以世之錄行跡、示將來者多矣，大抵家人賄賂，詞客阿諛，真偽百端，波瀾一揆。夫載筆光茫於金石，作程通達於神明。立德不孤，揚名歸實，可以發皇《內則》，標格《女史》。竊見於萬年縣君得之矣。其先系統於伊祁，分姓於唐、杜。吾祖也，我知之。遠自周室，迄於聖代，傳之以仁義禮智信，列之

以公侯伯子男。《春秋傳》云，穆叔謂之世祿，其在茲乎？曾祖某，隋河內郡司功，獲嘉縣令。王父某，皇監察御史，洛州鞏縣令。前朝咸以士林取貴，宰邑成名。考某，修文館學士，尚書膳部員外郎，天下之人，謂之才子。兄升，國史有傳，縉紳之士，誄為孝童。故美玉多出於崑山，明珠必傳於滄海，蓋縣君受中和之氣，成肅雍之德，其來尚矣。作配君子，實為好仇。河東裴君，諱榮期，見任濟王府錄事參軍，入在清通，同行領袖，素髮相敬，朱紱有光。縣君既早習於家風，以陰教為己任，執婦道而純一，與禮法而始終，可得聞也。昔舅沒姑老，承順顏色，侍歷年之寢疾，力不暇於須臾。苟便於人，皆在於手，淚積而形骸奪氣，憂深而巾櫛生塵。尊卑之道然，固出自於天性，孝養哀送，名流稱仰，允所謂能循法度，則可以承先祖，供給祭祀矣。惟其矜莊門戶，節制差服，功成則運，有若四時，物或猶乖，匪踰終日。黼畫組就之事，割烹煎和之宜，規矩數及於親姻，脫落頗盈於歲序。若其先人後己，上下敦睦，懸罄知歸，揖讓惟久。在嫂叔則有謝氏光小郎之才，於娣姒則有鍾氏洽介婦之德，周給不礙於親疏，泛愛無擇於良賤。至於星霜伏臘，軒騎歸寧，慈母每謂於飛來，幼童亦生乎感悅。加以詩書潤業，導誘為心，遏悔吝於未萌，驗是非於往事，內則置諸子於無過之地，外則使他人見賢而思齊。爰自十載已還，默契一乘之理。絕葷血於禪味，混出處於度門。喻筏之文字不遺，開卷而音義皆達。母儀用事，家相遵行矣。至於膳食滑甘之美，紉結縫線之難，展轉忽微，欲參謀而縣解，指麾補合，猶取則於垂成。其積行累功，不為薰修所住著，有如此者。靈山鎮地，長吐煙雲；德水連天，自浮星象。則其著心定惠，豈近於揚榷者哉。天寶元年某月八日，終於東京仁風裏，春秋若干，示諸生滅相。越六月二十九日，遷殯於河南縣平樂鄉之原，禮也。嗚呼哀哉！琴瑟罷聲，蘋蘩晦色，骨肉號兮天地感，中外痛兮鬼神惻。有長子曰朝列；次朝英，北海郡壽光尉；次朝牧。女，長適獨孤氏，次閻氏，皆稟自胎教，成於妙年。厥初寢疾也，惟長女在列，英、牧或以遊以宦，莫獲同曾氏之元申，號而不哭，傷斷鄰里，悠哉少女，未始聞哀，又足酸鼻。嗚呼！縣君有語曰：「可以褐衣斂我，起塔而葬。」裴公自以從大夫之後，成縣君之榮，愛禮實深，遺意蓋闕。但褐衣在斂，而幽隧爰封，其所廞飾，咸遵儉素。眷茲邑號，未降天書，各有司存，成之不日。嗚呼哀哉！有兄子曰甫，制服於斯，紀德於斯，刻石於斯。或曰：豈孝童之猶子歟，奚孝義之勤若此？甫泣而對曰：非敢當是也，亦為報也。」甫昔臥病於我諸姑，姑之子又病，問女巫，巫曰：處楹之東

南隅者吉。姑遂易子之地以安我，我是用存，而姑之子卒，後乃知之於走使。甫嘗有說於人，客將出涕，感者久之，相與定諡曰義。君子以為魯義姑者，遇暴客於郊，抱其所攜，棄其所抱，以割私愛，縣君有焉。是以舉茲一隅，昭彼百行，銘而不韻，蓋情至無文。其詞曰：嗚呼！有唐義姑京兆杜氏之墓。

唐故范陽太君盧氏墓誌

五代祖柔，隋吏部尚書容城侯。大父元懿，是渭南尉。父元哲，是盧州慎縣丞。維天寶三載五月五日，故修文館學士著作郎京兆杜府君諱某審言之繼室，范陽縣太君盧氏，卒於陳留郡之私第，春秋六十有九。嗚呼！以其載八月旬有一日發引，歸葬於河南之偃師。以是月三十日庚申，將入著作之大塋，在縣首陽之東原。我太君用甲之穴，禮也。墳南去大道百二十步奇三尺，北去首陽山二里。凡塗車芻靈，設熬置銘之名物，加庶人一等，蓋遵儉素之遺意。塋內，西北去府君墓二十四步，則壬甲可知矣。遣奠之祭畢，一二家相進曰：斯至止，將欲啟府君之墓門，安靈櫬於其右，豈廞飾未具，時不練歟？前夫人薛氏之合葬也，初太君令之，諸子受之，流俗難之，太君易之。今茲順壬取甲，又遺意焉。嗚呼孝哉！孤子登，號如嬰兒，視無人色，且左右僕妾洎廝役之賤，皆蓬首灰心，嗚呼流涕，寧或一哀所感，片善不忘而已哉！實惟太君，積德以常，臨下以恕，如地之厚，從天之和，運陰教之名數，秉女儀之標格。嗚呼！得非太公之後，必齊之姜乎？薛氏所生子，適曰某，故朝議大夫、兗州司馬；次曰升，幼卒，報復父仇，國史有傳；次曰專，歷開封尉，先是不祿。息女：長適鉅鹿魏上瑜，蜀縣丞；次適河東裴榮期，濟王府錄事；次適范陽盧正均，平陽郡司倉參軍。嗚呼！三家之女，又皆前卒。而某等夙遭內艱，有長自太君之手者，至於婚姻之禮，則盡是太君主之。慈恩穆如，人或不知者，咸以為盧氏之腹生也。然則某等亦不無平津孝謹之名於當世矣。登即太君所生，前任武康尉。二女：曰適京兆王祐，任硤石尉；曰適會稽賀撝，卒常熟主簿。其往也，既哭成位，有若家婦同郡盧氏、介婦榮陽鄭氏、鉅鹿魏氏、京兆王氏，女通諸孫子三十人，內宗外宗寢以疏闊者，或玄纁玉帛，自他日互有所至。若以為杜氏之葬，近於禮而可觀，而家人亦不敢以時繼年。式志之金石，銘曰：太君之子，朝儀所尊。貴因長子，澤就私門。亳邑之都，終天之地。享年不永，歿而猶視。

參考文獻

一、古籍

（一）經部

1. （戰國）左丘明撰，（西晉）杜預集解《左傳》，上海古籍出版社 2015 年版。

2. （漢）何休注，（唐）徐彥疏《春秋公羊傳注疏》，上海古籍出版社 2014 年版。

3. （漢）孔安國傳，（唐）孔穎達正義《尚書正義》，上海古籍出版社 2008 年版。

4. （漢）鄭玄注，（唐）賈公彥疏《周禮注疏》，上海古籍出版社 2010 年版。

5. （宋）朱熹《周易本義》，中華書局 2009 年版。

6. （宋）朱熹《詩集傳》，中華書局 2017 年版。

7. （宋）朱熹集注《四書集注》，嶽麓書社 1987 年版。

8. （清）孫希旦《禮記集解》，中華書局 1989 年版。

9. 柯劭忞《春秋穀梁傳注》，廣西師範大學出版社 2018 年版。

（二）史部

1. （漢）司馬遷《史記》，中華書局 1959 年版。

2. （漢）班固《漢書》，中華書局 1964 年版。

3. （漢）劉向《說苑》，文淵閣四庫全書本。

4. （漢）劉歆撰，（晉）葛洪輯，周天遊校注《西京雜記校注》，中華書局 2020 年版。

5. （晉）皇甫謐《高士傳》，商務印書館 1937 年版。

6. （晉）常璩著，劉琳校注《華陽國志校注》，巴蜀書社 1984 年版。

7. （南朝宋）范曄《後漢書》，中華書局 1965 年版。

8. （北魏）酈道元《水經注》，清武英殿聚珍版叢書本。

9. （唐）房玄齡《晉書》，中華書局 1974 年版。

10. （唐）令狐德棻《周書》，中華書局 1971 年版。

11. （唐）李延壽《北史》，中華書局 1974 年版。

12. （後晉）劉昫《舊唐書》，中華書局 1975 年版。

13. （宋）歐陽修、宋祁《新唐書》，中華書局 1975 年版。

14. （宋）鮑彪《戰國策校注》，文淵閣四庫全書本。

15. （宋）司馬光《資治通鑒》，四部叢刊景宋刻本。

16. （宋）魯訔《杜工部詩年譜》，文淵閣四庫全書本。

17. （宋）胡寅《致堂讀史管見》，上海古籍出版社 1996 年版。

18. （清）永瑢《四庫全書總目》，中華書局 1965 年版。

（三）子部

1. 舊題（戰國）列子著，楊伯峻集釋《列子集釋》，中華書局 1997 年版。

2. （戰國）莊周著，（清）郭慶藩集釋《莊子集釋》，中華書局 2016 年版。

3. （戰國）荀況著，（清）王先謙集解《荀子集解》，中華書局 1988 年版。

4. （戰國）韓非著，（清）王先慎集解《韓非子集解》，中華書局 1998 年版。

5. （戰國）呂不韋撰，陳奇猷校釋《呂氏春秋新校釋》，上海古籍出版社 2002 年版。

6. （漢）桓寬著，王利器校注《鹽鐵論校注》，中華書局 1992 年版。

7. （南朝宋）劉義慶著，（南朝梁）劉孝標注，餘嘉錫箋疏《世說新語箋疏》，上海古籍出版社 1993 年版。

8. （唐）徐堅《初學記》，中華書局 1962 年版。

9. （唐）姚汝能《安祿山事蹟》，上海古籍出版社 1983 年版。

10. （唐）馮贄《雲仙雜記》，中華書局 1985 年版。

11.（五代）王仁裕《開元天寶遺事》，上海古籍出版社 2012 年版。

12.（宋）王讜著，周勳初校證《唐語林校證》，中華書局 1987 年版。

13.（宋）李昉《太平御覽》，中華書局 1960 年版。

14.（宋）吳曾《能改齋漫錄》，上海古籍出版社 1960 年版。

15.（宋）朱勝非《紺珠集》，文淵閣四庫全書本。

16.（宋）趙明誠《金石錄》，上海古籍出版社 2020 年版。

17.（宋）曾慥《類說》，文淵閣四庫全書本。

18.（宋）洪邁《容齋隨筆》，中華書局 2005 年版。

19.（宋）范成大著，嚴沛校注《桂海虞衡志校注》，廣西人民出版社 1986 年版。

20.（元）陶宗儀《南村輟耕錄》，上海古籍出版社 2012 年版。

21.（明）謝肇淛《五雜組》，上海書店出版社 2015 年版。

22.（明）田藝蘅《留青日箚》，上海古籍出版社 1985 年版。

23.（清）方以智《通雅》，文淵閣四庫全書本。

24.（清）董含《三岡識略》，遼寧教育出版社 2000 年版。

25.（清）趙翼《陔餘叢考》，上海古籍出版社 2011 年版。

26.（清）費善慶《垂虹識小錄》，廣陵書社 2014 年版。

27.（清）朱亦棟《群書箚記》，清光緒四年武林竹簡齋刻本。

（四）集部

1.（宋）洪興祖《楚辭補注》，中華書局 1983 年版。

2.（三國）曹植《曹子建集》，文淵閣四庫全書本。

3.（晉）陶淵明著，龔斌校箋《陶淵明集校箋》，上海古籍出版社 1996 年版。

4.（南朝齊）謝朓著，曹融南校注《謝宣城集校注》，上海古籍出版社 1991 年版。

5.（唐）宋之問《宋之問集》，四部叢刊續編本。

6.（唐）孟浩然《孟浩然集》，文淵閣四庫全書本。

7.（唐）王維著，（清）趙殿成箋注《王右丞集箋注》，上海古籍出版社 1984 年版。

8. （唐）李白著，（清）王琦集注《李太白詩集注》，文淵閣四庫全書本。

9. （唐）元結《元次山集》，四部叢刊景明本。

10. （唐）獨孤及《毗陵集》，上海古籍出版社1993年版。

11. （唐）韓愈著，屈守元校注《韓愈全集校注》，四川大學出版社1996年版。

12. （唐）柳宗元《柳宗元集》，中華書局1979年版。

13. （唐）張籍《張司業詩集》，四部叢刊本。

14. （唐）白居易《白氏長慶集》，四部叢刊本。

15. （唐）張祜《張承吉文集》，上海古籍出版社1979年版。

16. （唐）杜牧《樊川集》，文淵閣四庫全書本。

17. （唐）皇甫冉《皇甫冉詩集》，北京圖書館出版社2004年版。

18. （宋）劉克莊《後村集》，文淵閣四庫全書本。

19. （宋）黃希集注，（宋）黃鶴補注《補注杜詩》，文淵閣四庫全書本。

20. （宋）郭知達編《九家集注杜詩》，文淵閣四庫全書本。

21. （宋）佚名《分門集注杜工部詩》，四部叢刊本。

22. （宋）蔡夢弼《杜工部草堂詩箋》，華東師範大學出版社2017年版。

23. （元）高楚芳注《集千家注杜詩》，文淵閣四庫全書本。

24. （明）楊慎《升菴集》，文淵閣四庫全書本。

25. （清）錢謙益《錢注杜詩》，上海古籍出版社1958年版。

26. （清）朱鶴齡《杜工部詩集輯注》，河北大學出版社2009年版。

27. （清）顧宸《辟疆園杜詩注解》，清康熙二年（1663）顧氏辟疆園刻本。

28. （清）盧元昌《杜詩闡》，《續修四庫全書》第1308冊之二十一年刻本，上海古籍出版社1996年版。

29. （清）盧元昌《杜詩闡》，日本早稻田大學圖書館藏二十五年刻本。

30. （清）盧元昌《杜詩闡》，「杜詩叢刊」之二十五年刻本，臺灣大通書局1974年版。

31. （清）仇兆鰲《杜詩詳注》，中華書局2015年版。

32. （清）仇兆鰲《杜詩詳注》，文淵閣四庫全書本。

33. （清）浦起龍《讀杜心解》，中華書局1961年版。

34. （清）楊倫《杜詩鏡銓》，上海古籍出版社1981年版。

35. （唐）高適《高常侍集》，文淵閣四庫全書本。

36. （唐）高適著，孫欽善校注《高適集校注》，上海古籍出版社 1984 年版。

37. （唐）岑參《岑嘉州詩》，文淵閣四庫全書本。

38. （唐）鄭谷《鄭守愚文集》，上海古籍出版社 1994 年版。

39. （唐）溫庭筠注，（清）顧嗣立箋注《溫飛卿詩集箋注》，文淵閣四庫全書本。

40. （南朝梁）蕭統編，（唐）李善注《文選》，上海古籍出版社 1986 年版。

41. （唐）高仲武《中興閒氣集》，上海書店出版社 1989 年版。

42. （宋）李昉《文苑英華》，中華書局 1966 年版。

43. （宋）郭茂倩《樂府詩集》，中華書局 1979 年版。

44. （明）高棅《唐詩品彙》，上海古籍出版社 1982 年版。

45. （清）彭定求《全唐詩》，中華書局 1960 年版。

46. （宋）嚴羽著，郭紹虞校釋《滄浪詩話校釋》，人民文學出版社 2005 年版。

47. （宋）葛立方《韻語陽秋》，上海古籍出版社 1984 年版。

48. （宋）黃徹《䂬溪詩話》，文淵閣四庫全書本。

49. （宋）計有功《唐詩紀事》，上海古籍出版社 2008 年版。

二、今人著作

1. 楊武泉《四庫全書總目辨誤》，上海古籍出版社 2001 年版。

2. 黃裳《來燕榭讀書記》，遼寧教育出版社，2001 年版。

3. 洪業著；曾祥波譯《杜甫：中國最偉大的詩人》，上海古籍出版社 2014 年版。

4. 葉嘉瑩《秋興八首集說》，北京大學出版社 2014 年版。

5. 程千帆、莫礪鋒、張宏生《被開拓的詩世界》，上海古籍出版社 1990 年版。

6. 傅璇琮等主編《中國詩學大辭典》，浙江教育出版社 1999 年版。

7. 傅璇琮主編《續修四庫全書總目提要》（集部），上海古籍出版社 2014 年版。

8. 王學泰編著《中國古典詩歌要籍叢談》，天津古籍出版社 2004 年版。

9. 周采泉《杜集書錄》，上海古籍出版社 1986 年版。

10. 胡可先《杜甫詩學引論》，安徽大學出版社 2003 年版。

11. 沈津主編《美國哈佛大學哈佛燕京圖書館藏中文善本書志》4 集部上，廣西師範大學出版社 2011 年版。

12. 張忠綱、趙睿才、綦維、孫微編著《杜集敘錄》，齊魯書社 2008 年版。

13. 孫微《清代杜詩學文獻考》，鳳凰出版社 2007 年版。

14. 孫微《清代杜詩學文獻考》（增訂本），上海古籍出版社 2019 年版。

15. 孫微《清代杜詩學史》，齊魯書社 2004 年版。

16. 孫微、王新芳《杜詩學研究論稿》，齊魯書社 2008 年版。

17. 孫微《杜詩學文獻研究論稿》，河北大學出版社 2010 年版。

18. 孫微輯校《清代杜集序跋匯錄》，人民文學出版社 2017 年版。

19. 張宏生、于景祥《中國歷代唐詩書目提要》，遼海出版社 2017 年版。

三、論文

1. 孫微、王新芳有《潘檉章〈杜詩博議〉輯考》，《圖書館雜誌》，2008 年第 9 期。

2. 王靜、劉冰莉《杜詩學文獻研究的集大成之作——簡評〈杜集敘錄〉》，《杜甫研究學刊》，2009 年第 3 期。

3. 梁桂芳《「杜詩學」文獻研究的集大成之作——讀張忠綱、趙睿才、綦維、孫微〈杜集敘錄〉》，《杜甫研究學刊》，2010 年第 2 期。

4. 劉曉亮《盧元昌著述考》，《杜甫研究學刊》，2016 年第 1 期。

5. 陳開林《〈杜集敘錄〉清代編作家傳記補正》，《中國詩學》，2018 年第 26 輯。

6. 王雪《〈杜詩闡〉四庫提要疏證》（《世界家苑》2018 年第 8 期）。

後記：人生幾何春已夏

　　夫履信思順，生人之善行；抱樸守靜，君子之篤素。自真風告逝，大偽斯興，閭閻懈廉退之節，市朝驅易進之心。懷正志道之士，或潛玉於當年；潔己清操之人，或沒世以徒勤。故夷皓有「安歸」之歎，三閭發「已矣」之哀。悲夫！寓形百年，而瞬息已盡；立行之難，而一城莫賞。此古人所以染翰慷慨，屢伸而不能已者也。

　　　　　　　　　　　　　　　　——陶淵明《感士不遇賦·序》

　　賓谷自序其詩曰：「予非存予之詩也。譬之面然，予雖不能如城北徐公之面美，然予寧無面乎？何必作窺觀焉？」

　　　　　　　　　　　　　　　　——袁枚《隨園詩話》卷三之二一

　　今之學者不求所以自立，徒為虛憍之氣所乘，以盜竊為能事，以標榜為名事，不僅文話白話然也，一切學問，莫不如是。於是不知算學而言羅素，不知生物而言杜里舒，不知經史而言崔東壁，不知小學而言高郵王氏父子。無閉門讀書之人，只有登壇演講之人；無執卷問業之人，只有隨眾聽講之人。演講與聽講，非不可行之事。然必演講者對於所講之學問，有徹底之瞭解；聽講者對於所講之學問，有相當之根基。今演講者自知學問之未瞭解也，於是好為新奇之說，以博聽者之感情；而聽講者不僅無相當之根基，並無聽講之誠意。

　　　　　　　　　　　　　　　　——胡樸安《論今人治學之弊》

一

　　《〈純常子枝語〉校證》的《後記》題為《我與我周旋久》，之後，我曾在日記裏又擬定了三本書的後記標題：一個是「愛博而心勞」，因為手頭在做的和想做的書很多；一個是「逼出來的書」（或「都是教學惹的禍」），為了講課，我也是拼了；一個是「時光不語，靜待花開」，這是偶然在網上看到的一個書名。由於這本書成了《〈純常子枝語〉校證》的「下一本書」，於是就順理成章的用了「愛博而心勞」的標題。內容嘛，自然就是聚焦於「愛博」和「心勞」。

　　然而，人的心境總是在不斷的變化之中。3 月 26 日校杜詩的時候，校著校著，就看到「二月已破三月來」這句詩，隨後又看到「人生幾何春已夏」這句，當時心裏非常有感覺。經歷了幾十年未見的寒冬之後，——大寒潮席捲了整個中國，很多地方氣溫都創下了歷史新低，——此刻，萬物復蘇，屋外一篇春色，甚是喜人。即便時光匆匆，頗惹人生起憐春惜春之感歎，但秀色可餐，也是足慰人懷的。次日便乘著那興致小集一詩，以見一時之情狀。

> 塵境紛紛俗累增，（宋・陳瓘）
> 曉窗分與讀書燈。（宋・王禹偁）
> 人生幾何春已夏，（唐・杜甫）
> 駑馬猶當勉未能。（宋・趙蕃）

　　趁著這「一時之情狀」，於是我便決定用「人生幾何春已夏」作為《後記》的標題。而「愛博而心勞」、「逼出來的書」（或「都是教學惹的禍」），也都可以收納於此中。至於「時光不語，靜待花開」，那麼美妙的境界，尚需等到恰當的機緣再來談吧，——目下好像還不具備。

二

　　2 月 15 日將《杜詩闡》審稿資料發給楊主任，3 月 4 號楊主任微信告知已通過總主編審稿。次日便打印了書稿，但並未能即刻校稿，而是遲至 21 日方才開始校稿的工作。

　　首先的原因，還是因為 2021 年度國家社科基金的申報。16 年入職，17、18 兩年草草應付了一下，反正是「似花還似非花，也無人惜從教墜」。19、20 兩年更得寸進尺，變本加厲，轉報了教育部課題。由於政策規定，國家社科和教育部課題只能二選其一，所以近兩年顯得格外輕鬆，——畢竟「妾不如妻」，教育部課題級別不如國家社科，學校的重視程度就低了不少，指導自然

也就少了。然而，接連兩年的教育部課題沒有中，政策不允許連報第三次，於是兜兜轉轉，又被迫回到了國家社科的陣營。從去年的十月開始，寫本子、專家磨本子、改本子，專家又磨本子……本子改了一遍又一遍，專家換了一波又一波，會議開了一個又一個，論證磨了一輪又一輪，改了又來，來了又改。前前後後，不記得總共經歷了多少回，但書房牆角堆積的申報書打印本，則是厚厚的一摞，著實是浪費了不少紙張。每每瞅著它們，我就覺得無比的慚愧。

好在，在 3 月 7 號這一天，這一切終於結束了。這一天，我來回奔波於家、老校區文印室、新校區社科處之間，往複數次，終於把申報書遞交上去了。下午，我和剛哥、棟哥就臨時起意，約著去小河邊釣魚。靜靜的河面，不時有魚兒吐泡泡兒，感覺魚情還是很不錯的。不巧的是，天氣忽然降溫，我們三人在寒風中瑟縮。因為在橋邊，過往的行人每每停下來觀望，許是覺得這三人實在是有病。氣溫驟降，魚口不好，最後空軍而回。——嚴格的講，不算空軍，畢竟我釣了一條，拉出了水面，最後脫鉤了。即便如此，今年的「折騰」終於過去，內心的快樂難以名狀。因為令人高興的是，明年我又可以轉報教育部課題了。即便不能轉報，距離下一年的國家社科為時尚早，起碼還可享有半年的清閒。

其實，報課題本身不是一件讓人煩躁的事。令人煩躁的，卻是無休無止的「指導」。光是那一波又一波的專家，就足以讓人痛苦莫名，甚或絕望。記不得什麼時候，大概是讀博時吧，曾經買過阮葵生的《茶餘客話》，卷九《曆局》有曰：

> 明泰昌時，征吉水鄒南皋元標、三原馮少墟從吾入為掌憲，公餘會講於城隍廟。後建書院宣武門內，御史周宗建董之。講堂三楹，供先聖，陳經史典律。以天啟二年十一月開講，至四年六月罷講。御史倪文煥等詆為偽學，疏曰：「**聚不三不四之人，說不痛不癢之話，作不淺不深之揖，啖不冷不熱之餅。**」乃碎碑，暴於門外，毀先聖木主，焚棄書律，院行且拆矣。崇禎初，文煥伏法，院得以存。其後禮部尚書徐光啟率西洋人湯若望借院修時憲，署曰曆局。

網上傳言錢鍾書先生曾說：「有些所謂的研討會，其實就是請一些不三不四的人，吃一些不乾不淨的飯，花一些不明不白的錢，說一些不痛不癢的話，開一個不倫不類的會！」恐怕就是源自於此。

　　社會的發展需要專家。專家不可怕，怕的是那些不懂裝懂的專家，——此類人，今人戲稱為「磚家」。對於自己研究領域以外的東西，專家其實已經不再是專家，——否則，他就不應該叫專家，而是該叫「通家」。子曰：「知之為知之，不知為不知，是知也。」真正的專家都懂這個道理，應該懂，也必須懂！假專家則不然。他們自視甚高，以為自己無所不知，無所不曉。於是對於自己研究領域以內的東西，他們當然高談闊論，處處顯擺，以顯示自己專業的精湛；對於自己研究領域以外的東西，他們也趾高氣昂，故作高論，以證明自己知識的廣博。然而，得意忘形的時候，一不小心就露出了馬腳，就像魯迅在《商賈的批評》中所說的：「亞波理奈爾詠孔雀，說它翹起尾巴，光輝燦爛，但後面的屁股眼也露出來了。」王朔好像也說過：「孔雀開屏固然好看，但轉過去就是屁眼兒了。」問題是，孔雀還有開屏之美，而假專家有的，除了「裝逼」，沒有別的。我現在有些明白為什麼古人那麼痛恨假道學了，其實就像今人痛恨假專家一樣。

　　翻檢下日記：

　　　　2 月 28 日。

　　　　上午看到於漪《不懂裝懂》，有趣。因演其意為聯語兩則，哈哈：

　　　　真專家，假專家，真的不假，假的不真，虛虛實實，一眼即有數，定其是深是淺；

　　　　改本子，磨本子，改了又磨，磨了又改，反反覆覆，寸心已自厭，管他誰輸誰贏。

　　　　（明年不報）

　　　　真假專家，深淺只需一開口；

　　　　虛實學問，高下猶待十數年。

　　　　3 月 11 日。

　　　　附微信圖文《裝》：

　　　　1

　　　　韓寒是個純個體戶作家，出名後，中國作家協會請他加入，他不但不領情，還說，「如果請我當作協主席還可以，我當上作協主席，第一件事就是解散作協！」因此韓寒遭到一些體制內的老作家們群起而攻之。

　　　　其中河北省作協主席罵得最狠，他在電視採訪中說：「我要是他

爹，我就掐死他！」

對此韓寒的回應是：「我沒有官方給我的任何收入，我每年的版稅都是幾百萬，而且是稅後。可你們體制內的人全靠納稅人養活著。從贍養的道理來說，我才是你們的爹！」

從此作協再也不敢招惹韓寒！

2

鄭淵潔 1986 年在一次作家筆會上，被另一位作家問道：「你有沒有看過俄羅斯某某作家的書？」他搖搖頭，對方大驚：「你連他的書都沒讀過，你怎麼寫作？」

輪到鄭淵潔發言時，他說：「我最近在看庫斯卡婭的書，特別受啟發，諸位都看過嗎？」

在座大多數人都點頭表示確定，然後鄭淵潔說：「這個名字是我瞎編的。」

鄭淵潔說從此他再也沒有參加過作家筆會！

3

溥儀買了門票去故宮參觀，看到牆上掛著的照片，說：「這不是光緒帝，是醇親王。」

工作人員說：「我們是專門研究歷史的，是你懂還是我們懂？」

溥儀說：「我是不懂歷史，可我爹我還是認識的。」

第一個故事裝大爺，

第二個故事裝學問，

第三個故事裝專業。

看來裝逼不是土老帽的專利，也不是近二十年經濟發展帶來的，而是有悠久歷史傳承而來，越是某些專業領域裝的越厲害！

2008 年，譯林出版社出版了（美國）哈里・G・法蘭克福的《論扯淡》。這麼些年過去了，我一直盼望有人能寫出它的姊妹篇——《論裝逼》，然而迄今沒有出現。

不過還好，謝天謝地，今年的「折騰」終於結束了！

其次，則是楊謙《曝書亭集詩注》的錄入工作。由於此書對江浩然《曝書亭詩錄》多有引錄。故而以已錄完的《曝書亭集詩注》前八卷內容為基礎，加以增刪，一鼓作氣，把《曝書亭詩錄》的前五卷弄完。這才抽身進行《杜詩

闡》的校稿工作。想法太多，分身乏術，實在是沒有辦法的事情。

三

追溯起和杜詩的因緣，也有不少的年頭了。我在《〈周易玩辭困學記〉校
證》的《後記》裏敘寫了我小時候的求學經歷，地理位置的閉塞、物質資源的
貧乏、經濟水平的落後、思想觀念的保守，使我的童年除了教材，別無他書
可讀。現在的教育界經常講「不能讓孩子輸在起跑線上」，而從我的經歷來看，
這十足是個偽命題，畢竟像我這樣的很多人的爺爺、爸爸早就輸在起跑線上
了，那又遑論孩子！更何況，還有比我起點更低的人！

直到 2001 年初中畢業的那一個暑假，家姊帶我進過城，給我買了三本
書：《李白詩全集詳注》、《辛棄疾詞全集詳注》（均為新疆人民出版社 2000 年
版。實際並非全集）、《唐五代詞選》。今天看來，那都是一些不太好的出版物，
但生平第一次買的書，在當時的物質條件下，能夠擁有這樣三本書，實在是
一件超級令人快樂的事情。三本書裏，看的最投入的是辛棄疾詞。那一個暑
假，每天下午一個人在黑窪兒放牛，不下雨的天，我總會帶著這本書。牛散
在山溝裏，任它自由自在地吃草，而我則待在一旁，盡情的看書。——回首
從前，人到中年，雖然條件好了許多，卻似乎再也沒有那個時候讀書的激情。
那一年，山裏鬧毛毛蟲，我坐在樹下，或靠在樹上，或躺在草地上，不一會就
會感覺到有東西爬到身上來了，順手一抓，就是一隻大大的毛毛蟲。碩大的
體格，照麻城方言來講，就是「肉奶奶的」。很多人對毛毛蟲過敏，身體觸碰
了毛毛蟲的部位就會發紅發癢。我則皮糙肉厚，並不懼它。所以，我一邊看
書，一邊看也不看地捉住那些爬到我腿上、背上、脖子上、後腦上的毛毛蟲。
有時候，用力過度，不小心把它們招斷了，會有淡淡的血痕流出來，染到手
上，隨後又染到書上，以至於那書上迄今還有多處留有淺紅的印記。

那年九月，我進入麻城師範學校高中部（現麻城實驗高中）學習，出於
求全的需要，我又買了《李白詩集》、《辛棄疾詞集》同系列的《杜甫詩全集詳
注》。《李白集》、《辛棄疾集》在老家，於是課外經常翻覽《杜甫集》。但那時
我只是一個高一的學生，更瘋狂和癡迷的愛好還是武俠小說和言情小說。現
在的 00 後孩子，恐怕不能理解「男看金庸，女看瓊瑤，不男不女看三毛」的
內涵了。對於古典詩詞僅僅只是作為一種消遣，並沒有能力消化它們。杜詩
一些簡單的篇目，可以讀懂。但杜詩所關涉的深層次東西，沒有人教我，我

自己也無從探究。

大學學的是市場營銷專業，除了專業閱讀之外，課外也讀了不少文史類的書。但由於原計劃考管理學研究生，後來又想考川大的宗教學，再進而想考古代文學的先唐方向，所以讀的文史書多集中於先秦漢魏六朝一段，尤其是子史二部的原著和研究著作。而隋唐之後的則涉獵較少。

研究生因為跟隨何新文師學先秦文學，這一時期讀書很雜，但感覺離純文學越來越遠。以前本科還沿襲了高中的路徑，看看武俠小說，包括今人的文學創作，如《貞觀長歌》，還有外國小說。高中時書越厚看的越有感覺，大學時感覺還能看厚書。但到了研究生階段，我明顯感到自己讀書的耐力不足，已經靜不下了堅持看那麼厚重的書了。尤其是純文學作品，讀的很少。至於說長篇小說，可能是高中看的太多，已經全無興趣。從讀研開始，我便再也沒有看完過一部長篇小說。雖然我後來在微信讀書上做過幾次嘗試，但都不了了之。以後，恐怕也不會愛了。

第一次計劃要好好讀讀杜詩，已經是研究生快要畢業的時候的事情了。2012 年的春天，我考取了華中師範大學文學院戴建業老師的博士。之後，我在圖書館借閱了戴老師的《澄明之境——陶淵明新論》，又購買了他的《孟郊論稿》，同時又在網上查到他的導師是曹慕樊先生（著有《杜詩雜說全編》），由於不太清楚博士入學之後是怎麼一回事，加之碩士階段讀的是先秦文學，和後世主流的五七言詩歌基本沒有什麼關聯，所以頗有些不知所措。當時隱約記得張震英老師在唐宋文學課上提到了仇兆鰲《杜詩詳注》的魅力，於是趕忙在孔網訂購了一套，隨後便認真的加以閱讀，但沒有讀完。

九月，我進入華師，才知道博士的研究選題不需要和導師的研究方向一致，加之戴老師鼓勵我捨棄文學，轉而專攻文獻，於是《杜詩詳注》的閱讀也就戛然而止，一門心思地走入了古典文獻學的知識海洋當中。

此後很長一段時間，我都沒有觸碰杜詩。但天性好書的我，在讀博、入職鹽師的日子裏，仍然買了不少杜詩有關的書籍，如《錢注杜詩》、《杜工部詩集輯注》、《讀杜心解》、《杜詩鏡銓》、《杜臆》、《杜詩詳注》、《讀書堂杜工部詩文集注解》、《杜詩提要》、《杜園說杜》、《杜甫全集校注》、《杜甫集校注》等。令人慚愧的是，這些書買回來一直堆在書架上，基本未曾展讀。

詭異的是，在此期間，由於文獻學、目錄學的相關涉獵，我居然寫過兩篇跟杜詩學有點關係的文章：《〈杜集敘錄〉明代編作家傳記補正》（《寧夏大

學學報》,2017 年第 1 期)、《〈杜集敘錄〉清代編作家傳記補正》(《中國詩學》,2018 年第 26 輯)。現在回過頭去看,人生真的充滿了變數。就像《阿甘正傳》裏所說的:「人生就像一盒巧克力,你永遠不知道下一顆是什麼味道。」讀研時,看到秦永紅的導師張震英老師要她看《杜集敘錄》,熊愷妮的導師宋克夫老師要她看《列朝詩集小傳》,我當時就想,我一個搞先秦文學的,《詩經》《楚辭》都不大讀,這輩子肯定不會去看《杜集敘錄》和《列朝詩集小傳》這類離我特別特別遙遠的書。可我何曾想到,我竟然在往後的時光裏,居然還發表了有關《杜集敘錄》和《列朝詩集小傳》〔註1〕的論文;何曾想到,我竟然會從碩士階段的《左傳》跳到博士階段的元代文學,再跳到如今在做的清代文學。

四

入職鹽師之後,我發現這裡有些東西和別的地方不太一樣。比如中國古代文學這門課,正常的情況下,學校開設四個學期的課程,就分別由四個研究時段不同的老師來講授,畢竟術業有專攻,凡事要講專業,講對口。而鹽師呢,則是一個班的中國古代文學課程,由一位老師通講,從先秦文學一路講下來,一直講到晚晴近代文學。這樣安排當然有他自己的考慮。可是,一個不爭的事實,就是博士原本不博,憑一己之力,誰又能搞定上下五千年的中國古代文學呢?說真的,一輪講下來,我很累,身心俱疲。——當然,如果出於應付的話,挑幾個章節胡吹海侃一下,從先秦到民國也算不得什麼難事。哪怕是講到現當代,也沒有什麼問題。但作為一個站在講臺的老師,面對著付費學習的學生,這又於心何忍呢?我曾經有過抱怨,也曾找過相關的負責人,然而形勢並沒有發生絲毫變化。現實無法扭轉,而課還得講下去,怎麼辦?我不止一次又一次的拷問自己。最後的答案是:還能怎麼辦!不會就學唄!

於是為了講授中國古代文學,我在自己原來的研究領域之外,又特意開闢了新的領地。比如為了講《左傳》,我在整理魏禧的《左傳經世鈔》;為了講《莊子》,我整理了沈一貫的《莊子通》(22 萬字,已完稿,未刊);為了搞清楚韓愈的詩文究竟有何特色,我在整理《新刊經進詳注昌黎先生文集》;為了講朱彝尊的詩,我最近在做《〈曝書亭集詩注〉校證》;等等。希望通過這種方

〔註 1〕 《〈列朝詩集小傳〉傳文補正》,《常熟理工學院學報》,2016 年第 1 期;《〈列朝詩集小傳〉訂補》,《忻州師範學院學報》,2016 年第 3 期。

式，能夠對相關作家作品有更直觀的體驗。

至於杜詩，則是因為入職鹽師之後，分配給我的第一門課程是中國古代作家作品研究，教學大綱裏就有莊子研究、杜甫研究等。那一次講杜甫，只是在百度文庫裏下了一個相關的 ppt，然後加以修整，從生平、作品、成就、影響等幾個方面簡要的作了一些介紹。後來講《中國古代文學》的唐代部分，杜甫一章依然沿用這個課件。課是講過了，但我對杜甫並無多少認知。比如大家推崇的《秋興八首》，為什麼推崇它，它好在哪裏……我一無所知。上課時，我把詩錄在 ppt 上，只能給學生誦讀一遍，沒法作深入的賞鑒和解析。再如杜甫和杜詩有關的「沉鬱頓挫」、「詩史」、「集大成」、「最偉大的詩人」等，指的又是什麼，我除了在 ppt 上引用一些別人的解釋之外，也無從結合具體例證來加以說明。

此情此景，我倍感慚愧，頗有「以其昏昏，使人昭昭」之感。

古代文學的內容太多，我不可能一一都搞明白，那是不現實的。但我可以從一些大家入手，各個擊破。搞明白一個，我講課時就能講清楚這一個。搞明白兩個，我講課時就能講清楚這兩個。通過不斷的學習，我可以搞明白的就越多，能講清楚的也就越多。

至於怎麼學習，無外乎就是看書、看網絡視頻等途徑。2019 年，我在 B站看到了南京大學莫礪鋒老師的《唐宋文學專題》的視頻，便認真的學習了一遍。雖然題為《唐宋文學專題》，實則只講杜甫。其內容早就整理成了《杜甫詩歌講演錄》（廣西師範大學出版社 2007 年版）。2019 年再版時，改題為《莫礪鋒講杜甫詩》。我在 2019 年 10 月 9 日購買了《杜甫詩歌講演錄》，又學習了一遍。之後又買了葉嘉瑩先生的《葉嘉瑩說杜甫詩》等，也讀慢慢地加以學習。此後，我才對杜詩有了一些新的認識，並在課堂上能夠作一些較為深入的講解。總之，比起以前，還是進步了不少。

但要全面深入地瞭解杜詩，最好的辦法還是直接接觸杜詩，於是我有了整理杜詩的想法。杜詩注本很多，經典的注本基本都已經有人做了整理，挑選什麼樣的書又成了一個問題。為了選擇整理書目，我反覆翻看孫微老師的《清代杜詩學文獻考（增訂本）》，最後確定了四本書：顧宸《辟疆園杜詩注解》、吳見思《杜詩論文》、盧元昌《杜詩闡》、張遠《杜詩會粹》。那時候正好還可以用華師的中國基本古籍庫，裏面恰好就收錄了《杜詩闡》，於是就把《杜詩闡》作為整理的第一選擇。其他三種，以後有空的時候，也會慢慢整理出

來。目前已開始了《闢疆園杜詩注解》的錄入工作，完成了二卷。從古籍庫裏複製了《杜詩闡》的文本之後，就開始了點校工作。隨著 2019 年底疫情的爆發，我被阻隔在湖北。直到 2020 年 4 月返校，我才得以賡續中斷了三個月的點校工作，並完成了主體部分。

現在再去看我曾經的抱怨，想想真有些可笑。試想一下，如果鹽師也和別的學校一樣，中國古代文學課程一人負責一段的話，我可能就是第一段的先秦文學、第二段的漢魏六朝文學，也可能是第四段的明清文學，但不大可能是第三段的唐宋文學。那麼，我多半和杜甫是絕緣的，那又怎麼會有這本書呢！待他日韓愈集整理完之後，當會更有感慨。王朔說：「生活不能改變，我就改變，誰也甭想破壞我的好心情。」適時調整自己，真是人生的一劑良藥。

未曾想到的事情發生，人生所以豐富；一體兩面的認知打開，人生所以精彩！

五

3 月 27 日午後，司馬老師打來微信電話，問及沈欽韓集和陸繼輅集。近來因為做楊謙《曝書亭集詩注》和江浩然《曝書亭集詩錄》，以前的東西都暫時擱置了。我打開電腦，這才發現陸繼輅集去年一鼓作氣完成了主體部分，而沈欽韓集在 2018 年開了頭，僅搞完了幾卷，之後中斷，至今未再接續。

我的興趣面太廣，做的東西實在太多，有點「愛博而心勞」的感覺。畢竟，終日面對電腦，既傷眼，又耗腦，又傷身。說不苦是假的。加之東西出來了，又不是評估體系裏被看重的高層次項目和 C 刊，不大被認可，那又是一種怎樣的無語。

更何況，在這樣一個地方，資源的匱乏到了讓人難以想像的地步。要用到的專業書，圖書館是沒有的。至於數據庫，除了知網，好像也沒有別的。學界津津樂道的中國籍本古籍庫、鼎秀古籍全文檢索平臺、大成老舊刊全文數據庫、雕龍數據庫、晚清期刊全文數據庫，等等，自然是一個也沒買。寫文章為了引一句話，不得不自己去買一本書。原本可以在數據庫裏直接複製的典籍，現在需要自己一個一個字的錄入。本來一件很簡單的事，由於條件的限制，在這裡卻變得異常複雜。為了完成這項工作，需要比別個地方付出更多的努力。於是，美好的時間就這樣被無端地踐踏。

聽聽大家的言語吧！人生苦短，大好的春光，實在應該出去享受這無邊的春色。

——然而，我不能。累的時候，我也看電影，刷抖音；天氣好的時候，我也一個人在小河邊釣魚。但書還是要讀的，事還是要做的。因為，暢遊在浩瀚的典籍裏，我感到快樂！

孤傲的個性，注定我搏不了名，賺不了利，謀不了位，自然也不屑去求人。熱鬧是他們的，我懶得攪合，也無意攪合。青燈黃卷，獨得其樂，如此而已。

六

過去的 2020 年，疫情影響了全球，學界也爆出了不少猛料。年初，一篇 7 年前刊發於中文核心期刊《冰川凍土》（2013 年第 5 期）的論文（徐中民《生態經濟學集成框架的理論與實踐（I）：集成思想的領悟之道時》），引發了輿論關注。全文 4.1 萬字，內容簡單總結，一句話：「導師崇高，師娘優美。」文章掛的是國家自然基金項目，而作者的導師即該刊主編。後來，該文被撤稿，導師也辭去了主編職務。

10 月，韓東屏在《江蘇海洋大學學報》刊出《康德的倫理學其實很爛——〈道德形而上學原理〉批判》，又惹得網上一片譁然。

因此，網友總結道：「2020 學術界，以師娘很美開始，以康德很爛收工。」

2021 年才開頭，學界也鬧出了不少新聞。如前陣子微信圈瘋轉的李後強《〈蜀道難〉隱喻李白的家事和身世》（《中國西部》2021 年第 1 期），神解讀《蜀道難》，令人咋舌。估計李白見了，都要忍不住感歎一句：「太 TM 有才了！」隨後，又有人扒出《大連大學學報》2013 年第 2 期發表的張思齊《從詠鵝詩看基督精神對杜甫潛移默化的影響》，認為「作為唐朝國教之一的基督宗教對杜甫有著潛移作用，以至於他無須變更自己的話語體系就接納了基督精神」，也引起了大量網友的關注。更絕的是，吉林省級刊物《寫真地理》2021 年 3 月第 11 期又刊發了河南鄭州一職業培訓學校校長的《熟雞蛋雞蛋返生孵化雛雞實驗報告（孵化階段）》，摘要稱「熟雞蛋返生已經實驗成功」，更是推波助瀾。

昨天用手機瀏覽《郎潛紀聞二筆》，卷六有「紀文達不輕著書之原因」一則，曰：

紀文達平生未嘗著書，間為人作序記碑表之屬，亦隨即棄擲，未嘗存稿。或以為言。公曰：「吾自校理秘書，縱觀古今著述，知作者固已大備。後之人竭其心思才力，要不出古人之範圍，其自謂過之者，皆不知量之甚者也。」我輩薄植，偶作一二短書雜說，輒句句姝姝，有亟於表襮之心，讀此能不顏厚！

是的，有的文章真的可以不發表，有的書籍真的可以不出版。老輩學者不輕易著書，就是出於對學術的敬畏。然而，時代變了。現在每年年終都有科研考評制度，不寫書、不發論文，就不能通過考核。所以，不寫不行。於是便有了學術界的各路神作。

袁枚說：「苔花如米小，也學牡丹開。」我且受用這青燈黃卷的樂吧！每天伏案寫書，不知不覺，書稿越來越多。雖算不得著述，但起碼問心無愧，自覺尚有一愚之得，不至於曲學阿世，禍棗災梨。

七

疫情期間，抖音上有一首很火的歌——《你的答案》。百度說：「阿冗熱血的演唱和激昂人心的歌詞，戳中了無數人的心。」當然，它也戳中了我。歌詞是這樣的：

也許世界就這樣

我也還在路上

沒有人能訴說

也許我只能沉默

眼淚濕潤眼眶

可又不甘懦弱

低著頭 期待白晝

接受所有的嘲諷

向著風 擁抱彩虹

勇敢的向前走

黎明的那道光

會越過黑暗

打破一切恐懼我能

找到答案

哪怕要逆著光

就驅散黑暗

丟棄所有的負擔

不再孤單

不再孤單

哪怕要逆著光

就驅散黑暗

有一萬種的力量

淹沒孤單

不再孤單

在這年頭，手頭沒個課題，在別人眼中就是水平不行，真的就是被人瞧不起，——我是真真切切的感受過，或是言語，或是眼神。但是，又有什麼關係呢？一個課題也沒有的我，照樣活的瀟瀟自如。這也正應了網上那句話：「鄙視我的人那麼多，你算老幾！」畢竟，「我與我周旋久，寧作我！」

人生苦短，還是灑脫的好。好在目下環境甚好，我且努力吧！

八

由於疫情，去年過年又沒有回老家。一家三口像平常一樣，在國園壹城安靜地經歷著嚴冬。聽鹽城本地的人說，這零下十幾度的氣溫，是近三十年來鹽城最冷的一個冬天。除了陪小海豚玩，其他的時間，基本就是白天寫書，晚上看抖音。應景地完成國家社科申報書之外，《〈純常子枝語〉校證》已於三月初交稿，《〈曝書亭集詩注〉校證》和江浩然《曝書亭集詩錄》亦在不緊不慢的做。

不知不覺間，出門一看，寒氣逐漸消了，河邊的柳條抽出了新芽，荒涼的廣場上冒出了一株株的嫩綠的草，櫻花、桃花次第綻放，小溝裏不時會泛起一群群的小魚，還有夜幕時分在樓棟間低飛的蝙蝠，以及那不知名也未曾見過的昆蟲來自草叢間的鳴叫……

是啊，春天就這樣悄無聲息的降臨了！

轉眼已是四月，該做的事還有很多。正事也好，雜事也罷，迎頭而上吧！

我期待著下一個春天！

3 月 30 日晚寫畢第二節

4月1日晚寫第一、三～五、七～八節
4月3日下午插寫第六節
陳開林於國園壹城
6月12日改於翡翠國際

附記：

　　自從打了新冠疫苗之後，我已經很久沒有關注疫情確症人數了，今天上網查了一下，截止2021年7日14日10:26，國外累計確症人數已達188459411人，讓人不寒而慄。這該死的病毒，也不知道還要禍害人間多久。惟願災難能早點結束，人間早得安寧。

　　四月初從國園壹城搬到了翡翠國際，距離學校較遠，於是除了赴學校上課、開會之外，其他時間基本上就是宅在家裏。先是忙著寫《〈曝書亭集詩注〉校證》，已於數日前基本完成。江浩然的《曝書亭詩錄箋注》還有幾卷尚待錄入。6月17日，魏耀武兄發來《荊楚文庫》的部分書單，於是挑了一本黃岡李鈞簡的《周易引經通釋》，並已著手加以整理。手頭的事，似乎總也忙不完，有點「一波未平，一波又起」的意味。新的活兒已然開始，而舊的呢，就像沉睡已久的火山，不知道什麼時候才能爆發。比如18年開始的《沈欽韓集校注》、《秦瀛集校證》，之後就一直停滯不前了。還有之後的《左傳經世鈔》、《新刊經進詳注昌黎先生文集》，也都沒有機會賡續。重操舊業，短期內恐怕還只是一種奢望。

　　不知不覺，又臨近校稿的日期了。正文部分，尚有幾卷沒有校核；之前寫的前言、後記，都是半成品。這幾天便集中精力來作這件事。好在到今天為止，把它們全都陸續搞定了。這就意味這本書也算是暫時完成了。限於時間和水平，書中當然還有錯誤。只是稍感遺憾的是，我原擬定的附錄，還有一個「《杜詩詳注》徵引《杜詩闡》」，但由於條目太多，加之《杜詩詳注》已有中華書局的整理本，最終覺得還是不放入的好。

　　「抬頭看天是一種方向，低頭看路是一種清醒。」時間過得很快，要做的事還很多。走自己的路吧！

7.14，於翡翠國際